网上创业 新案例 新思维

扬帆网上蓝海　　成就自由白领

互联网创业导航

HULIANWANG CHUANGYE DAOHANG

宋玉贤　著

经济管理出版社

ECONOMY & MANAGEMENT PUBLISHING HOUSE

图书在版编目（CIP）数据

互联网创业导航/宋玉贤著. —北京：经济管理出版社，2013.6
ISBN 978-7-5096-2502-6

Ⅰ．①互… Ⅱ．①宋… Ⅲ．①电子商务—基本知识 Ⅳ．①F713.36

中国版本图书馆CIP数据核字（2013）第118377号

选题策划：陆雅丽
责任编辑：陆雅丽
责任印制：黄　铄
责任校对：超　凡

出版发行：经济管理出版社
　　　　（北京市海淀区北蜂窝8号中雅大厦A座11层 100038）
网　　　址：www.E-mp.com.cn
电　　　话：(010)51915602
印　　　刷：三河市延风印装厂
经　　　销：新华书店
开　　　本：720mm×1000mm/16
印　　　张：15
字　　　数：179千字
版　　　次：2013年8月第1版　2013年8月第1次印刷
书　　　号：ISBN 978-7-5096-2502-6
定　　　价：32.00元

作者的话

　　这是一本探讨互联网创业规律和特点的著作。与以往的学术著作所不同的是，书中所阐述的互联网创业规律和特点不是从实验室中得出的结论，也不是推理演绎的结果，而是笔者从十年的亲身体验和大量的案例分析中的感悟所得。书中列举了笔者曾亲身经历的、耳闻目睹的、大大小小的互联网创业案例三十多宗。但笔者并不想停留在对往事的回顾和对案例的叙述上，而是希望通过对十年互联网应用的回溯和案例的分析提炼出互联网创业的规律和特点。只要这些肤浅的认识能够有助于那些渴望、准备或正投身于互联网创业的创业者们，就将是笔者莫大的欣慰。

　　早在 1995 年，笔者就曾经参与过电子商务（当时被称为电子贸易）方面的应用研究，并于 1996 年赴美国考察当时美国纺织、服装等传统行业的电子商务研究和应用情况。在 20 世纪 90 年代末当互联网的浪潮开始席卷中国时，笔者亦投身于最早的互联网创业之中，主持创建过电子商务公司和电子商务网站。笔者曾亲历互联网创业在我国从无到有，从疯狂到沉寂再到理性创业的发展过程。也曾有过互联网创业者们所拥有的创业热情、在盈利模式上所面临的困惑和探索，以及在创业路上面临各种困难和矛盾时的两难决策。21 世纪的今天，互联网创业的环境和十年前已经今非昔比。与十年前相比较，人们对互联网已经不再陌生，创业者不必再为带宽、速度以及如何让人们上网而愁眉不展。今天的互联网创业者们可能更加关心的是市场和盈利。

　　读完这本书，你将发现互联网创业其实离你并不遥远，这本书将带着你去寻找、发现和创造互联网创业的"蓝海"。书中笔者系统地阐述了如何产生一个创业的点子，如何让一个创业的点子真正成为互联网创业的商机，如何去评估一个互联网创业构想的商业价值，如何去设计互联网创业项目的盈利模式，如何去设立企业、筹集资金、开拓市场以及如何规避和控制互联网创业的风险，等等。

　　读完这本书你还会发现，互联网创业理论原来并不枯燥，在抽象的道理下面竟发生过如此引人入胜的故事，书中所提出的关于互联网创业的理论都建立在大量实践案例的基础上。

　　十年前的世纪相交之际，网络泡沫的破灭使得互联网成为第一代网络创业者的"梦幻之地"。十年过去了，随着网络基础设施的完善，互联网的应用越来越普及，中国成为继美国之后的世界第二网络大国，2.1亿的网民，7800万台家庭上网计算机，无人会漠视这如此庞大的网络社会。今天的创业者们是幸运的，因为互联网创业的第二个春天正姗姗走来！

作　者

2008年春

目录

基于聪明的设想出现的创新数量极大，哪怕成功的百分比比较小，仍然成为开辟新行业、提供新职业、给经济增添新的活动面的相当巨大的源泉。

——彼得·德鲁克《创新和企业家精神》

第1章

创业——从互联网起航

　　提及创业，一些人会萌生出一种成功的企盼，希望有朝一日能够成为像李嘉诚、比尔·盖茨那样的人；也有一些人会不由自主地产生畏惧心理，他们害怕自己单薄的小舟被市场的风浪所吞没。当然还有一些人将创业视为遥不可及的天方夜谭。无论对创业持一种什么样的心态，如果不想错过一生中可能成功的机会，如果想趁着年轻为自己积累一笔用金钱无法衡量的财富，那么就应该勇敢地去尝试互联网创业。因为有了互联网这样的现代信息技术，使得创业不再遥远，使得成功不再是天方夜谭。

一、互联网让成功不再遥远

　　在 21 世纪的今天，互联网已经脱去了神秘的面纱，从专家学者的实验室走进了千家万户，甚至已经成为人们工作和生活的一部分。互联网在改变人们的工作和生活方式的同时，也让更多的人找到了一条通向成功的道路——互联网创业之路。

(一) 初识互联网创业

　　在我们讨论互联网创业之前，有必要对创业的概念做一个回顾。尽管人们对创业这个概念似乎并不陌生，而且近几年有大量国内外的专家学者对创业进行了研究和探讨，但是迄今为止，人们很难用一个标准的统一的概念来诠释创业。创业根据人们各自的理解被冠以各种各样的定义。

　　一些学者认为，发现并把握机遇是创业的一个重要部分。而另一些学者则说，创业包括创造价值、创建并经营一家新的营利型企业的过程，即通过个人或一个群体投资组建公司，来提供新产品或服务，以及有意识地创造价值的过程。另一个关于创业的定义是："创造不同的价值的一种过程，这种价值的创造需要投入必要的时间和付出一定的努力，承担相应的金融、心理和社会风险，并能在金钱上和个人成就感方面得到回报。"而国际管理科学学会——the Academy of Management 的教授们对创业也有自己广义上的定义：创业是"对新企业、小型企业和家庭企业的创建和经营"。

　　尽管对于创业的定义五花八门，但是我们仍然可以从中发现一些具有共性的元素。

　　首先，创业肯定是一种创新行为，这种创新可能是源于技术的、市场的、产品的、服务的，或者是营销方式等方面的创新。除了上述几种可能的创新行为之外，创业必定存在着就业岗位创新。即创业肯定创造了某些新的就业空间。因此，创业就是一种创新行为。不管是何种创新，创业的存在最终是为客户创造了价值——创业因能够满足客户的某种需求而存在。而价值的存在就意味着商机的存在。

　　于是就引出了创业的第二个元素——创业是一种有组织有计划的商业行为。有组织意味着创业是通过一个组织来实现的，也许这个组织的表现形式为一个有限责任公司，也许是一个以家庭为单位的个体经营单元，总之创业是一种商业行为而不是其他个体行为。有计划意味着创业需要谋划，而不是率性所为，只有谋划得当，才能将潜在的商机转化为价值。

　　概括起来，笔者对创业的定义是：**创业是通过创立组织并有计划地实现某种创新，从而为客户创造价值并为组织谋取利益的过程。**

　　创业既与创新有关，但是又不完全等同于创新。不同之处在于创新可能是在原有企业或原有事业的基础上所做的改变，而创业不仅仅包含了创新，也是企业或事业从无到有的一次创造性活动。

　　我们这里所定义的创业并不包括在已有基础上的二次创业，特指初次创业。

　　根据我们对创业的上述定义，不难推出互联网创业的概念。**互联网创业特指利用互联网创业或者所创立之事业在一定程度上依托互联网而存在。**

　　根据创业项目与互联网的依附关系，互联网创业可以分为在线型、互补型和延伸型。

1. 在线型创业

　　我们把完全依托于互联网而存在的互联网创业模式称之为在线型创业。在线型创业的典型特征就是企业向客户提供产品或服务的过程完全在互联网上进行。创业平台构筑在互联网上，创业实体所提供的产品或服务完全通过互联网经营，与客户通过网络交互，在线进行交易的支付等，不需要物理的营业厅或柜台。比如，百度、谷歌、搜狐、雅虎等都属于在线型创业。在线型创业实际上既是营销方式的创新也是营销渠道的创新。营销方式从传统的以商家为主导的面对面的营销变为在虚拟世界中的非接触式营销，营销渠道从经由各级经销商、代理商的分销变为网络直销。

在线型创业对于创业项目或经营的产品范围有一定的限制。这类创业项目大多为信息服务类，或者所经营的产品是能够完全在线传输的数字化产品。

互联网的商业化应用造就了一批财富新人，这些财富新人用他们对互联网的独到的眼光，创造出了新的商机，也在短短的时间里迅速积累起大量的财富。在"中国十大创业新锐"榜上有名的李想就是其中的典型代表。

相关案例

80后中国新锐——PCPOP 首席执行官李想[①]

李想：1981年生，河北人。1999年创业，PCPOP.com 首席执行官。

据 PCPOP 提供的资料显示：2005年营收近2000万元，利润1000万元。20倍的市盈率，市场价值2亿元。创始人李想"一股独大"，身价在1亿元以上。这一年，李想24岁，创业6年。

2006年5月23日，在2006创业中国高峰论坛上，25岁的李想，以泡泡网首席执行官的身份，晋身"中国十大创业新锐"。他是榜单上最年轻的一位，同时也是80后创业群体首次进入该榜单。

不是"海龟"，没有学历，在风险投资家眼里，李想的创业显得有些另类。如今，在专业IT网站排名靠前的五家，除他们外，都是靠几千万美

① 本案例参考资料：泡泡网 http://www.pcpop.com/doc/0/150/150974.shtml，作者：中国金融界网徐燕玲，2006年8月2日。

元的投资"砸"出来的，只有他们是自己滚雪球，因而让风险投资大跌眼镜。

作为一个身价过亿的"80后"CEO，李想最初创业的目标就是想赚钱，"当时觉得能赚上两三百万就不得了，很满足了，但当钱越来越多的时候，钱反而变成次要的东西，最重要的是带领团队去实现新的目标"。

高中毕业就创业

最早摸计算机的时候，李想还是石家庄的一个高中生。

"我是高三时开始上的网，当时上网还很贵，一个月要七八百块钱。"在此期间，李想迷上了个人网站，除了上学他把所有的时间都用在计算机上，像许多电脑迷一样，他也建了一个个人网站。

"一开始是自己做着玩，但我这个人喜欢争强好胜，别人做得好，我就要比别人做得更好。"

他把自己喜欢的电脑硬件产品都放在网上，有很多人上网和他交流，慢慢地就有了访问量，三五个月后访问量达到1万人次/天。这时候，广告商就找上门来。

"当时所有的网站只要做得好都有人给你投钱，而且他们什么要求都没有，只要能显示出来就行了。"当时李想的网站每个月有6000~7000元的广告收入，这对一个学生来说，简直太奢侈了，"赚钱原来很容易嘛"。

但好景不长。1999年下半年互联网泡沫破灭，李想的广告一个都没了。

虽然遭遇挫折，但李想并不气馁，因为做网站让他找到一个让自己全力以赴的事情，而且是自己特别喜欢的事情，因此高中毕业后李想没有选择继续读书，而是自己创业。"我觉得这个机会太难得了，早两年，没有这个机会，晚两年，这个机会可能又过去了。"

2000年，李想和一个朋友创办了PCPOP（电脑泡泡）网站，初始投资就是自己做网站淘到的第一桶金，将近10万元。新网站很快就有了访问量，但却见不着效益，因为在石家庄没有收入机会，李想决定移师北京。

2001年年底，李想到了北京，一开始租了一间民房，半年后，网站访问量每天有3万~5万人，广告商又找上门来，而且开出的价格比原先还高。

2002 年，他们搬到写字楼，这一年网站的收入达到 50 万。迈出了第一步，以后的路似乎越走越顺，2003 年他们的收入达到 200 万，2005 年上千万。

内容至上 服务取胜

李想的盈利模式说起来很简单，无非是靠内容和服务吸引用户，访问量大了以后，自然就有广告登门，但要真正做好这两点却得靠真功夫。

李想说 PCPOP 网站的内容基本上都是原创的，而不是别人的"拼盘"，身居中关村，让他们每天都能关注市场的最新动态，另外厂商也会把最新的产品拿来给他们测评，因此和别的网站比起来，他们的专业性特征明显，而且更新速度非常快。

另一方面，这些年市场消费行为也在发生变化。原先顾客要买一件商品，可能到电脑市场转上好几天，而现在更多的用户可以先在网上找到想要的东西，寻到一个便宜的价格，谁的网站专业性强，更新速度快，自然就会吸引更多的眼球。

除传统的广告收入外，李想又开拓出新的收费模式——渠道服务，换句话说，就是经销商在 PCPOP 网站上租摊位卖东西，"这笔账太好算了，在网站上，一个手机的流量顶得上卖场一半的流量，而这一半流量只光顾你一家，而且没有人员成本，一个摊位每个月 6000~7000 元，对经销商来说每天卖一个手机成本就够了，经销商何乐而不为？"

为了使收费更务实，下一步他们准备采取类似百度竞价排名的方式，也就是取消摊位费，按效果来收费。李想说："我们会计算出多少个点击会产生一个购买量，平均下来一个点击多少钱，按实际点击量来收费，这样对双方都有好处，只要访问量增加，我们的收入就能成比例增长。"

眼下渠道的收入和广告收入还没法比，但李想坚信，到 2007 年，渠道的收入就会大幅提升，和广告收入分庭抗礼。

开拓新领域

2005 年 6 月，PCPOP 推出了一个独立的汽车类网站，喜欢飙车的李想说推出这个网站，不是因为自己喜欢车，而是目前的市场机会太好了，

"你只要看看现在做得好的汽车网站都是从 IT 转过来的，汽车网站和我们现有的网站在线上的模式是一样的，操作方式也一样，都是既做内容又做测评，正因为有前期的经验，我们做起来非常得心应手"。

和别人不同的是，他们不是大杂烩，他们把每一个车做成一个网站，在这上面，既有新闻又有测评，既有图片又有数据，还有用户交流的论坛，这种全新的网站结构颇让李想得意，"因为我们是真正从用户的角度出发，传统的网站是综合性的，用户访问网站是被动的，也就是说网站更新什么，用户就看什么。比如，用户想找一篇有关马自达 3 的文章都很费劲，其实，对用户来说，首先关注的是产品，所以我们就进行细分，让用户用起来更方便，其实，这些东西原先都有，只不过我们把它更好地组合在一起了"。

尽管他们没有掏很多钱去做推广，但现在每天已经有 10 万的流量，在汽车类网站中排名第四，但李想认为这还不是最有价值的东西，随着用户数的增加，这些注册用户的价值会更高。

"我们的后台用户数据库非常有价值，这将是我们未来的一笔财富。"

除了互联网，车就是李想的最爱。他的车开得极猛。大伙儿一起从后海出来走三环上京昌高速。后面的车刚到三环，他已经到京昌路调头了。开猛车的人很多，可是加速快，就免不了多刹车。但有一种快速是可控制的，跑完整个四环不用踩一脚刹车；开辆 Polo 在北京狂奔 10 万公里，一次没蹭过。这就是李想的风格，"在高速上保持预见性，把自己变成导演"。

做阳刚的事情，却善用稳妥的手法

其实 6 年创业跟开车跑一圈四环也是相似的风格，两个字：顺、稳。1999 年，18 岁小伙的个人网站靠送上门来的网络广告就赚了 10 万，这一年高中毕业、成绩平平，放弃上大学而直接创业"理所应当"。2002 年，李想告别父母，从石家庄迁到北京，招兵买马，开始"正式的商业运作"。自此，PCPOP 的广告销售每年以 100%以上的速度增长，2005 年，又从 IT 产品向汽车业扩张。今天，当初红火一时的小熊在线、走入中关村等网站要么止步不前、要么销声匿迹，领先的中关村在线和太平洋在线都背靠大媒体或大卖场资源，而势头最劲的 PCPOP 单纯靠内生性增长。小李想，怎么做到的?

李想定律:如果一件事情比别人多付出 5% 的努力，就可能拿到别人 200% 的回报。做事要认真。李想每天都在这样要求身边的每一个人，因为他自己就是这个方式的受益者。比如，同去参加一个新品展示，李想就要求 PCPOP 的文章要比别的媒体先出来，哪怕就比人家快 5 分钟，也许你就因此而多做功课、少睡了 10 分钟，但结果就是第二天所有的网站论坛都是你的文章。厂商的认可、广告投入就随之来到。

不觉得自己是个商人，自小在农村长大，这段生活最重要的就是把自己变得"像农民般正直"。公司每到一个发展的坎儿，就有一个得力伙伴准时加入，正因为诚恳待人，"所以这些人才都一直跟着我"。李想敢说，在所有 IT 网络媒体中，PCPOP 是唯一一伙不跟厂商收钱的队伍;任何人收了钱会被这个团队自动排挤出去，这里有一股过于"理想"化的风气。

李想的背后有很多"老大哥"。一群三四十岁的企业家都把他当做小兄弟来看，关键时刻就出手帮忙。薛蛮子算是一个忘年交，他是 UT 斯达康的创始人，做过 8848 的董事长。如此身价的人跟你接触，会令你觉得他比你自己的朋友对你更热情和热心。李想感叹，如果做人做不到这种境界，也就不可能拥有那样的财富。265.com 看起来是一个再简单不过的导航网站，但跟创始人蔡文胜接触以后，李想总结，是因为这个人特别好，这个网站才特别好。蔡能看到的层次，常人不能触及。

中学六年，李想把所有业余时间都给了计算机和互联网，"它们就是为我而发明的"。要转遍石家庄所有的邮局去买一张软件，整夜地待在电脑前搭建自己的网上王国。白天在课堂上不愿同老师同学分享的观点，晚上在互联网上可以敞开自由地表达，遭遇到强烈的碰撞，在争执或者认同中被不断记录、被不断成就。"新东西都是在互联网上学到的，传统的教育被抛开了。"

案例思考与讨论

（1）李想创业的基础是什么？

（2）PCPOP 为客户提供了什么？

（3）PCPOP 的主要收入来源是什么？

（4）李想创业为什么能够成功？

（5）为什么李想说"我们的后台用户数据库非常有价值，这将是我们未来的一笔财富"？

（6）你认为李想以及 PCPOP 未来的发展前景如何？

2. 互补型创业

当创业项目既需要利用互联网电子商务的方式，又需要利用传统商务方式的时候，我们将其称之为互补型创业。互补型创业模式也被称为"水泥＋鼠标"创业模式。这种创业模式的部分业务流程是通过互联网完成的，而另一部分业务流程则需要传统的手段来完成，缺少其中任何一种手段都无法实现产品或服务向客户方的转移。如果我们把一个企业向客户提供产品或服务的过程用一系列业务活动所构成的价值链（关于价值链的概念详见本书第 3 章）来描述的话，那么互补型创业就是由若干离线的传统商务活动和若干在线的电子商务活动所组成的价值链。

以当当网上书城为例，虽然当当网上书城业务流程复杂，但是我们仍然可以将其业务流程简化并用价值链来表述如图 1-1。

当当网由民营的科文公司、美国老虎基金、美国 IDG 集团、卢森堡剑桥集团、亚洲创业投资基金共同投资，于 1999 年 11 月开通，面向全世界中文读者提供近 30 多万种中文图书和音像商品。当当网是典型的"水泥＋鼠标"的运营模式。互联网提供了可以无限伸展的展示空间，可以容纳无限的图书或图样以及内容。当当网通过与各大出版社建立起供应商联盟，能够及时采购到最新的图书等产品。当当网没有传统的销售网点，人们在现实世界中看不到当当的书店，消费者无论是购物还是查询，只需足

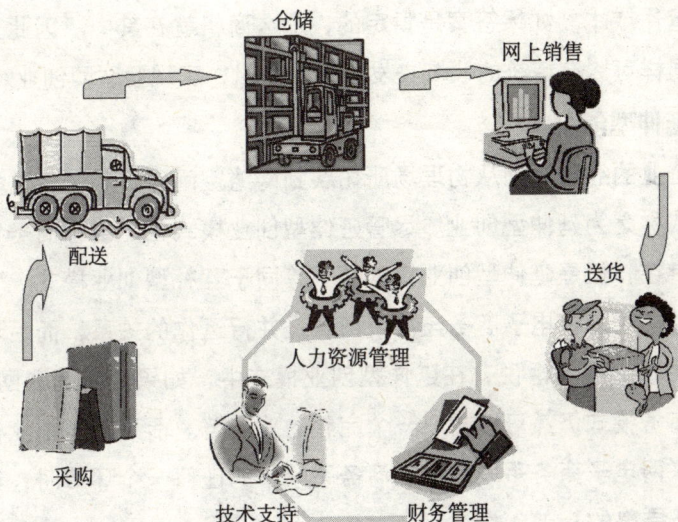

图 1-1 互补型创业模式的价值链

不出户，点击鼠标，不受时间和地域的任何限制。在消费者享受"鼠标轻轻一点，好书尽在眼前"的背后，是当当网耗时近 6 年修建的"水泥基础"——庞大的物流体系，近 2 万平方米的仓库分布在北京、华东和华南，员工使用当当网自行开发、基于网络架构和无线技术的物流、客户管理、财务等各种软件支持，每天把大量货物通过空运、铁路、公路等不同运输手段发往全国和世界各地。在全国 66 个城市里，大量当地的快递公司为当当网的顾客提供"送货上门，当面收款"的服务。

从当当的业务流程中我们可以清楚地看到在互补型创业模式中，传统商务手段与电子商务手段二者缺一不可。传统商务与电子商务的有机结合，相辅相成的互补流程，既大大降低了商务运作的成本又提高了运营效率。

互补型创业模式未来发展前景最为广阔。随着互联网技术的普及和网民数量的剧增，任何一个企业都不能无视互联网的存在，大量的企业都将面临改造传统业务流程以适应互联网发展的必由之路。即使是发展相对成熟的传统商务模式，也存在着利用互联网创造新的商机的可能，关键问题在于互联网的应用是否能够为传统商务带来更大的市场份额，或者是降低原有的运作成本。如果答案是肯定的，那么商机就在其中。因此互联网创业者，同样可以在传统的领域去发现新的商机，实现互联网创业。

3. 延伸型创业

当企业的经营活动从物理场所拓展到网络空间时，我们将这类互联网创业模式称之为延伸型创业。尽管延伸型创业模式也是电子商务与传统商务同时存在，但是延伸型创业模式并不等同于互补型创业模式。它们之间的区别就在于前者电子商务与传统商务是并行运作的关系，而后者是串行运作的关系。换句话说，在延伸型创业模式中，如果没有互联网的存在，其传统商务模式仍然可以构成一个完整的业务链。而互补型创业模式，当缺少互联网电子商务手段或传统商务手段中的任何一个环节时，其业务流程就是不完整的。

当采用互联网延伸型创业模式开展电子商务时，只是在其原有的传统业务链条上又衍生出一组新的链条，这组新链条基本上与传统业务链的作用相同，网上经营活动只是拓展了其原有的商业空间。例如，海尔网上商城（http：//www.ehair.com）就是延伸型电子商务模式。海尔集团创立于1984年，20多年来持续稳定发展，已经成为在海内外享有较高美誉的大型国际化企业集团。产品从1984年的单一冰箱发展到拥有白色家电、黑色家电、米色家电在内的96大门类15100多个规格的产品群，并出口到世界160多个国家和地区。海尔在国内市场的销售基本上是采用渠道经销的方式——海尔的产品是通过各级各地的经销售、零售商销往最终用户。在电子商务时代，海尔集团并没有固守在原有的业务模式上。随着互联网的发展，海尔集团于2000年3月10日投资成立海尔电子商务有限公司，并于当年开通了海尔网上商城。海尔网上商城利用海尔集团现有的制造、销售、配送与服务体系，在互联网上实现了基于Web的产品定制、网络直销、产品报修等功能。海尔集团直接对用户订单负责，消费者可以在海尔的网站上浏览、选购、支付，然后可以在家里静候海尔的快捷配送及安装服务。

大多数延伸型互联网创业实际上是传统型企业利用互联网的二次创

业。在整个世界被互联网连接成一个"地球村"的网络时代，任何一个企业都无法漠视网上的世界，也无法抗拒互联网商机的诱惑。对于许许多多的传统型企业来说，利用互联网能够发现许多新的商机和利润增长点，从而实现二次创业。

概括而言，在线型创业、互补型创业和延伸型创业是在不同程度上依托于互联网的商务活动。在线型创业是借网而生，离开互联网，在线型创业就完全不存在了；互补型创业是与网共生，没有互联网，商务活动就会瘫痪；而延伸型创业是结网再生，在原有的商务活动基础上，开辟出网上业务。

我们还可以从创新的角度进一步讨论互联网创业，互联网创业本质上就是创新，其创新之处主要表现在以下两个方面。

第一，互联网为创业提供了创新源或者说是新的商机。回溯互联网的发展过程，我们可以看到许多利用互联网创业的成功案例：阿里巴巴、搜狐、百度，等等。他们的商机是在互联网上，他们为客户提供的价值，要利用互联网来实现，他们所创办的企业，都是完全依赖互联网而存在的企业。可以肯定地说，没有互联网就没有马云、张朝阳们的今天。

第二，创业活动借助于互联网而实现，或者借助互联网实现了营销手段和营销方式上的创新。对于许多传统的创业项目来说，需要为消费者提供面对面的服务，比如餐饮等商业活动，如果没有互联网也同样可以创业，但是创业成长的速度可能更加缓慢，甚至在漫长的发展过程中被激烈的市场竞争所吞噬。而利用互联网创业，在经营方式上有所创新，这种创新会大大降低成本，使创业者成为业内的成本领先者，创业项目利用互联网则能够在较短的时间内，形成规模，茁壮成长。本节所介绍的红孩子信息技术有限公司，就是利用互联网实现营销手段和营销方式创新的典型的互联网创业案例。

相关案例

茁壮成长的红孩子①

北京红孩子信息技术有限公司成立于 2004 年 3 月，这是一家以母婴用品为主打产品，同时利用互联网和传统邮购目录为用户提供方便快捷的购物方式和价廉物美的产品。成立伊始，红孩子以低价方式杀入母婴用品销售市场，半年实现盈利，一年成为北京市场同业冠军。2006 年 10 月开始在异地扩张，5 个月后就进入了 6 个城市，到 2007 年 12 月，进入城市超过 16 个，预计 2008 年年底会完成 26 个城市的全国布局。红孩子成立三年多来发展速度迅猛，现在已经拥有母婴用品、化妆品、健康产品、自选礼品、家居产品五条产品线，成为全国规模最大的目录销售企业。红孩子凭借独特的业务模式，良好的发展势头和优秀的核心团队顺利吸引到美国著名风险投资公司 NEA 和 Northern Light 等三轮共计 3500 万美元的投资。

红孩子的诞生源于其创始人的切身经历。红孩子的创始人中有三个都是刚刚做了 1 年多的爸爸。此前，令初为人父的他们感到颇为尴尬的一个事实是，很难方便地买到称心如意的母婴用品。他们经常要奔波于店铺之间买纸尿裤、玩具等各种用品，习惯到卓越网和当当网购物的年轻人突然敏锐地意识到，如果有一个类似的婴幼儿用品网上商城，那可以省多少事！这个市场无疑是窄众的，但是对市场的调查和研究显示：它的用户群集中，而且容易把握。几个年轻人一拍即合，创业者们很自然地为自己的创业项目确定了大致的方向：目录直销＋电子商务＋传统物流。并写出了四五十页的商业计划书。项目启动以后，他们开始在妇幼医院等地方设立广告牌，派发购买产品的代金券；有身孕或是要照顾孩子的妈妈们不方便外出，从网上和通过目录直销就可以订购，通过口耳相传，红孩子的声誉迅速建立。

---

① 本案例根据红孩子相关报道整理而成，参考网站：http://www.redbaby.com.cn/about

在此之前，红孩子销售团队并没有任何销售经验，他们借鉴了沃尔玛的"薄利多销"和"注重用户感受"的信条。那时候，丽家宝贝、乐友等已经成为这个行业里业绩较好的公司，作为市场后进入者，红孩子的策略是低价+优质产品和服务：所有商品都从厂家直接进货，保证质量；打破原来均衡的市场价格，尽量降低利润来占领市场。有时候这种竞争已经细化到送货环节：当竞争对手声称在北京四环以内购物满200元才免费送货时，红孩子则承诺五环以内满50元就可以免费派送。

创业不会一帆风顺。在最初的3个月，由于规模太小，红孩子出现了意料之中的亏损。由于缺乏销售的经验，公司还面临着一系列的问题：与其他竞争者不同，红孩子一开始便希望开发一个完全满足电话销售和物流管理的软件，使得从电话订货到配货完全实现无纸化。但刚开始他们自己也说不清楚需要一个怎样的软件，开发出来的软件无法适应真正的需求。而整个物流过程中的问题更是错综复杂，因为缺少熟悉仓库和货物的人，红孩子配错货率高。低价打破了市场均衡，于是很多厂家开始封杀红孩子，不给其供货，强迫其调高价格。这是一个艰难的探索过程，在公司初建的一年中，创业者们几乎从来没有休息过，由于承诺天天营业，2005年大年三十，创业者们带着公司半数的员工坚守在岗位上。

与传统的婴幼儿专卖店不同，红孩子并没有自己的店面：一方面通过目录直销，每个季度面对会员、社区、医院和合作单位发送产品新目录，用户通过电话订购，送货上门；同时也结合了卓越和携程的优势，拥有自己的网站，用户在上面挑选产品，发表评论；为了聚敛人气，红孩子不失时机地开办了育儿论坛和育儿博客，人气最好的时候，有700个母亲或父亲同时在线，分享孩子的照片，交流彼此经验。

红孩子的创业模式和良好的市场发展前景，很快就引起了风险投资的关注。并在短短的三年多时间里完成了三轮私募资金。

第一次是2005年11月，距启动创业仅仅一年多的时间，红孩子出让公司30%股权，融资250万美元。第二次是2006年9月出让公司10%股权，融资300万美元。第三次融资是在2007年，出让公司20%多的股权，融资 2500 万美元。

如今红孩子已经在 16 个省市设立分公司，注册会员 30 万人。红孩子的日订单量达 5000 张，日销售额超过 120 万元。

案例思考与讨论

(1) 红孩子的创业项目策划对你有何启示？

(2) 红孩子为什么能在竞争激烈的母婴市场中迅速占领市场？

(3) 红孩子的创业项目对客户的价值是什么？

(4) 红孩子在创业发展中都遇到了哪些问题？创业者们是如何解决的？

(5) 在红孩子今后的发展中可能会遇到哪些问题？应该如何应对？

(6) 请说明红孩子的营销策略和营销手段。

(7) 请将红孩子与同类网站进行比较，并说明其异同点。

(二) 网络创业先习"水性"

我们之所以将互联网创业与传统创业分开讨论是因为互联网创业是借助互联网而存在的创业形态，与传统创业有着许多不同的特点。自 20 世纪 90 年代互联网投入商业化应用以来，互联网就造就了一批又一批"网络新贵"，利用互联网一夜暴富的神话刺激了许多人像当年淘金热一般涌向互联网，但是其中既有像马云、张朝阳那样的成功者，也有不少创业者是血本无归。分析互联网创业成功与失败的原因，可以得出这样的结论：成功的互联网创业大都顺应了互联网的规律和特点，而失败的互联网创业往往是违背了互联网的规律和特点。依托于互联网的互联网创业，由于互联网的特性也呈现出与以往创业所不同的特性，充分地认识互联网创业的特性，并把握互联网创业的规律性是互联网创业成功的基本保证。

互联网创业因为依托于互联网而表现出许多与传统创业所不同的特性。如果我们了解了互联网的发展过程，也就不难理解和把握互联网创业所表现出的各种特性。

互联网是一个功能和应用不断发展的网络。20 世纪 60 年代初期，美国国防部开始担心核攻击破坏其计算机系统，当时美国国防部的计算机系统都是功能强大的大型机，为了使系统之间既保持紧密的联系，又能够独立工作，即使其中一部分遭到破坏，其余系统仍可以正常运行。于是美国国防部委托一些著名的大学和研究所进行研究，目的是创造一种全球性的网络，即使这种网络的一部分被摧毁，整个网络还可以照常运行。起初专家们把他们各自处于不同地理位置的计算机联了一起，后来有越来越多的专家加入到了这一网络，并不断地开发出各种供网络交流信息的软件程序，如远程登录（Telnet）、电子邮件、新闻组（Usenet）等，这些研究奠定了互联网的基础。

20 世纪 90 年代初，随着美国国家信息基础设施行动计划 NII 的发表，以及联合国全球信息基础设施行动计划 GII 的发表，互联网迅速发展，从研究机构进入了商业化应用。人们首先发现互联网是一种非常方便地进行沟通交流的工具，是发布和获取信息的场所。而一些善于捕捉商机的人，很快就想到了利用互联网沟通交流信息的功能来传递商业信息，比如今天我们所熟知的许可 E-mail 营销就是互联网电子邮件功能的商业化应用。网络广告、搜索引擎、竞价广告等就是互联网信息发布和检索功能的商业化应用。而网上买卖商品，既是对互联网的全面的商业化应用，也是对传统商业形态的一场革命。

互联网的出现改变了传统的商务方式，人们把依托于互联网而从事的商务活动称之为电子商务。

在人类的历史上，人们总是不断利用新的技术来提高效益、扩大贸易，尤其是能够引起社会发生飞跃式进步的技术。互联网就是这样一种技术。互联网给企业经营和商务活动带来的显著变化是：互联网使企业内部与外部的信息流、资金流和物流融汇在一起，使企业的"疆域"无限扩大，使企业的经营可以 24 小时持续，互联网缩短了企业与其客户的距离，互联网使全球市场融为一体。

了解互联网的特性，掌握互联网创业的规律对于互联网创业的成功有着举足轻重的作用。

1. 互联网存在"网络效应"（Network Effects）

利用互联网及其他电子的手段从事商务活动，能够缩短甚至消除由于信息不畅所造成的商务活动的延误。因为互联网中信息的传递是通过网络信道完成的，无论是远隔重洋，或者是天上地下，数据的传输是在瞬间完成的。即使交易的各方相隔于大洋彼岸，即使存在着不同时区的地理时差，通过互联网电子商务同样可以协同商务。

依托于互联网的电子商务存在着互联的内在需要，因为人们选择利用互联网购买产品或服务的目的就是因为互联网便于收集和交流信息。而这种需求的满足程度与网络的规模密切相关。只有一名用户的网络是毫无价值的。如果网络中只有少数用户，他们不仅要承担高昂的运营成本，而且只能与数量有限的人交流信息和使用经验。随着用户数量的增加，这种不利于规模经济的情况将不断得到改善，每名用户承担的成本将持续下降，同时信息和经验交流的范围得到扩大，所有用户都可能从网络规模的扩大中获得更大的价值。此时，网络的价值呈几何级数增长。这种情况，即某种产品对一名用户的价值取决于使用该产品的其他用户的数量，在经济学中被称为网络效应或网络外部性（Network Externality）。

关于互联网的网络效应这一观点我们还可以从以下数据得到验证。

据 CNNIC 发布的我国第 21 次中国互联网络发展状况统计报告，截至 2007 年 12 月，我国网民数已增至 2.1 亿人。中国网民数增长迅速，比 2007 年 6 月增加 4800 万人，2007 年一年则增加了 7300 万人，年增长率达到 53.3%。在过去一年中平均每天增加网民 20 万人。目前中国的网民人数略低于美国的 2.15 亿人，位居世界第二位。与 2000 年同期相比，中国网民总人数 7 年增长了近 10 倍。历年网民人数如图 1-2 所示。

而 7 年间利用互联网的电子商务的发展如何呢？据《现代计算机》2000 年第 8 期刊登的简讯报道：2000 年，中国电子商务市场占中国国内生产总值的 0.2%，大约为 8 亿元人民币。

另据国内权威的互联网咨询公司艾瑞市场咨询发布的 2006 年中国电

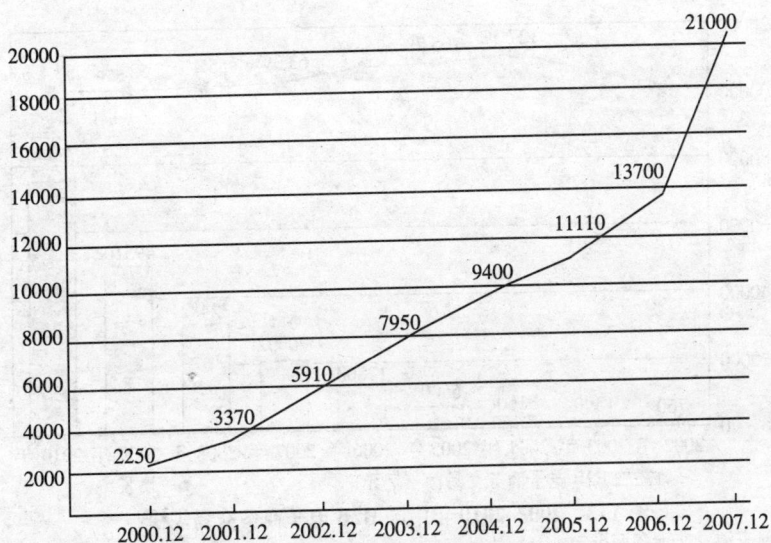

图 1-2 CNNIC 历次调查网民总数

资料来源：CNNIC 统计报告。

子商务简版报告，中国 B2B 电子商务市场占中国整个电子商务市场的 95% 左右，2006 年的交易额达到了 12800 亿元，较 2005 年增长了 97%。艾瑞市场咨询预计 2010 年中国 B2B 电子商务交易规模将会达到 7.5 万亿元。

从图 1-2 与图 1-3 可以看出，从 2002~2006 年网络规模增长了 2 倍，而 B2B 电子商务交易额增长了 17 倍。电子商务交易额的增长速度几乎是网络规模增长速度的 9 倍。虽然目前关于电子商务的统计数据由于种种原因统计口径不甚一致，统计来源多种多样，但是我们通过一些数据的对比，也能够从中看到电子商务的规模与网民数量相关的发展规律。这从另一个方面印证了网络效应的存在。

网络效应对于互联网创业的启示是什么呢？现以阿里巴巴为例，如果单纯从技术层面上考虑，阿里巴巴的电子商务模式是很容易复制的，但是迄今为止，并没有一个类似于阿里巴巴的网站能够把客户的眼球从阿里巴巴网站移开。阿里巴巴的平台上会聚了 300 多万个海外客户和超过 1600 万家中国企业注册用户。因为无论是商务信息的发布方还是检索方都能够

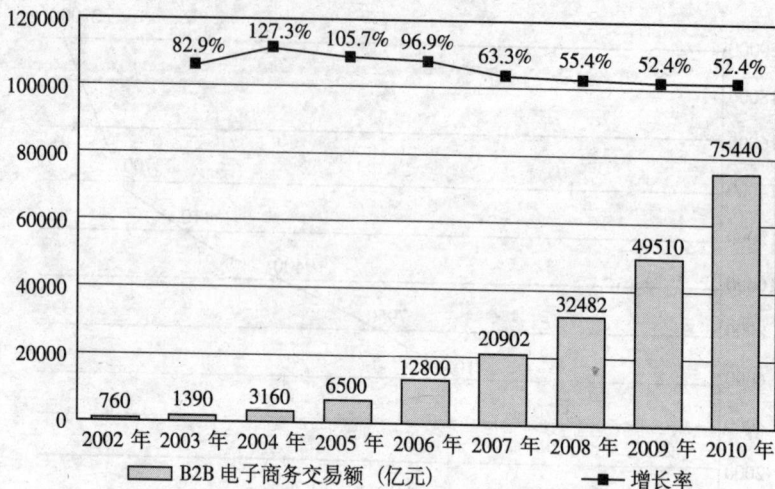

图 1-3　2002~2010 年中国 B2B 电子商务交易规模

资料来源：艾瑞咨询报告。

在阿里巴巴的网站上寻求到足够多的客户，于是就像滚雪球一样，阿里巴巴网站的客户越来越多，其他同类网站是很难超越的。这充分说明了某种产品的使用者越多，对某个消费者的价值就越大。而当使用者习惯了某种技术产品后，在转用其他新技术时，便需要支付与过去学习和习惯相联系的成本，甚至会损失已经建立起来的社会关系网络。如果在互联网创业中，能够巧妙地利用"网络效应"，使得电子商务模式得到用户认可，并在较短的时间内形成网络规模，互联网存在的网络效应会提高客户的转换成本，从而使得客户被锁定在某种已有的电子商务模式上。

2. 互联网具有"先入为主"的特点

如果我们分析一下雅虎、亚马逊、阿里巴巴等成功的电子商务案例，可以发现一个共同的规律：他们的创业模式都是其所在领域中的开先河者。尽管他们中的某些创业模式似乎并不存在很高的技术门槛，但是后来的效仿者却很难超越他们，甚至很多效仿者在大把大把的烧钱以后，得不到相应的回报，只好折戟而归。

仍以阿里巴巴的创业模式为例。阿里巴巴创业之初就是一个信息中介网站，人们在信息中介网站上可以发布和检索供求信息，并在线下完成交易过程。这种信息中介并没有很高的技术门槛。当阿里巴巴信息中介平台被国外风险投资商所青睐，并获得风险投资以后，许多类似于阿里巴巴的信息中介网站如雨后春笋般出现在互联网上，但是正像马云曾经说过的一句话：像我者死！事实上仅仅两三年后那些模仿阿里巴巴的网站就因为没有人气而偃旗息鼓。

在互联网经历了十多年的商业化应用以后，人们得出了这样一个结论："互联网上只有第一，没有第二。"互联网创业的这一特性也是由互联网的"网络效应"所决定的。互联网消除了不同地域的空间距离，只要某种电子商务模式得到了客户的认可，很容易让客户形成依赖性。而在现实世界中，客户依赖性的形成会受到许多客观条件的制约，比如，商家与客户之间的物理距离、商家与客户直接交流时所表现出的亲和力、商家经营场所给客户的直观形象感受，等等。在网络世界中这些因素都不存在，能够影响客户的往往是网站给客户留下的"第一印象"。如果"第一印象"让客户感受到网站能够为客户提供价值，那么随后的第二次、第三次乃至第 N 次就是自然而然的了。

上海有一家进出口贸易公司，通过互联网与美国一家公司洽谈并签署了丝绸服装的供货合同，他们之间此前并没有任何合作的经历。但是在完成了第一笔交易后，双方都非常满意。美国的买方对货物的质量和交期非常满意，中国的卖方也得到了比较高的利润（利用互联网降低了交易成本），从此他们就成了从未谋面的贸易伙伴，一直通过互联网进行交易。这些在互联网上有过成功交易的商业伙伴是不会轻易离开互联网的，因为离开互联网就意味着放弃了可能的商业机会和已经建立起来的商业关系网络。

互联网创业的这一特性从另一个方面告诉我们：在互联网创业中，不能盲目地效仿，即使被实践证明已经非常成功的电子商务模式，如果不加以创新，全盘照搬，其结果可能是全盘皆输。

3. 互联网更容易培养忠诚的客户

一个创业项目，能够引起客户的关注固然重要，但是如果仅仅一时的关注，并不能够为创业者带来持久的价值，如何能够锁住客户的眼球，使客户成为创业者忠实的客户、永久的朋友，才是创业者更应该关注的问题。

（1）互联网由于具有互动性，使创业者更容易了解客户的动态，满足客户个性化的需求，从而将客户培养成为忠诚的客户。

传统的商务活动主要表现为"异动"和"被动"。"异动"就是各"动"各的，一个"动"完另一个再"动"。"动"就是商务活动的意思。传统商务中，由于信息沟通的不便，商家与客户不能及时沟通，商家一般都是按照自己的计划进行生产和销售等商务活动。商家在完成产品的生产活动之后，再把商品推销给客户，而客户只能被动地接受商家的推销。

互联网把"异动"和"被动"变为互动。互动就是互联而动、相协而动。在互联网电子商务中，商家能够通过互联网及时了解客户的需求，通过分析客户的在线购买行为能够了解和把握客户的消费习惯、偏好，针对客户的消费趋势进行预测，从而根据客户的需求制订产品开发和营销计划；客户可以通过互联网主动选择自己青睐的企业和产品，并根据自己的选择主动接受企业的推销，客户如果对企业或其产品不满意，就不会再"光顾"企业的网站，更不会理睬企业的推销。客户还能够把自己的意愿通过E-mail或企业论坛及时传递给企业。互联网电子商务的这种互动性使得企业在激烈的市场竞争中能够更有效地利用资源，提高企业的竞争能力。

在传统的商务中，企业只能根据其市场调研对市场趋势和客户需求做出大致的预测。这种大致的预测不能准确回答：谁是企业的客户？客户究竟需要什么样的产品和服务？客户的购买情况如何？等等。在这种不精确的预测结果下，企业只能采取"撒大网"或"地毯式"的营销方式，这就导致了企业营销成本的居高不下。有关资料表明：在传统的营销方式下，市场反应率仅能达到8%，也就是说，企业可能在100个客户身上花费了营销成本，但是只有8个人做出了反应（不一定是发生交易）。

互联网能够实现"一对一"销售或客户的个性化服务。创业者能够通过互联网为客户提供针对其个性需求的产品或服务。比如，让客户在线订制产品，企业提供在线"产品组件"装配设计，客户可以根据自己的喜好进行产品的设计。这种"一对一"销售或客户的个性化服务，使得客户反应率能够提升到20%以上，从而能够大大提升客户满意度、降低创业者的营销成本。

（2）由于互联网具有网络效应的特性，对于客户而言，通过在线购物或者在线服务，所得到的不仅仅是商品或服务，还能够参与到商家的网络社区中，从众多的用户群体中获得更多的信息和附加的价值，甚至得到广泛的人脉关系。比如，许多汽车经销商在互联网上建立了用户社区。这些购买同一品牌汽车的用户，不仅通过网络社区（汽车俱乐部）交流汽车驾驶、保养的心得经验，通过网络社区组织集体采购，而且还共同发起组织自驾游、拉力赛，甚至集体驾车举办车友的婚礼，等等。每个人都能够从网络社区的集体力量中获得安全感、获得归属感甚至得到某些自我价值的实现。假如一个客户想"背叛"原来的商家，那么，他（她）势必要付出较高的转换成本。他（她）不仅仅是离开了一个品牌，而是离开了他（她）已经熟悉的一个社会群体。由此可见，互联网的网络效应成为凝聚客户的天然"黏合剂"，网络社区成为继家庭、单位以外的第三个凝聚人的社会单元。

虽然互联网对初次创业者来说是一个新的"领地"，但是只要充分了解和把握互联网的"网络效应"、先入为主以及更易培养忠诚的客户的特点，互联网的魅力定会成就创业的灿烂。

（三）寻找互联网创业的"蓝海"

"蓝海"一词出自 W.钱·金和勒尼·莫博涅在 2005 年 2 月合作出版的《蓝海战略》一书。"蓝海"是指对企业而言尚无竞争且充满商机的新市场。

按照 W.钱·金和勒尼·莫博涅对"蓝海"的定义，我们有理由相信，互联网可能正是创业者们孜孜以求的创业的"蓝海"——摆脱竞争，商机盎然的创业的新天地。

当我们在了解了上述互联网特性之后，再来审视互联网创业，不难理解互联网为什么可能成为创业的"蓝海"。当创业者把握住互联网的特性，让创业项目借助互联网而发展，互联网就将成为创业的"蓝海"。

1. 互联网的本质就是创新

创业的"蓝海"在哪里？创业者如何去发现这样的"蓝海"？其实在市场经济发达的地方，天然存在的创业"蓝海"几乎很难寻觅。创业者去寻找和发现"蓝海"的过程实际上就是去创造"蓝海"的过程。在英语中创造和创新几乎就是同义词——creation。而互联网的发展过程恰恰就是不断创新的过程。互联网提供了创新的机遇和创新的空间，创业者只要能够去把握互联网的创新机遇，去开拓互联网的创新空间，创业的"蓝海"就会出现在互联网上。

互联网的本质就是创新，在互联网上存在大量的创新机遇：技术创新、服务创新、营销手段创新……所有的创新都可以归结为价值创新。即为客户创造新的价值，同时企业获得应有的利润。互联网是蕴涵庞大需求的新市场空间，创业者通过"价值创新"为企业和买方都创造价值的飞跃，使企业彻底甩掉竞争对手，并将新的需求释放出来。

2. 利用互联网实现间接收益

由于互联网的创新的本质，往往会产生许多意想不到的商机。

通常人们在谋划创业时会首先考虑该创业项目的预期收入。对创业的收益预期又往往会着眼于直接的和货币化的收益。这种方法对于传统的创业是必要的也是适用的。但是对于互联网创业如果也采用同样的方法进行预期，可能许多具有前景的互联网创业就会被扼杀在摇篮之中。这是因为很多互联网创业项目，其收益往往是间接的，甚至有时会出现"有心栽花花不活，无心插柳柳成荫"的意想不到的结果。许多把互联网作为抒发个人情感、表达个人观点的私有空间的"博客"，此前绝不会想到，博客竟然可以用来营销。

博客是 1997 年由 Jorn Barger 提出的，在今天几乎已经成了 WEB2.0 时代的最典型的代表形式之一，同时伴随着博客在互联网上的广泛传播，博客营销也成为一种崭新的营销方式。

"博客"（Blog 或 Weblog）一词源于 "Web Log"（网络日志）的缩写，最初只是一种十分简易的 "傻瓜式" 个人信息发布方式。任何人都可以像免费电子邮件的注册、写作和发送一样，在互联网服务器的博客空间，完成个人网页的创建、发布和更新。如果把论坛（BBS）比喻为开放的广场，那么博客就是开放的私人房间。撰写这些 Weblog 或 Blog 的人就叫做 Blogger 或 Blog writer——博客。在网络上发表 Blog 的构想始于1998 年，但到了 2000 年才真正开始流行。起初，博客们只是将其每天浏览网站的心得和意见记录下来，并予以公开，来给其他人参考和遵循。但随着博客的快速扩张，它的目的与最初已相去甚远，博客孕育了一种新的营销方式——博客营销。

博客营销的概念并没有严格的定义，简单来说，就是利用博客这种网络应用形式开展网络营销。博客在博客网页空间所记载的这种网络日记的内容通常是公开的，自己可以发表自己的网络日记，也可以阅读别人的网络日记；因此，可以理解为一种个人思想、观点、知识等在互联网上的共享。由此可见，博客具有知识性、自主性、共享性等基本特征，正是博客这种性质决定了博客营销是一种基于个人知识资源（包括思想、体验等表现形式）的网络信息传递形式。因此，开展博客营销的基础问题是对某个领域知识的掌握、学习和有效利用，并通过对知识的传播达到营销信息传递的目的。

由于博客沟通方式比电子邮件、讨论群组更简单和容易，博客已成为家庭、公司、部门和团队之间越来越盛行的沟通工具，因此，它也逐渐被应用在企业内部网络（Intranet）。据 CNNIC 2007 年 6 月发布的《第 18 次中国互联网络发展状况统计报告》称，中国大约有 2800 万人经常使用博客，占网民总数的 23.7%，远高于美国 Pew 报告中的 1200 万人。

一些博客服务商，公开推出了博客广告付费的规则，一些浏览量比较大的博客会因此而获得额外的经济收入。新浪已经制订了博客广告共享计划，公开邀请 3000 名博主，并且承诺将博客广告利润的 50% 分给博客主人。博客原本作为一种个人信息发布的工具，结果在吸引了大量眼球以后，成为商家营销的手段，成为个人创收的工具。

3. 利用互联网实现以小搏大

许多人都渴望拥有自己的事业，但是真正敢于创业者却只是其中的很小一部分。除主观因素之外，因为各种客观条件的限制而始终无法迈出创业的第一步，成为创业率在我国偏低的一项主要原因。

一般商务活动中都存在着信息流、商务流、资金流和物流。信息流是商务活动中产生的各种信息的汇合，如供求信息、合同信息、发货收货信息、支付与结算信息，等等。商务流是整个商务活动中的各个业务流程的汇合，如国际商务中的询盘、还盘、发盘、接盘形成了一组业务流程，订仓、出货、装船也是一组业务流程。资金流是商务活动中价值转换所产生的资金流动。物流则是在以货物买卖为内容的商务活动中的货物流动。大多数商务活动都离不开这四流。要让这四流动起来需要相应的资源——人、财、物，而对于一个初次创业者来说，可能并不具备所有的资源。

电子商务能够实现信息流、商务流和资金流的集成。传统商务中，信息分散于商务活动的各方和各个环节。由于缺乏信息共享，商家不能及时而准确地捕捉住客户的需求，而客户也难以得到有关产品的全面的信息和完善的服务。电子商务由于采用电子的手段进行数据传输和存储，因此商务活动中的各种信息都能够集成在网络平台上，客户只要轻点鼠标，立刻能够检索到所需要的信息，商家也能够通过网络获得客户的相关信息，比如客户对哪些产品感兴趣、客户的购买习惯、信用情况，等等。利用电子商务还可以把所有相关的商务活动集成在一起，为客户提供"一站式"服务。比如，客户在线订购产品后，可以在线选择送货方式和送货时间，可以在线支付货款，对于国际贸易还可以在线进行报关，等等。电子商务利用在线支付工具，如网络银行、信用卡、电子现金、电子支票、电子转账等，使得商务活动中的各方在资金划转时方便、快捷而且成本低廉。

互联网创业者只要能够利用互联网将各种资源整合在一起，同时又具备反应灵活行动快捷的小企业优势，一个小企业以小搏大胜过大企业绝不是天方夜谭。

上海某公司专门从事地毯经销，20 世纪 90 年代初该公司主要从国外进口地毯，国内批发销售，用户主要是高档写字楼、宾馆等。当时国产地毯花色品种少，质量也差，所以该公司进口的地毯不愁销路。90 年代中后期，随着国内地毯企业的纷纷崛起，国产地毯的花色品种增多，质量也得到了提高，该公司的进口地毯由于价格高于国产地毯开始出现积压，销售不断下滑。此时摆在企业面前有两条路：要么改行，要么硬挺下去。改行——新的行业不熟悉，要从头来，可能会付出很高的机会成本。硬挺下去，明摆着是赔本，何去何从，真是两难抉择。面对这种情况，公司领导层经过认真分析，首先确定不能改行，但是要调整经营战略。一是由完全依赖进口改为自行设计委托加工为主，进口为辅。该公司通过多年的进口业务，熟悉国外先进的设计思想和理念，并且建立了便捷的信息渠道，能够及时了解国际地毯设计趋势，同时也了解国内消费需求。以此为基础，公司有能力自行设计适销对路的地毯产品，而国内不乏具有较强生产能力的地毯企业，公司不需投资建厂，通过委托加工，可以在最短的时间内，以最少的投资，生产出自有品牌的地毯产品。二是建立遍布全国的经销网络。公司重点抓市场策划和品牌推广，通过经销网络将产品销往全国各地。公司的经营战略以互联网为依托。一是引进地毯 CAD 系统进行地毯设计，二是建立基于互联网的电子商务系统。利用这套系统，公司将各种地毯设计样稿存储在网络数据库中，不论是远在海南还是西藏的经销商都能够远程上网查询公司的产品数据库，下达电子订单，公司在接到经销商的订单后再按需下达给生产厂，由于生产企业也采用同样的地毯 CAD 系统，设计参数直接就转换为生产参数，可以在很短的时间内生产出产品并发给经销商。利用这套系统，公司有关领导还可以随时查询经销商的结算情况，对于信誉差的经销商，系统会给出警示信息，并且自动降低其经销等级。利用这套系统，公司以一支非常精干（30 多人）的队伍，管理着遍布全国各地的 40 多个经销商。

4. 互联网创业，电子是手段，商务是本质

虽然互联网为信息的传播和复制提供了极为便利的手段，但是，对于

互联网创业来说，如果没有独特的资源和不可替代的价值是很难通过复制已有的模式而获得成功的。互联网创业，电子是手段，商务是本质。

互联网在中国发展的初期，人们对互联网的认识还很肤浅，当看到一些从事互联网电子商务的公司募集到大笔的资金，于是大大小小的电子商务公司如雨后春笋般钻出中国大地。但是其中很多的公司并没有核心业务作支撑，只是从互联网上到处搜集一些二手信息，粘贴到网站上，表面上看起来很热闹，其实质却无法为客户提供任何有价值的服务和产品，甚至还经常会因为信息的著作权、肖像权等而发生纠纷。结果几年下来，烧掉了大把钞票以后，终于因为现金流的枯竭而倒闭了。因此对于大多数互联网创业，一定要有核心业务内容，而且其商务流程可以借助电子的手段加以实现，在经过电子化以后，要么能够提高效率，要么能够降低成本，或者能够增加市场份额。总之，互联网创业也要像彼得·德鲁克在《创新和企业家精神》一书中对创新的定义那样——将它从需求的角度而不是从供给的角度，即定义为改变资源给予消费者的价值和满足。

在互联网创业中，很容易进入"技术至上"的误区，尤其是对于具有IT技术背景的创业者，可能会醉心于某种新的或者更先进的技术，但是，未必最先进的或者最新的技术就一定是最有市场价值的，作为互联网创业，其生命力往往取决于其市场价值，即是否能够为客户创造价值。不是为电子而电子，而是为商务而电子，这是在互联网创业中必须始终要把握的原则。

要让互联网成为创业者的"蓝海"，第一靠创业者的发现，第二靠创业者的创新。一方面创业者要善于发现尚未满足的客户需求或者潜在的市场需求，另一方面创业者要善于创造新的需求，新的营销手段，总之创造新的价值。

二、创业的种子在互联网上成长

一个生命体从其诞生、成长、成熟、衰退到死亡的成长过程具有一定的规律性，这种具有一定规律的成长过程被称为生命周期。生命周期的概念同样适用于互联网创业过程。

就像一个企业的发展遵循着企业生命周期一样，互联网创业也存在着某种周期规律。

尽管电子商务的出现还是 20 世纪 90 年代初期的事情，距离现在不过是 20 多年的时间，但是纵观电子商务的发展，我们可以发现许多共同的规律：所有互联网创业的发展都经历过孕育期。成功的互联网创业在孕育期之后进入成长期、成熟期。未来将面临衰退期和死亡期（退出期）。

互联网创业生命周期的四个阶段可以用互联网创业生命周期图表示。

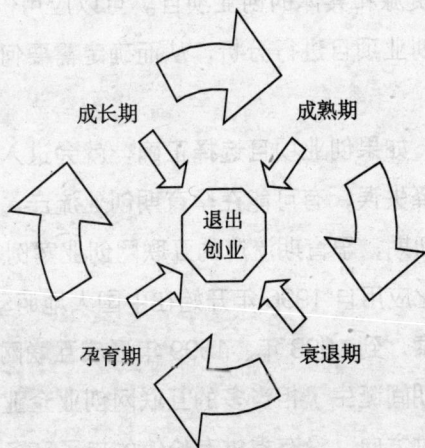

图 1-4 互联网创业生命周期图

（一）互联网创业的孕育期

孕育期是互联网创业的第一个阶段。这个阶段，很像一个生命胚胎的形成期。只要具备一定的条件，生命的胚胎就可发育。互联网创业的生命胚胎往往会孕育于以下两个条件：某种商机的发现或者是创业者的创业的激情。当人们捕捉到某种商机的时候，对于具有创业意识的人是"天赐良机"，创业的胚胎就自然发育了。而有些时候，人们是带着强烈的创业的热情去寻找商机而开始创业的。无论是否"天赐良机"，创业者必定是对创业充满激情和渴望。缺少创业激情是无法进入创业孕育期的。但是仅有激情而缺乏对商机的判断和把握，互联网创业也是不可能成功的。

在电子商务发展的初级阶段（2000 年以前），一个好的互联网创业项目可能在孕育期就会引起风险投资机构的关注，风险投资机构通常会根据电子商务策划书的内容来对创业项目的前景进行判断，对于具有良好预期的互联网创业项目会通过"种子"资金进行资助。随着人们对互联网的理性回归，仅仅通过电子商务策划书就募得风险资金的机会越来越少，因此仅有创业的激情是不够的，对于创业项目的选择需要进行周密的市场调研和策划，并在此基础上做好创业所需要的资源准备。

互联网创业的资源包括启动资金、相关的专业人员、必要的设备设施，还有一些业务资源和具体的创业项目。可以应用价值链方法（在第 3 章中具体介绍）对创业项目进行分析，从而确定需要何种资源，是否具备足够的资源？

在创业孕育期，如果创业项目选择正确，就会进入创业的成长期，但是如果创业项目选择失误，有可能在孕育期创业流产，从而退出创业。尤其在互联网发展的初期，孕育期流产的互联网创业案例很多。

互联网的商业化应用自 1996 年开始在中国大地萌动，到 1997 年开始形成商业模式的探索，到 1998 年、1999 年形成互联网创业的高潮，这是第一次浪潮，在此期间诞生了相当多的互联网创业企业，但是很多互联网创业企业并没有找对方向，没有提供有价值的电子商务模式。曾经有一个时期，互联网上出现了许多"阿里巴巴"式的网站、"搜狐"式的网站。原因非常简单，阿里巴巴模式和搜狐模式在当时是最容易效仿的模式——内容网站和门户网站，这类网站没有非常复杂高深的技术门槛，进入相对容易，当时个人创业只要在商务计划书里列上电子商务计划，就会引起投资机构的青睐；传统企业只要打出电子商务的旗帜，在股市上就会引来股民的狂热追捧，股票就会一路飙升。当时的口号是"要么电子商务，要么无商可务"。似乎世界到了大同之日，只有电子商务才是企业的经营之道，否则就只有关门歇业了。但是互联网上"只有第一，没有第二"的特点，让这些单纯依赖转载粘贴内容的电子商务公司找不到自己的盈利点，而2000年美国纳斯达克股市的暴跌使得风险投资商也一度对中国的互联网电子商务失去信心。在大把大把地烧钱以后，没有了风险投资的支持，到了2000年前后很多互联网创业企业倒闭了。

2000年是电子商务在中国发展的一个转折点。2000年以前很多互联网创业是盲目的创业激情所使然，而不是电子商务的商机——价值所使然。这些互联网创业的失败，让人们重新认识了互联网。短短几年间，电子商务在中国经历了从无知到有知，从疯狂到理性的发展过程。

通过互联网创业成功与失败的案例可以看出，在互联网创业孕育期的主要任务是对互联网创业项目的商业策划和资源准备，即在互联网创业中首先要确定项目的商业价值和所需要的资源。俗话说：磨刀不误砍柴工。中国自古就有谋定而动之说。"十月怀胎，一朝分娩"，在孕育期对互联网创业项目经过充分论证保证了其商业价值的存在，经过周密策划和精心准备保证了创业所需的资源，这样的互联网创业经过孕育期才有可能茁壮成长为一棵参天大树。

相关案例
张朝阳和他的搜狐①

在张朝阳的成长经历中，1986年是一个"分水岭"，他考上李政道奖学金，赴美国麻省理工大学学习。张朝阳从小就不安分，爱幻想，不甘落

---

① 本案例根据相关报道整理而成，参考网站：http://www.sohu.com，《中国信息导报》，2004年第9期。

后，对很多东西感兴趣。他学过画画，做过航模、拉过二胡，尤其喜欢看《水浒传》。他喜欢看那些自学成才的故事，读《哥德巴赫猜想》，并暗立志向：要好好念书，将来出人头地。中学时代，张朝阳的理想是当物理学家，认为只有获得诺贝尔奖，才能成就一番大事业。这是他考取清华大学的直接动力，也是他考取李政道奖学金的直接动力。从陕西西安到北京，从北京到美国，故乡渐行渐远，理想渐行渐近。人生的转折和变化成为一种标志。而今天的张朝阳，就是理想变化的结果。

1993年，在麻省理工学院念了几个月的物理学博士后之后，张朝阳突然感到学了很多年的物理学并不太适合自己。"在物理实验中，我发现，我是个操作型的人，特别注重结果，不能容忍搞一套理论，而这套理论要在100年之后才能得到验证。"与此同时，张朝阳看中了和中国有关的商务活动，他很幸运地在麻省理工学院谋得了亚太区中国联络官的角色，这个角色让张朝阳有机会频频回国。1995年7月，张朝阳突然有了回国创业的强烈念头，美国随处可见的"硅谷"式创业更是激起了他的热情。他清楚地认识到互联网经济极为惊人的商业和社会价值，于是下定了创业的决心。当他看到Internet的机遇时，感觉到应该是创业的时候了。张朝阳联系到了ISI公司，想做ChinaOnline（中国在线），用Internet搜集和发布中国经济信息，为在美国的中国人或者对中国感兴趣的人服务。ISI总裁当时和张朝阳的想法相近，两人一拍即合，于是融资100万美元，张朝阳于1995年年底以ISI公司驻中国首席代表身份，开始用Internet在中国收集和发布经济信息，为华尔街服务。在ISI的经历，张朝阳觉得中国Internet的市场潜力巨大。1997年1月初，ITC网站正式开通，可是到了年底，第一次融资得来的18.5万美元所剩无几，快到了连工资都开不出来的地步。迫不得已，张朝阳向他的投资人发出了紧急求救，三位投资者再次为张朝阳提供了10万美元的"桥式"贷款。1998年2月，张朝阳正式推出了第一家全中文的网上搜索引擎——搜狐（SOHU）。1998年3月，张朝阳获得Intel等两家公司210万美元的投资，他的事业开始蒸蒸日上，1998年9月，搜狐上海分公司成立，1999年6月，组建搜狐广州分公司。2000年，搜狐在 NASDAQ 成功上市，并购了中国最大的年轻人社区网站 Chinaren，网络社区的规模性发展给门户加入了新的内涵，使之成为中国最大的门户网站，奠定了业务迅速走上规模化的基础。张朝阳不失时机地进行了一连串大手笔的动作，让搜狐出现在更多的地方。他及时判断出短信对互联网的巨大利益，并且尝试着把它作为一个能与互联网紧密结合的产业来运作。2001 年，耗资百万成就"SOHU 手机时尚之旅"，张朝阳亲自出现在首席形象代言人的位置上，这在风风雨雨的互联网世界，确实收到了空前的效果，树立了 SOHU 人的信心。2003 年春夏之交，SOHU 再次给网络界带来一次惊喜：SOHU 登山队攀登珠穆朗玛。在互联网正全面复苏的时候，在SARS 肆虐人类的时候，他想证明 SOHU 的勇气，并宣告 SOHU 的理想。2002 年 7 月 17 日，搜狐率先打破中国互联网的僵局，实现盈利。在面临新浪和网易的竞争、选择搜狐的盈利方式时，张朝阳每天工作八九个小时，周末休息。有时候周末有各种活动，也是跟公司相关的。2003 年，搜狐捷报频传，2 月 25 日，搜狐推出韩国游戏《骑士》进军网络游戏；在2003 年上市公司中国科技人物财富排行榜上张朝阳仅次于丁磊屈居亚军；在胡润制造的 2003 年中国 IT 富豪 50 强中张朝阳亦名列三甲。

案例思考与讨论

(1) 张朝阳创业的动力和背景是什么？

(2) 搜狐的商业价值是什么？

(3) 搜狐的收入来源有哪些？

(4) 你认为搜狐是否已经具有明确的盈利模式？

(5) 你认为搜狐的未来前景如何？

(二) 互联网创业的成长期

互联网创业项目在孕育期经过科学的论证和充分的准备，初步的市场试探获得了积极的反馈，由此互联网创业就进入成长期。进入成长期的互联网创业项目已经具备了一定的市场价值。在成长期需要让胚胎茁壮成长，因此，在成长期应该扩大市场份额，增加现金流。一个互联网创业项目在成长期应该追求的目标是：创业项目能够产生比较高的浏览量和足够的现金流。

浏览量是指网页被用户访问的次数，网页被选中后，网页的每一个可链接的图标就可以产生一个点击即一次浏览。

浏览量反映了一个电子商务网站吸引客户的能力。与传统商务模式不同的是，电子商务始于"眼球"，有人将互联网经济称之为注意力经济，说明电子商务是以人们的注意力为基础的，注意力的直接表现就是浏览量。因此，在成长期，创业者应该通过各种营销组合策略，千方百计去吸引客户的注意力，去提高网站的浏览量。没有浏览量的电子商务模式是没有任何商业价值的。

而现金流反映了一个电子商务网站的盈利能力，也直接体现了一个电子商务项目的商业价值。现金流量主要是通过现金流量表来揭示的。现金流量表，简单地说，就是反映企业在某一特定时期内现金流入、流出及流入净额状况的报表。准确地说，一个企业的净现金流充盈，说明企业的盈利能力强。浏览量固然是互联网创业追求的一个重要指标但不是终极目标，终极目标是要将浏览量转化为价值——企业为客户提供所需的产品或服务，客户为企业提供净现金流。因此不能将浏览量和现金流分割开来，它们是两个相关的指标：通常是浏览量越高，现金流越充盈。将浏览量转化为现金流的能力称之为转化率。转化率高说明浏览量的有效性好，转化率低说明浏览量的有效性差。

为了提供浏览量，在成长期，创业者要采取各种营销策略组合，特别是网络营销策略，如搜索引擎营销、许可 E-mail 营销和适度的网络广告等。同时对于未来有上市规划的创业者，成长期是吸引风险投资的最佳时期。

在成长期的互联网创业最容易吸引到风险投资。风险投资机构往往青睐于具有较高的浏览量和较充盈现金流的互联网创业项目。如果此时能够吸引到风险资金的支持，互联网创业企业的抗风险能力会大大加强，同时可以获得更加快速的成长。而对于缺乏资金支持的互联网创业，成长期也是风险与机会并存的时期。如果在成长期由于资金限制，不能迅速占领市场，不能快速成长进入到稳定期，那么有可能会被竞争对手所效仿，其市场会被强大的竞争对手所吞噬，从而在成长期被迫退出创业。这一点与我们前面所讨论过的互联网"先入为主"的特点是不谋而合的。"先入为主"就是抢先吸引到用户的注意力，好的创业项目，不能在第一时间"抢"到用户的注意力，就会被潜在的竞争对手所注意，会被效仿者后来居上，而创业项目就会丧失最佳的成长壮大机会，甚至在成长期被扼杀掉。

相关案例
8848 败在何处？

8848——珠穆朗玛网上商店由联邦软件公司建立，1999 年 5 月 18 日正式开业。该商店主要销售软件、计算机图书类商品。同年 11 月，其销售额达到 1250 万元人民币，商品种类达 14 万种，注册用户数量接近 12 万人。1999 年年底，8848 公司从联邦软件公司分离，成为独立公司，即北京珠穆朗玛电子商务服务有限公司。8848 的创业者们试图重走美国网上书城的开拓者贝索斯之路。并且以世界最高峰的高度来命名，寄托着创业者们希望攀登电子商务巅峰的雄心壮志。2000 年 12 月，8848 宣布成立时代珠峰科技发展有限公司，以原 8848 公司已有的 B-C、电子商场、网上分销等业务为基础，并开始采用 www.my8848.net 等新域名开展业务。该公司作为 8848 的子公司，以已有的 B-C 业务为基础，吸纳新的产业资源，并共享 8848 品牌，启用新的域名 www.my8848.net。

然而在 2000 年的中国，电子商务还没有像今天这样的尽人皆知，也没有像今天这样的沃土来滋养刚刚露出嫩芽的电子商务。当时中国的网络规模——国内网民区区 400 万，所谓"网络社会"，不过相当于一个寻常省会城市；支付——不仅仅是电子货币系统面临重建，整个社会信用体系也面临重建，各大银行发行的借记卡通常只能在本地区使用；配送——专业化的全国性第三方货物配送企业数量几乎为零。在这种情形下，8848的互联网创业，首先面临着攀登这三座大山——网络环境、电子支付和物流配送。

尽管前有"网络环境、电子支付和物流配送"三座大山横亘，但由于有多家投资机构对其进行投资，8848公司很快取得了国内电子商务网站的龙头地位。

2000年5月"8848.net"正式对外发布的时候，在线支付方式只有招商银行的"一网通"一种，配送主要依靠联邦软件公司的全国连锁店。半年以后，8848说服了其中的大多数接受全国在线支付。他们甚至说服中国速递总公司为他们提供收费较低的速递服务，并且为他们向用户代收货款。8848.net甚至没有放弃邮局汇款，以及各种存折和信用卡的离线转账——国内禁止个人信用卡与单位信用卡之间相互转账，他们说服发卡银行办了一个托管性的公司信用卡户头，这样用户就可以通过柜员机或营业所把钱转到他们的公司信用卡户头上。他们与邮局、铁道、航空签约，与民间的速递公司、发行公司、有自己配送渠道的销售连锁企业签约，他们还自备了7辆小货车，用于递送急件。甚至他们已经策划投巨资建设自己的配送中心。

8848.net看起来甚至比亚马逊还要顺风顺水。亚马逊花了将近3年才完成上市。并且，贝索斯是从西雅图的车库里开始的，而8848是从联邦公司所在的亿方大厦9层开始的。不久之后他们搬到了12层，而后则占据了12、13整整两层。8848.net滚得实在太快了，他们甚至来不及把存储最近两天商品的配送中心安置在一个更便宜的地方，干脆把它搁在13层。8848在网站上销售的商品超过14万种，从软件、图书、音像制品到PC系列产品、消费类电子产品一网打尽，他们还宣布很快将推出玩具和票务。

2000年11月，快速膨胀的8848公司进行了业务拆分，由8848公司和深圳某投资发展有限公司共同投资成立北京时代珠峰科技发展有限公司（my8848）。8848公司出让全部电子商务业务及部分相关资产，授权my8848独家使用8848的电子商务域名。这使得my8848一成立就享有了一个明星企业的市场知名度和信誉度，也让一些人误解 my8848 就是 8848。

由于种种原因，my8848 网站从 2001 年 6 月开始拖欠供货商的货款，9 月出现收取客户预付款却不送货的情况。被公司拖欠货款的有 200 多家供货商，其中有 20 余家向法院提起了诉讼。2001 年 9 月 20 日法院查封了 my8848 网站，中国电子商务起步较早、知名度很高的品牌网站由此陷入破产的境地。

对于 my8848 衰败的原因，一些媒体进行了如下分析：

（1）my8848 在成立之初就为自己埋下了股权混乱的种子。作为公司第一大股东的深圳某公司被笼罩在神秘色彩中未公开露面。各股东之间一直协调不善，甚至到 my8848 遭到法院查封时，应当投入的资金还未能全部到位。

（2）虽然 my8848 的董事长具有很高的知名度，但公司管理团队的经营能力却不强。公司一直由主要投资方指派的不熟悉网络营销的人员运作。缺乏优秀的领导团队，直接影响着企业的战略执行、市场开拓与内部管理。

（3）my8848 采用"大而全"的商业模式，号称有商品十几万种，商品种类跨度太大，像个百货商场。公司缺乏多品种商品的销售经验和明晰的收益模式，盲目使用折扣手段，最后导致网站的垮台。

（4）8848 在品牌上的投入和公司董事长的知名度，使 8848 成立时就拥有巨大的品牌影响力。为维持这一品牌，my8848 不得不继续在宣传上投入大量资金。

（5）my8848 主要采用折扣促销的销售策略，许多商品实际上是亏本销售。加上物流、结算等环节不配套，从而导致企业亏损额急剧上升。

（6）公司和供货商之间是以赊销的方式进行业务交往的，一般 30~90 天结算一次货款。由于公司销售不畅，使得公司大量拖欠供货商货款，供货渠道受阻。

（1）试归纳分析导致 my8848 失败的主要原因。你认为最主要的原因是什么？

（2）请选择一个你所熟悉的经营较好的网上商店，试从经营特色、促销手段、售后服务三个方面分析其与 my8848 的不同点。

（3）根据上述分析和对比，试论述互联网创业成功的基本原则。

在电子商务的初期发展中，有许多开端良好的互联网创业中途不幸夭折。剖析每一个创业失败的案例都会给我们不同的启示。概括而言，在成长期失败的互联网创业项目，导致失败的原因主要有以下几个方面：

1. 市场定位模糊

创业是令人振奋，令人向往的，互联网创业又更增添了些许神秘的色彩，往往会使人在充满期待和渴望中匆匆开启创业的帷幕。但是如果在孕育期缺乏对创业项目进行科学的论证，准确的市场定位和充分的准备，可能危机的种子在孕育期就已经埋下了。例如，8848 的市场定位，从开始就是模糊的。当时的中国，网民数量区区数百万，8848 的电子商务只能是锁定这几百万网民，然后细分客户，为其中的某些客户群体提供他们所需要的产品或服务。但是 8848 却采取了"大而全"的商业模式，号称提供商品十几万种，而后又想在网上提供虚拟店铺出租。市场定位的模糊，成为以后 8848 陷入危机的导火索。

即便像美国这样的发达国家，在亚马逊的创业初期也只是将市场定位在图书市场，以后随着互联网的发展和经营状况的好转才逐渐将市场扩大到百货类。因此，市场定位要取决于当时当地的市场环境和消费水平，同时也要考虑自身的资源情况和运作能力。

2. 营销策略失误

一次营销策略的失误可能会断送一个创业项目。比如，产品或服务的价格策略，营销理念，营销渠道的选择等都会直接影响创业项目的成败与否。8848 在互联网尚未在中国得到全面的发展，人们对互联网的依赖性尚未形成的条件下，投入大量的资金做广告，没有目标的"撒大网"式的营销并没有给 8848 带来预期的收益，反而造成了居高不下的营销成本。而红孩子在成长期的营销策略，则是精准的务实的营销策略。红孩子并没有"撒大网"式的到处做广告，而是选择在医院门口做户外广告，甚至让农民工到妇幼医院去给进行产前保健和生育的客户派发宣传单，精准和务实的营销策略使红孩子迅速在育龄期的青年男女群体中建立起良好的口碑，并在成立的当年就开始盈利。

3. 盲目扩张导致资金流枯竭

8848 为了追求在中国电子商务市场的龙头老大地位，在成立仅一年多的时间里，在亏本销售的情况下迅速扩张，甚至不计成本地把库存商品堆放在写字楼里。在 8848 看来规模就是实力，在投资不到位，收入不足以开支，甚至拖欠供货商货款的情况下，还在一味求大，一味扩张，结果入不敷出。现金流枯竭是导致 8848 倒台的直接原因。

4. 内部管理混乱

进入创业成长期的互联网企业面临的最大挑战仍然是生存问题。因此创业者们往往将注意力放在企业的外部——市场、客户、竞争对手、合作伙伴，等等。而此时，内部也许正在酝酿着一场"政变"——如果创业者不能及时关注企业内部的管理，不能在内部建立起有效的沟通和危机处理机制，创业失败的危机可能首先在内部酿成。

内部管理不到位直接会影响企业的产品和服务质量，影响企业的运营成本和市场形象，影响员工的积极性，甚至会出现创业者分道扬镳，创业集体从内部瓦解的危险。

哪些内部管理的问题会导致创业的失败呢？一个企业就像一个人的肌体，任何脏器出现病灶，如果不能得到及时和有效的治疗都有可能成为痼疾，并造成肌体的死亡。在企业内部无论是人、财、物方面还是产、供、销方面，任何一个环节出现失误都有可能酿成无可挽回的损失。因此，在创业企业内部建立起规范的管理机制和危机应对机制是防止创业夭折的最好的良药。

　　大凡了解爱多的人都很熟悉爱多的短命史。爱多公司成立于 1995 年，1996 年，爱多开始崛起，1997 年其销售额就达到 16 亿元人民币，并一度成为央视的标王。当时，爱多在家电行业的影响力可以说是如日中天。但好景不长，1998 年，爱多便开始出现财务危机。当爱多公司发生财务危机的时候，包括中层干部在内的很多员工都不知道企业究竟发生了什么事情，他们唯一获知信息的渠道就是通过外部媒体的访问和猜测，结果导致企业上下一片混乱，员工们也无所适从。这场危机导致了爱多商标被拍卖，爱多公司走向彻底的失败。

　　而 2004 年创维集团董事局主席黄宏生被拘案例中的企业内部危机管理，可以说是一个非常成功的危机管理。创维的这次危机来得很突然、很意外，而创维上下的反应、决策却很及时、很成功。黄宏生一被拘，创维高级管理层就立刻决定整个过程要向外界保持透明，在网上报道出现后 3个小时，创维立即向相关网站证实新闻的真实性，不遮掩和隐瞒。同时，创维集团高层管理人员集体亮相也再次体现出创维内部应对危机机制的及时和主动。

　　整个危机处理的过程中，创维主要是围绕着利益相关者进行的。创维危机管理案中，利益相关者主要有：香港廉政公署——黄宏生被拘留的机关、销售商——国美等电器零售商、银行——为公司的债务和资金提供金融支持、公司内部的管理层——掌控局面的人、公司员工——保证公司安定的基础、媒体——提供信息的发布和传播，取得舆论的支持等。这些利益相关者构成了整个危机处理的系统，每一个群体都需要得到及时的处理与沟通。任何一方的不支持和处理的不慎，都将导致整个危机事件的处理陷入被动。

　　毫无疑问，创维危机管理的成功与其自身拥有一套危机应急机制及相关人员的危机管理意识密不可分。也正因为如此，创维并没有因为其创业者黄宏生的被拘而陷入经营的困境。

（三）互联网创业的成熟期

经过成长期的互联网创业就像一株细嫩的小树，经过风风雨雨的历练已经长成参天大树，并结满累累硕果。进入成熟期的互联网创业企业具有相对稳固的市场份额和稳定的现金流。在成熟期，创业者开始得到了创业的回报。虽然成熟期创业的根基已经稳固，但是同样不能排除风险的存在。此时的风险既可能来自外部——市场突变的风险，也可能来自内部——管理决策的风险。一个稳定的市场有时也是一个饱和的市场，危机也许就孕育在稳定之中。处于成熟期的创业企业如果没有完备的风险预警机制和风险化解能力也有可能会非正常地退出创业。

在互联网创业成熟期，创业者要"一心二用"。一方面关注于正常的经营活动，另一方面要关注竞争对手的举动、关注客户群体的需求趋势、关注电子商务技术发展动向。因为以上任何一种因素的变化都可能引起电子商务市场的波动，甚至可能引发新一轮的商业变革。如果创业者对此没有灵敏的嗅觉，可能会在幸福中死去。

> ## 相关案例
> ### 卓越的 7 年之痒①

成立于 2000 年的卓越网熬过互联网的寒冬，在与其同时起步的 8848 倒下以后，卓越不但存活了下来，而且销售收入获得 70% 以上的年平均增长率。

卓越网能够奇迹般度过互联网的冬天，在 B-C 电子商务领域获得骄人业绩，其成功的秘诀就是专注在图书音像产品领域，"精选产品、减少品种"。业内人士表示，这一经营策略的高明之处是，在动用较少的资金和资源下，能相对保证产品质量和服务，在管理执行上的效率较高，但不利于扩张。

---

① 本案例根据相关报道整理而成，参考网站：http://www.dangdang.com，http://www.joyo.com

2004年8月，全球最大的网上零售商亚马逊（amazon.com）宣布以7500万美元收购卓越网有限公司（joyo.com）。卓越网的目标曾经是成为"中国的亚马逊"，而如今，卓越网已经成为"亚马逊中国"。在与亚马逊谈判的过程中，卓越相对成熟的物流和经营模式成为一个关键的砝码。卓越不仅在北京、上海和广州拥有自己的仓库，而且拥有自己独立的快递配送系统，并在省会城市及中西部地区铺开了业务，这是一个目前在国内来说比较完整的物流体系。

尽管如此，对于拥有商品种类3000多万种的网络零售巨头亚马逊来说，仅20万种商品绝不是他的终极目标。卓越网到底要不要朝着母公司的方向转型，亚马逊总部和卓越创业团队僵持了很长时间。卓越创始团队坚持原来"小而精"的图书音像战略，而亚马逊希望按照其在美国的成功模式，增加销售产品的品种。一方面是来自母公司的压力，另一方面则来自对手当当网的咄咄逼人的竞争。

与卓越不同的是，同样是以音像图书起家的当当网选择了亚马逊模式，以低价与规模作为当当网最为看重的两大法宝。按照当当网提供的数据，目前当当网已经经营了60万种图书音像，并有家具百货、化妆品、数码等几十个类别共计百万种商品，是中国经营商品种类最多的网上零售店。从2006年起，当当网开始业务拓展之路，从原有的图书音像业务，向家具百货等业务领域扩展。据了解，目前百货业务占据当当网总收入的40%左右。在价格上，当当网则与沃尔玛类似，坚持低价，并为此开发了一套智能比价系统。这套系统能够对网上各个竞争对手的产品价格进行扫描，一旦发现低于当当网同类商品价格就会自动调整，将自身商品价格调至比对手低。所有这些都需要资金的支持，为此当当网先后进行了三轮融资，并正在紧锣密鼓地进行第四轮融资。

2006年10月，卓越网开始了大规模改版，新的平台界面与亚马逊保持一致。"卓越要做大而精，"这是卓越新的经营策略。卓越已经把商品种类拓展到十几大类，而且仍将拓展商品种类，其招商活动一直在继续。同时卓越网推出了一系列新功能。如"最佳组合"，它以卓越网消费者的购买记录为基础，采用亚马逊公司的平台技术与网络系统，分析研究消费者的购物需求，进而为客户推荐适合商品。15 天无条件退货、图书预览、"一站式"结账等技术也全面上线。在物流方面，卓越通过巨大的投资和努力，构建了 308 个城市货到付款的体系，以期与发展势头迅猛的当当网一决高下。所有这一切都伴随着管理、人力和物流成本的增加。据说卓越网 2006 年的收入在 1.8 亿元人民币左右，而亏损则高达收入的一半。卓越网的未来如何呢？卓越与当当究竟谁更卓越？人们在期待。

案例思考与讨论

(1) 在卓越网发展的 7 年中，为何采取了不同的经营策略？

(2) 你认为卓越亚马逊的经营策略是否正确？

(3) 请浏览卓越和当当网站，并对它们的网上零售业务进行比较。

(4) 请对卓越亚马逊与当当未来的竞争态势进行预测分析。

(5) 你是否能够为卓越设计一种经营策略？并阐述你的理由。

(四) 互联网创业的衰退期

尽管对于互联网创业而言，由于其发展历史不足 20 年，大多数孕育成功的互联网创业目前均处于成长期和成熟期。但是从事物发展的客观规律上来看，稳定是相对的，变化却是永恒的。问题是如何预测衰退并做好二次创业的准备，当衰退期到来时进入二次创业的孕育期。当然如果没有提前预测到衰退的到来，当衰退真的到来时也只能退出创业。衰退期往往始于成熟期，互联网创业之所以会进入衰退期是因为创业者在创业的成熟期没有对经营环境的变化给予足够的关注和应对。竞争对手的举动、客户群体的需求变化趋势和电子商务技术发展动向等都有可能替代原有的商业模式，同时也会孕育新的商机。因此，创业者要想基业常青，需要常备不懈。

一个互联网创业进入衰退期的主要标志就是现金流的减少甚至枯竭，现金流的下降往往不是突兀地发生，而是伴随着浏览量的明显下降。因为浏览量下降，意味着原有客户群体的"背叛"和"离弃"，当浏览量下降以后，以注意力为基础的电子商务价值就大大下降了，最终导致现金流枯竭，退出创业。

当然如果在衰退初期，能够迅速扭转并发现和创造新的商机，则第二次创业的孕育期就开始了。否则，当进入衰退后期时，则颓势难挡，只能退出创业。

要避免退出创业，最根本的解决方案仍然是创新。为客户创造新的价值，新的需求就会产生，新的市场就会发育，二次创业的"蓝海"就会出现在互联网上。

三、选择互联网创业的理由

21世纪的创业者相比较19世纪和20世纪90年代以前的创业者是幸运的。因为可以选择互联网创业，使今天的创业者通向成功的道路不再遥不可及。以前的创业者可能要数代人才能奠定的基业，今天可能在短短的十几年甚至几年的时间就可以实现。这是因为与传统的创业相比较，互联网创业具有进入门槛低、启动成本低和发展速度快的优势。

(一) 互联网创业的进入门槛

随着互联网的普及和接入成本的下降，互联网已经成为人们特别是年轻人的一种生活方式。互联网不再蒙着神秘的面纱，互联网的普及应用为电子商务提供了广阔的空间和商机。利用互联网创业成为许多初次创业者的首选模式。可以说在社会经济发展的过程中，没有任何一项技术能够像互联网一样在如此广阔的范围，在各个领域，为不同层次的群体提供创业的机遇。从事互联网技术开发的专业人员、从事互联网应用维护的技术人员、从事各种经营贸易的业务人员、个体自由职业者甚至农民都可以利用互联网创立一番事业。

目前许多国家为了推动互联网的发展和普及，对在互联网上从事正当的商务活动基本上采取了鼓励和支持的态度，我国也是如此，在商务主体的资格和进入的许可方面都没有过多的政策限制，采取的是备案制。也就是说，不管是个体还是企业法人都可以在互联网上从事正当的经营活动。对于企业经营网络信息服务业务的，只需要到相关部门进行备案。比如，经营互联网信息服务的企业需要申请互联网信息服务业务经营许可证，应当符合《中华人民共和国电信条例》第十三条的规定和下列条件：

（1）在省、自治区、直辖市范围内经营的，其注册资本最低限额为100万元人民币。

（2）有可行性研究报告和相关技术方案。

（3）有必要的场地和设施。

（4）最近3年内未发生过重大违法行为。

对于个人网上创业，只需要在相关电子商务网站以真实的身份进行注册登记即可。

而在传统创业中，无论是自然人创业还是法人创业最起码需要获得工商管理部门的批准，需要一定的注册资金和经营场所。当然，并不是说在互联网上创业就无须获得工商管理部门的批准，而是在互联网发展的现阶段，互联网在客观上为个人创业提供了便利的条件。例如，许多自然人在淘宝网上开店出售各类产品，如果在现实生活中可能会被归类于无照经营或非法摊贩之类而被取缔。但是在互联网上，目前并没有被界定为非法。只要经营者守法经营并如期申报个人所得即可。

未来随着电子商务的普及，网络经营会更加规范，政府对个人在互联网上从事经营活动的管理会更加规范，这也是为了对消费者负责，杜绝和减少网络诈骗行为的发生。比如，对经营者的资质会有一定的要求。但是这种要求可能只是身份真实性的要求，而不会是经营场所或资金的限制。因此，互联网创业对于平民百姓来说是唾手可及的创业方式。

（二）互联网创业的启动成本

对于大多数创业者来说，启动资金可能是创业者所面临的最大问题。而利用互联网从事创业活动，创业的启动成本非常低廉。与传统的创业相比较，利用互联网创业免去了经营场地的租赁费用和经营场所营业设施的投入。而经营场地的租赁费用，对于小规模创业可能是一笔最大的支出项目。

在互联网创业中，对于缺乏启动资金的创业者来说，可以借助第三方电子商务网站开始创业的第一步。例如，对于商品销售类的创业项目可以在淘宝、易趣等电子商务网站开店，对于咨询服务类的创业项目可以到诸如"百度知道"、"K68创意平台"之类的威客（Witkey）网站发布和检索信息。这些网站基本上都是免费的平台。这在传统创业中是不可想象的，没有启动资金，传统的创业项目是无法启动的。但是电子商务为零启动资金创业提供了可能。当然，对于零启动资金的创业项目，在创业的生命周期中，其成长期会更加漫长，初期夭折的可能性会更高一些，但是即便初期夭折，对创业者来说并不会带来难以承受的经济损失，反而会积累一定的实践经验。

甚至对于缺乏创业资金的创业者来说，利用互联网可以实现零资本创业。

即使对于缺少资金的创业者，利用互联网创业也并非天方夜谭。只要有一台计算机，有一条接入互联网的线路，再加上创业者的智慧、知识或者经验，互联网创业也就可以起步了。泡泡网的创始人李想被誉为80后的财富典型，就是从零资金开始的创业第一步。

比起李想的创业起步阶段，今天的互联网上有太多可以利用的资源和渠道。比如，在互联网上有可以发挥自己的专业特长，为网民解决某些专业技术问题的猪八戒威客网（http://www.zhubajie.com），有供文学爱好者发表作品，实现自己"作家"梦想的华网文盟（http://www.cnlu.net），还有可以免费开店的淘宝网（http://www.taobao.com），等等。

利用威客网、文学网创业需要的是专业技术或特长，那么在淘宝网上创业更需要商业头脑和人脉关系。

济南一位青年女教师，因身患疾病半休在家，为了提高身体素质，她经常打羽毛球，羽毛球的消耗量比较大，因此她常常直接向厂家订货，并与厂家建立了良好的关系。因为是老顾客，厂家给她的价格很低，许多同事朋友也都托她订货。看到体育用品有这么大的市场需求，她萌生出自己开店经营体育用品的想法。可是开一个实体店谈何容易，不光是自己不能全力经营，而且也没有资金。后来她想，为何不利用互联网呢？时间随意，也不用投入资金。于是她在淘宝网上开了一个小店。在淘宝网上开店与传统经销方式所不同的是，她既不需要投入资金租赁场地，也不需要购进库存商品。她首先与厂家洽商争取代理权，因为是老顾客，而且她所经营的是一些成本比较低廉的体育用品，如羽毛球、羽毛球拍等，所以厂家同意给予她一定数量的产品赊销（先拿货，售出后结清货款），她所需要做的就是在互联网上检索信息，寻找买家，并且通过各种营销手段提高网上商店的信誉度和知名度。很快她就在网上拥有了一批忠实的顾客，每个月的利润稳定在数千元以上。

互联网创业可大可小，资金永远不是问题。只要有创业的激情，有创业的设想，有捕捉商机的眼光，总可以在互联网上找到适合自己的方式。

（三）互联网创业的发展速度

互联网具有"网络效应"的特点，利用这一特点，互联网创业只要市场定位准确，营销措施得当就可以在很短的时间内吸引眼球，积聚客户，得到高速的发展。在传统的创业中，可能需要花费数十年方能达到的客户规模，在互联网中可能仅仅需要几年甚至更短的时间。据淘宝网统计，目前在淘宝网上有60万家注册店铺，2006年淘宝网交易总额突破169亿元人民币，超过易初莲花和沃尔玛各自全年的在华营业额；每天有效访问用户为600万，相当于200家大卖场全天客流量的总和。而达到这一规模，淘宝网仅仅用了3年的时间。

实践证明，风险投资方对基于互联网的创业项目情有独钟。依托于互联网的互联网创业在吸引风险资金方面具有与生俱来的优势。我们都知道信息中介的概念，就是以信息内容作为产品提供服务和咨询的业务模式，这种业务模式的进入门槛很低，信息咨询公司的注册资金仅仅数万元即可，当然，信息中介的经营业务也难以在短时期内达到规模经济。但是一旦将这种经营模式"移植"到互联网上，其商业价值就难以估量了，也因此会引起风险投资方的关注，例如，阿里巴巴。

阿里巴巴成立于 1999 年，并于当年 10 月，引入了包括高盛、富达投资和新加坡政府科技发展基金、Invest 等在内的首期 500 万美元天使基金。2000 年 1 月，获得日本软银（SOFTBANK）的注资 2000 万美元。2002 年 2 月，阿里巴巴进行了第三轮融资，日本亚洲投资公司注资 500 万美元；2004 年 2 月，又获得 8200 万美元的战略投资。投资者包括软银、富达投资和 TDF 风险投资有限公司等四家公司。2005 年 8 月，与雅虎结成战略同盟。阿里巴巴实际收入 2.5 亿美元现金。其中包括雅虎的 7000 万美元（购买普通股），以及软银的 1.8 亿美元（购买可转换债券）。

并不是任何一个创业项目只要戴上互联网电子商务的桂冠就能够获得风险投资商的青睐。能够获得风险投资商青睐的互联网创业项目通常具备以下特征：

■ 1. 有一份高质量的互联网创业商业策划书

在互联网创业期，最先引起风险投资商兴趣的就是互联网创业商业策划书。创业者可以主动寻找中意的风险投资机构，通过电子邮件投递商业策划书，也可以委托中间人介绍。一份高质量的互联网创业商业策划书会让风险投资商做出约见创业者的决定，可以说这就迈出了融资的第一步。如果，风险投资商通过商业策划书看不到项目的商业价值，后面的一切就不会发生了。

■ 2. 有一个让风险投资商看好的创业和管理团队

人的因素至关重要。因为事情要靠人去做，风险投资商不可能只看商业策划书就决定是否投资。与创业者的首次交谈决定了风险投资商是否还会对你的创业项目继续关注。创业者清晰的思路、适度的热情和自信流畅的表达能力都会给风险投资商产生良好的第一印象。

■ 3. 互联网创业项目要有足够的吸引力

当创业者给风险投资商留下了良好的第一印象以后，项目自身的商业模式就成为风险投资商主要关注的因素。项目的商业模式决定了该项目未来的价值。即未来市场有多大？能够创造多大的利润？风险投资商对于互联网创业价值的判断主要从是否具有独特的技术，是否具有成本优势，是否具有市场先发优势，是否具有持续的市场需求。风险投资商一般会选择同业中的佼佼者（同行业中的第一名或第二名）。

■ 4. 有一个明确的投资退出渠道

任何投资都是以营利为目的的。风险投资之所以称之为风险投资更是以追求高风险高回报为目的。所以大多数风险投资商都把上市或者出售公司作为目标。而对于创业者来说是否认同风险投资商对公司的经营理念，这是创业者在融资之前必须要考虑清楚的。风险投资商选择未来能够赚钱的创业项目，同样创业者也要选择志同道合的投资商。对于风险投资来说，资本的退出是必然的，因此，需要在融资时对股本结构和资本退出机制进行合理的设计。

并不是所有的互联网创业项目都适合选择风险投资。以下情形就不太适合风险投资：

（1）如果互联网创业项目规模小，所需资金缺口不太大，最好不要选择风险投资进行融资。

（2）如果创业者喜欢自己当老板也不适合选择风险投资。

（3）并不希望企业未来发展成为公共企业（上市公司），也不适合选择风险投资。当以上情形出现时，但是又确实需要资金时，可以选择其他融资渠道（详见第4章）。

相关案例
淘宝网是否能够淘到宝贝？[①]

淘宝网在2003年诞生。不同于阿里巴巴的是淘宝网是在eBay易趣的严密封锁下突围而出的。2003年5月开始出现在公众视野中的淘宝网，还

---

① 本案例根据相关报道整理而成，参考资料：淘宝网打败沃尔玛 尚未明确盈利模式 作者：沈娟 2007年3月7日《第一财经日报》，淘宝盈利模式探索出师不利 作者：胡滢 eNet硅谷动力。

只是易趣网的追随者。在淘宝进入这一市场之前，易趣网"一网独大"，占90%以上的市场份额。当年12月，著名美国C-C网站eBay收购了易趣网。

创立初期的淘宝网，以追逐和超越eBay易趣为奋斗目标。

当马云宣布阿里巴巴将投资3.5亿元人民币发展淘宝网的时候，淘宝网的身价和它的竞争对手还差上一个档次。淘宝网推出的第一天总共只有7个员工，当时要求每个人都拿出商品卖，而第一天总共卖出24件产品。为了推进业务，有人在淘宝上卖东西，他们还自掏腰包买下来，堆了一房间的东西。

后来很多互联网用户发现，在淘宝网上基本上不用花什么钱就能开一个不错的商店。而类似商务模式的易趣的收费方式有三个方面：交易服务费，成交以后收取0.25%~2%的服务费，不成交不收费；登录费，在线上传的商品都涉及0.1~8元不等的登录费；推荐位费（橱窗展示位），置顶或者排在首位等各种各样的推广费用。淘宝的免费使得在互联网初级阶段的免费行为再一次返回，让人恍如昨日重现。

之后就是不断地升级、突破甚至打价格战。有人说淘宝网在"烧钱"。淘宝进入了高速扩张期。作为淘宝网的实际控制人，马云更是口出狂言："淘宝3年不许盈利！"

2005年4月25日，淘宝网的不到200名员工仍然在杭州城西的公司里忙碌，气氛和平常没有什么不一样。中午吃饭的间歇，还有几个年轻的员工在宽敞的过道里练习滑轮。他们或许没有意识到或许没有在意一件事情：这一天，淘宝网的在线商品数超过了700万，而且在刚过去的一个季度，淘宝的成交量达到了10亿元人民币，还没有一个中国公司达到过这个水平。淘宝一天有9000万的访问量远超过易趣的1500万，800万的商品数20倍于其对手。在用户数方面，2006年淘宝网注册用户已超过3000万，而同期易趣注册用户2000万。

到2006年12月，淘宝网在中国的市场份额以绝对优势超越eBay易趣，而eBay易趣也再次遭遇易手的命运。eBay全球总裁兼CEO梅格·惠特曼又把 eBay 易趣交到了 TOM 集团手中，新成立的合资公司改名为 TOM 易趣。而这一事件也显然被淘宝看成了其阶段性胜利的里程碑。

但是许多人对淘宝网的未来并不看好。毕竟资本是要盈利的。这种利用强大的资本实力，采用免费的手段吸引用户的方式受到了普遍的质疑——如何将这种免费的策略和未来实在的经营收入挂钩呢？随着风险投资的回报要求可能会越来越明显，淘宝如何实现盈利？同样，因为免费的经营模式，淘宝网每年要投入上亿元的资金来发展客户，果真 3 年以后不能盈利，淘宝的天堂会在哪里？是再寻找新的盈利点，还是面临被同行兼并的危险？

2006 年 5 月 10 日，淘宝网宣布将一套名为"招财进宝"的网络竞价排名系统引入电子商务的交易之中。该服务有点类似搜索企业的竞价排名，由淘宝卖家用户自愿就个关键词出价进行商品的推广，并依据最终成交情况支付服务费用。显然，淘宝试图通过推出这样的服务来探索盈利模式——只要用户愿意接受尝试这种方式，并逐渐形成一种交易习惯，一方面不与"3 年免注册交易费"的承诺相违背，另一方面也找到了一个前途不可限量的盈利点。

但事情并不像淘宝所预测的那般乐观。"招财进宝"一经推出，卖家用户一片哗然，用户指责淘宝"有变相收费嫌疑"，这项竞价排名机制在用户的使用中也出现了漏洞——有卖家利用交易成功才交费的规则进行不正当竞争，也有卖家在使用这项服务后交易量反而减少……随即，部分卖家公开站出来对淘宝的这项服务表示反对，并有一些卖家成立了"罢市联盟"，酝酿于 6 月 1 日集体罢市……矛盾的迅速激化，让马云不得不出来对用户进行"安抚"，并宣称"我们公司拥有的现金储备至少还可以为淘宝网再免费 20 年"、"今天没有一个股东要求我们在淘宝收费赚钱"……然而，这并不能阻挡"招财进宝"面临尴尬命运——在用户的压力之下，淘宝决定进行"公投"，让用户来决定这项服务的去留。

2006 年 6 月 12 日中午，在 127872 票赞成取消、81322 票赞成保留的网民投票之下，淘宝"招财进宝"这一自问世以来就备受争议的竞价排名

服务悄然下线。

案例思考与讨论

(1) 淘宝为何推出免费的策略?

(2) 淘宝与其竞争对手相比较,优势是什么,劣势是什么?

(3) 互联网创业是否都可以效仿淘宝的经营策略?

(4) 你认为淘宝还有可能推出新的收费服务项目吗?

(5) 试对淘宝网的盈利模式进行设计。

(6) 请对淘宝网未来的发展前景进行预测。

2

我们尚未发展出一套创新理论，但是我们的知识已经足以说明一个人何时、何地以及如何系统地寻找创新机遇、如何判断成功的机遇和失败的风险。而且我们的知识也足以发展出创新的应用惯例，虽然还比较粗浅。

——彼得·德鲁克《创新和企业家精神》

第2章

启动互联网创业引擎

在第一章我们已经讨论过创业的概念，并且对创业与创新的异同之处进行了初步的阐述。我们认为，创业是一种创新行为，这种创新可能源于技术的、市场的、产品的、服务的，或者是营销方式等方面的创新，不管是何种创新，实质上是为客户创造了价值。虽然我们不能武断地认为，只要有创新就一定能够取得创业的成功，但是可以肯定的是成功的互联网创业一定伴随着某种或某几种创新——技术的、市场的、产品的、服务的，或者是营销方式等方面的创新。

在第一章中，我们分析了互联网的特性。"网络效应"、"先入为主"等互联网特性决定了互联网创业的成功离不开创新。没有创新就没有互联网，没有创新就不可能取得互联网创业的成功。如何才能够创新？创新源自哪里？在这一章我们将重点讨论互联网创业所需要的创新思维和创新方法。

一、创业思维在互联网上畅想

有人总是把创业成功归于天赐良机，但是还有一句话才是对天赐良机的最好的诠释：机遇总是偏爱有准备的人。有的人面对机遇熟视无睹，而有的人却能够抓住机遇，取得成功。面对机遇而熟视无睹的人，可能并不缺少资金，也不缺少技术，但是为什么却熟视无睹呢？缺乏的是对事物的敏锐的观察和思考，或者是缺乏创造性的思维方法。

什么是思维方法？有人认为，"思维方法是指人们在实践基础上形成的认识，并反映客观事物的相对定型、相对稳定的形式、方略、技巧"。[1] 还有人认为"思维方法是指人们围绕思维目标对各种问题在头脑中进行思考的方法"。[2]

---

[1] 赵润月：《大学生应当学习和掌握的几种方法》，《内蒙古师大学报》(哲学社会科学版) 1997 年。

[2] 彭恩泰：《谈谈当前思维中的几个方法问题》，《贵州大学学报》(社会科学版) 1996 年。

笔者认为，思维方法是人们在解析客观事物的过程中所采用的程序和策略的总合，也就是思考问题的程序和策略的总合。如果在一定的时代背景、教育背景和成长环境中思考问题的程序和策略已经形成了某种定式，也就是形成了特定的思维方式。思维方式是一种思维框架，它无时无刻不在对人们的思想和行为发生着影响。

互联网创业本质上就是一种创新行为。互联网电子商务是利用互联网技术对传统商务模式的创新，而商务模式的创新是建立在超常思维或创新思维基础上的社会经济实践活动。因此在互联网创业中必须跳出因循守旧的思维方式。思维方式上的创新是互联网创业的前提。思维方式往往决定了思维的结果——创业中的实践活动。在僵化的思维方式下，不可能产生创新的商务模式。

思维方式固然有其与生俱来的基因，但更是一种长期的训练和有意识的培养。要有意识地运用互联网创业的思维方法，以适应不断创新的互联网电子商务时代的要求。正如彼得·德鲁克在《创新和企业家精神》一书中所说的"我们的知识也足以发展出创新的应用惯例，虽然还比较粗浅"。

（一）创造商机的思维

如果我们把互联网看做是浩渺的海洋，这泽汪洋是否能够成为创业的蓝海并不在于互联网，而在于创业者的开拓和创造。只有创造性的思维才能够帮助创业者在互联网上开拓出创业的蓝海。创造性思维方法是一种大脑运用联想、猜测和直觉等进行思维的方法。创造性思维方法培养和发展了各种创造力。从牛顿发现万有引力、富兰克林发现电的存在到爱迪生发明了电话，所有让人类社会发生质的变化的创新活动都是创造性思维的结果。创造性思维方法才真正是互联网创业的活水之源。

1. 联想

所谓联想，是指从某一事物的特征或属性想到另一事物的特征或属性的思维过程。由此及彼，由远而近，总之由一件事物联想到另一件事物。

互联网的商业化应用就是由许许多多的联想而创造出来的。

电子邮件是今天在互联网上应用最为普遍的信息沟通方式。我们对商家利用电子邮件发送广告、电子刊物等也已经司空见惯。电子邮件是怎样从一种发送和接收信息的小程序而演变成为一种营销工具的呢？

据电子邮件的发明人雷·汤姆林森（RayTomlinson）回忆，电子邮件的诞生大概是在 1971 年秋季（确切的时间已经无法考证），当时已经有一种可传输文件的电脑程序以及一种原始的信息程序。但两个程序存在极大的使用局限——例如，使用信息程序的人只能给接收方发送公报，接收方的电脑还必须与发送方一致。

发明电子邮件时，汤姆林森是马萨诸塞州剑桥的博尔特·贝拉尼克·纽曼研究公司（BBN）的工程师，当时，这家企业受聘于美国军方，参与 Arpanet 网络（互联网的前身）的建设和维护工作。汤姆林森对已有的传输文件程序以及信息程序进行研究，研制出了一套新程序，它可通过电脑网络发送和接收信息，再也没有了以前的种种限制。为了让人们都拥有易识别的电子邮箱地址，汤姆林森决定采用 @ 符号，符号前面加用户名，后面加用户邮箱所在的计算机地址。电子邮件由此诞生。

虽然电子邮件是在 20 世纪 70 年代发明的，但它却是在 80 年代以后才得以兴起。70 年代的沉寂主要是由于当时使用 Arpanet 网络的人太少，网络的速度也很低。受网络速度的限制，那时的用户只能发送些简短的信息，根本无法想象像现在这样发送大量照片；到 80 年代中期，个人电脑兴起，电子邮件开始在电脑爱好者以及大学生中广泛传播开来；到 90 年代中期，互联网浏览器诞生，全球网民人数激增，电子邮件也成为被广泛用于信息沟通的工具。

互联网的商业化应用正是源于对电子邮件的联想。据冯英健在《E-mail 营销的基本原理》一书中介绍，1994 年 4 月 12 日，美国亚利桑那州两位从事移民签证咨询服务的律师 Laurence Canter（坎特）和 Martha Siegel（西格尔）（两人为夫妻）把一封"绿卡抽奖"的广告信通过电子邮件发到他们可以发现的每个新闻组，这在当时引起了轩然大波，他们的"邮件炸弹"让许多服务商的服务器处于瘫痪状态。有趣的是，两位律师在 1996 年还合作写了一本书——《网络赚钱术》（How to Make a

Fortune on the Internet Superhighway）， 书中介绍了他们的这次辉煌经历：通过互联网发布广告信息，只花费了 20 美元的上网通信费用就吸引来 25000 个客户，赚了 10 万美元。他们认为，通过互联网进行 E-mail 营销是前所未有几乎无须任何成本的营销方式。

电子邮件原本只是作为信息沟通的一种工具，但是美国的两位律师夫妇联想到用电子邮件发送广告信息，由此创造出一种新的营销方式——许可 E-mail 营销。

互联网原本是用来交换数据信息的，有人联想到用互联网来交换商品，于是各种各样的网上商品如雨后春笋般出现在互联网上。联想是创造性的源泉，也是发现创业商机的一把钥匙。

2. 猜测

猜测就是人们根据自身的知识和经验进行推断，猜测也是一种重要的创造性思维过程。

基于互联网的电子商务是 20 世纪 90 年代以后才发展起来的，是前所未有的新生事物。没有先例的事情，人们只能根据已有的知识和经验进行分析判断，并由此对事物未来的发展做出推论。可以说今天的电子商务正是在不断的猜测之中才发展起来的。

世界上第一家网上商店亚马逊是杰夫·贝佐斯于 1995 年在美国创办的。1994 年，时任 BankerTrust 公司最年轻副总裁的杰夫·贝佐斯被互联网的迅速发展所吸引。他开始猜测互联网是否能够用来开零售商店呢？如果在网上做零售，什么商品最适合呢？贝佐斯在一张纸上写下了 20 种他认为适合于网上销售的商品，包括图书、音乐制品、杂志、PC 硬件、PC 软件等。最后，在图书和音乐制品中，他选择了图书。于是贝佐斯辞去副总裁的职位，把家搬到西雅图，招了 4 名程序员，就在自己的车库里开始为 Amazon 编写程序。1995 年 7 月，Amazon 卖出了第一本书。经过近十年的发展现已成为全世界最大的网上零售商，产品范围也从最初的书籍扩展到音像制品等领域。它的创立给全世界带来不小的轰动，它标志着一种新的商业模式（互联网在商业中的全面运用）的产生。它通过网络直接与客户联系的方式，省去了店铺，大量库存以及店内工作人员等传统商店的必备资源，节省了大量成本。然而，亚马逊在最初成立的几年就一直处于亏损状况，尽管它的发展速度十分惊人。伴随着互联网泡沫经济的覆灭，许多人认为亚马逊已是明日黄花，亚马逊却奇迹般的于2002年宣布首度赢利，并一路走到今天，成为目前最具影响力的网上零售商。

可以说如果没有当初贝佐斯对互联网零售的大胆猜测和付诸实践，也就不会有今天占据互联网半壁江山的网络零售。

猜测尽管是一种推断过程，但是绝不是异想天开的推断，而是基于自身知识和经验的推断，贝佐斯之所以从20余种商品中首先选出图书作为网上零售的商品，正是基于他多年从事图书业的经验和资源以及对互联网的亲身体验。对互联网创业需要大胆的猜测，当然也需要相应的知识和经验。

3. 直觉

什么是直觉呢？美国脑科学研究专家托马斯·R.布莱克斯利认为，"直觉便是那种囊括着各种各样的内容，而我们却不能用言语加以说明的思维过程的总称"。[①]

尽管直觉是"不能用言语加以说明的思维过程"，但是笔者认为直觉更接近一种主观感受。而任何主观感受都是对客观存在的反映。在互联网创业活动中的直觉思维过程实际上是一种经验直觉思维过程。有时我们常听到这样的说法：凭直觉，我觉得这件事是可行的（或不可行的）。其实凭直觉就是一个人根据经验和个人的个性特征所做出的反应。一件事是否可行，每个人的直觉是不一样的。个体的经验可能有助于一种积极的肯定的直觉的形成，也可能相反。一个人的个性，比如，果敢自信或者优柔寡断都会对直觉产生影响。深入的讨论可能会涉及心理学的范畴，因此我们仅就互联网创业而言，直觉影响到对商机的发现和把握。

为什么在不同的时代总有一些人会抓住时代的机遇成为"先富起来的

---

① 傅伟：《教学反思简论》，《教学与管理》，2004年。

人"，而后来者尽管极力效仿，拼命追赶，却始终越行越远？很多"先富起来的人"往往是凭直觉感受到了商机的存在，并迅速抓住商机，从而先人一步，高人一筹。在互联网创业中由于网络效应的存在以及先入为主的规律，对商机的反应速度就尤为主要。有时，商机稍纵即逝，容不得过多的观望、彷徨，也没有时间去进行周密的分析和详尽的调研，直觉便成为决策的唯一依据。

虽然我们把直觉也作为创造性的思维方法之一，但是我们并不主张毫无依据的直觉。创造性思维中，直觉的思维方法是建立在掌握充分的信息，拥有相关的经验和知识的基础上的。当客观条件的限制使得我们无法用常规的系统的思维方法去进行分析决断的时候，直觉就是唯一的选择。

能够快速反应抓住商机，一方面需要创业者具有一定的见识和胆量，当然也离不开平时的观察和积累，这就是"运筹于帷幄之中，决胜于千里之外"。尽管我们并不否定天才的创业者对市场有着特殊的直觉，拥有"鹰"一样的视野，"猎犬"般的嗅觉。但是"直觉"仅仅是决策的一个因子而不是全部，仅凭"直觉"来捕捉市场商机可能要承担更大的决策风险。因此还要强调决策需要信息。正确的直觉往往是建立在长期对市场的调查研究基础之上，以及长期形成的科学的思维方式基础上的。或者说，正确的直觉是以信息、知识和经验为基础的。

没有相关的知识，没有经验的支持，直觉有时可能是错误的。因此直觉思维的运用要慎重，不是任何人、任何时候、任何事情都可以运用直觉来做决策。

缺乏相关经验或知识的人不要过于相信直觉，因为直觉需要相关经验和知识的支持。

当有充足的时间进行思考判断的时候，不要过于相信直觉，即使相信直觉也应该用更加科学的方法进行分析判断，因为经过调查研究和科学分析，决策结果将更加可靠。

重大的事情不要过于相信直觉，一旦直觉错误，可能损失惨重。重大的事情更要运用科学的方法进行分析和决策。

（二）发掘商机的思维

创业的机会总是存在的，有些人善于抓住机会，有些人却只能任由机会从身边悄悄溜走。其实命运给予每一个人的机会都是均等的，但是不同的人从中得到的却完全不同。这就好比是万花筒中的景象，不同的人会看到不同的风景，取决于万花筒在手中如何地旋转。如果我们学会辩证的思维方法，让思维也"转起来"，那么我们所能看到的景象就会更加丰富和多姿多彩，可能就会发现更多的创业机会。辩证性思维方法是一种用发展的、矛盾的和运动的观点思考问题的方法。辩证思维方法是一个总体，它是由许多相互区别而又密切联系着的具体方法组成的。

辩证思维方法是一种哲学方法，任何事情都存在着两面性，失败是成功之母、乐极生悲、苦尽甘来，于无声处听惊雷等无不蕴涵着辩证思维方法的哲理。逆向思维和发散思维就是运用辩证思维方法的思维过程。

1. 逆向思维

逆向思维是一种比较特殊的思维方式，它的思维取向总是与通常的思维取向相反，但是逆向思维并不是主张人们在思考时违逆常规，不受限制地胡思乱想，而是训练一种小概率思维模式，即在思维活动中关注小概率可能性的思维。也就是一分为二看问题的具体运用。当某事件被常人认为是不可能时，运用逆向思维可能会发现其可能之处。逆向思维是发现问题、分析问题和解决问题的重要手段，有助于克服思维定式的局限性，是决策思维的重要方式。

比如在股市上，当人们疯狂地抛售股票的时候，有些人会趁低购进股票，当牛市来临，人们纷纷购进股票的时候，有些人会毫不犹豫地抛掉手中的股票，这就是一种逆向思维模式，即人弃我取，人进我退。再比如，一个经典的市场营销典故，说是在一个热带岛屿上，由于一年四季天气炎热，岛上的人从不穿鞋，一个制鞋企业先后派了两名销售人员前往该岛进行市场调研。第一个销售人员回来后向老板汇报：岛上的人从不穿鞋，我们的产品在岛上根本不会有市场。第二个销售人员回来后向老板汇报：岛上的人从来没有穿过鞋，我们的产品在岛上一定有巨大的市场。这位老板采纳了后者的意见，并派他回到岛上开拓市场，果然，在他的营销努力下，岛上的人以穿鞋为莫大的荣耀，一个人人赤足的岛屿就这样成为一个消费鞋的巨大市场。这个故事实际上也是运用逆向思维的典范。同样的环境，按照常规思维似乎难以形成市场，而运用逆向思维，却从不可能中看到了潜在的巨大市场。采用逆向思维，才能够从寻常中发现契机，变不可能为现实。美国有一个著名的植物园，里面种满各种奇花异草，每年都吸引大量游客前来观赏，这其间不乏随意摘花折枝者，公园为了杜绝这种不文明的现象，贴出了告示：凡举报摘花折枝者奖励 20 美金。如果按照常规思维，应该是对摘花折枝的人给予处罚，但是纵使公园里的管理人员再多也照看不了偌大的植物园，而采用逆向思维，对举报摘花折枝者给予奖励，则调动了每一个游客参与公园的监督，同时对有意摘花折枝的人也起到了警示作用。

实际上并不存在绝对的逆向思维模式，当一种公认的逆向思维模式被大多数人掌握并应用时，它也就变成了正向思维模式。但是逆向思维方式是可以训练养成并加以应用的。如果在决策思维中，能够注意到一种倾向掩盖着的另一种倾向，善于从事物的对立面去思考问题，都将有助于逆向思维的养成。采用逆向思维往往能够孕育出精彩的创业项目。

2. 发散思维

发散思维是指大脑在思维时呈现的一种扩散状态的思维模式，它表现为思维视野广阔，思维呈现出多维发散状。发散思维又称辐射思维、放射思维或扩散思维。发散思维实际上就是系统性的思维过程。这种思维的特点是：思维从某一点出发，向不同方向进行思考，思路宽广，互不相同，最终达到举一反三、由一及多的思维结果。

在互联网创业活动中需要运用发散思维。创业的设想往往是从某一点开始，如果能够运用发散思维往往就能从一点扩散到一个面甚至是多个面。如此就可以扩大利润来源，如果某一个赢利点的利润来源不佳可能会有其他的赢利点来弥补。

在信息与知识爆炸的时代，经济一体化和全球信息化促进了跨国家、跨区域的相互渗透和跨行业、跨学科的相互交融，越来越多的产品成为跨领域合作的结晶，这使得行业的划分和市场的界限越来越模糊。如IT技术和家用电器技术的结合，使得IT产品和家电产品之间的界限越来越模糊。IT技术和通信技术的结合，使得IT产品和通信产品之间的界限越来越模糊。于是做家电的企业开始做电脑，并开辟了一个新的市场——信息家电；做电脑的企业开始做通信，同时开辟了一个新市场——移动办公。在这种知识与信息爆炸的时代，需要运用发散思维模式才能不断创新，不断开创新的市场空间。发散思维是一种不受已有市场关系所束缚，突破既定产品和市场方向的限制，将市场创新的思维横向拓展的思维方式。

当然发散思维不是漫无边际的思维，发散思维离不开丰富的信息来源、广博的知识积累和丰富的想象力以及敏锐的洞察力，当然也不能脱离创业者自身的资源和能力条件。

亚马逊在其发展的最初几年持续亏损。这家零售网站从1995年创立开始到2001年，每年都在亏损。2000年的第四季度，亚马逊的亏损超过了5亿美元。此后不久，高昂的运营成本迫使亚马逊关闭了美国8个货仓中的两个，并裁减了15%的员工。在2000年的大多数时间里，投资者都在担心亚马逊是否有能力付清供应商的货款，而且公司的负债高达21亿美元。当时有分析师猜测，亚马逊可能坚持不了多久，即将倒闭。面对危机，亚马逊创始人杰弗里·贝佐斯曾经说过：零售商有两种选择：一是努力工作来提高售价，二是努力工作来降低售价。贝佐斯说，亚马逊已经决定不屈不挠地走后面一条路，并且以薄利多销为核心战略，采取了一系列的策略来扭转局面。

首先是4P中的第一P：产品策略。亚马逊书店根据所售商品的种类不同，将商品分为三大类：书籍（BOOK）、音乐（MUSIC）和影视产品（VIDEO），每一类都设置了专门的页面。同时，在各个页面中也很容易看到其他几个页面的内容和消息，它将书店中不同的商品进行分类，并对不同的电子商品实行不同的营销对策和促销手段。

其次是定价策略。亚马逊秉承低价原则，采用了折扣价格策略。所谓折扣策略是指企业为了刺激消费者增加购买，在商品原价格上给以一定的折扣。它通过扩大销量来弥补折扣费用和增加利润。亚马逊书店对大多数商品都给予了高达 30% ~ 40% 的折扣。

对于促销策略除了采用各种常见的促销方式，重点采用了互联网也即公众沟通的工具，如网络广告、搜索引擎优化和会员制营销方式。亚马逊除了在自己网站主页上做广告，在其他具有合作关系的相关网络站点上也经常可以看到它的广告。例如，在 Yahoo 上搜索书籍网站时就可以看到亚马逊书店的广告。该书店的广告还有一大特点就在于其动态实时性。每天都更换的广告版面使得顾客能够了解到最新的出版物和最权威的评论。不但广告每天更换，还可以从 "Check out the Amazon.com Hot 100. Updated hourly" 中读到每小时都在更换的消息。

亚马逊书店还专门设置了一个 gift 页面，为大人和小孩都准备了各式各样的礼物。这实际上是其促销策略的营业推广活动。它通过向各个年龄层的顾客提供购物券或者精美小礼品的方法吸引顾客长期购买本商店的商品。另外，亚马逊书店还为长期购买其商品的顾客给予优惠，这也是一种营业推广的措施。

亚马逊书店专门的礼品页面，为网上购物的顾客（包括大人和小孩）提供小礼品，这既属于一种营业推广活动，也属于一种公共关系活动；同时亚马逊也非常重视企业和公众之间的信息沟通，它虚心听取、搜集各类公众以及有关中间商对本企业和其商品、服务的反映，并向他们和企业的内部职工提供企业的情况；公司还专门为首次上亚马逊网上书店的顾客提供一个页面，为顾客提供各种网上使用办法的说明，帮助顾客尽快熟悉购物流程，这也是一种搞好公共关系的方法。

亚马逊书店的网站还提供了一个类似于 BBS 的读者论坛。在企业商务网站中开设读者论坛的主要目的是吸引客户了解市场动态和引导消费市场。在读者论坛中可以开展热门话题讨论。以一些热门话题，甚至是极端话题引起公众兴趣，引导和刺激消费市场。同时，可以开办网上俱乐部，通过俱乐部稳定原有的客户群，吸引新的客户群。通过对公众话题和兴趣的分析把握市场需求动向，从而经销用户感兴趣的书籍和音像产品。

为了及时得到读者的反馈，亚马逊网上书店还提供了电子邮件、调查表等获取用户对其商务站点的反馈。用户反馈既是售后服务，也是经营销售中的市场分析和预测的依据。电子邮件中往往有顾客对商品的意见和建议。书店一方面解决用户的意见，这实际上是一种售后服务活动；另一方面，也可以从电子邮件中获取大量有用的市场信息，常常可以作为公司各项经营策略的制定的基础，这实际上是一种市场分析和预测活动。另外，亚马逊也经常邀请用户在网上填写一些调查表，并用一些免费软件、礼品或是某项服务来鼓励用户发来反馈的电子邮件。

亚马逊的渠道策略更是有其独到之处，甚至开创了会员制营销这一全新的渠道策略。会员制营销为亚马逊带来了巨大的成功。会员制营销是一种通过合作伙伴扩大营销覆盖率的营销方式。亚马逊书店千方百计地推销自己的网点，不断寻求合作伙伴。由于有许多合作伙伴和中间商，从而使得顾客进入其网点的方便程度和购物机会都大大增加，它甚至慷慨地做出了如下的承诺：只要成为亚马逊书店的合作伙伴（会员），那么由会员网站售出的书，不管是否达到一定的配额，亚马逊书店将支付高达15%的佣金。

这是其他合作型伙伴关系中很少见的。目前，亚马逊书店的合作伙伴已经有很多，包括Yahoo和Excite在内的五个最经常被访问的站点都已经成为亚马逊书店的会员网站。

从低成本战略出发，亚马逊采取了全方位的营销策略，从而获得了巨大的成功，奠定了亚马逊全球互联网零售巨头的地位。

(三) 判断商机的思维

如果说创造性思维方法和辩证性思维方法是触发互联网创业的"活水之源"和"引水之渠"，那么逻辑思维方法则是互联网创业的"储水之器"。俗话说：水无常形。无论是一汪活水还是一道渠水，水要能成大势，必定要有"储水之器"将其成形。逻辑思维方法就像是"储水之器"，将创业的各种奇思妙想、灵机闪现通过更加科学理性的思维方法进行分析和判断，综合而成创业的经营计划和发展战略。

逻辑思维方法是指思维过程中遵循一定的逻辑规律、规则来形成概念、进行推理并做出判断的方法。逻辑思维方法主要有比较法、综合分析法、归纳法等。

通常在开始互联网创业项目之前都应该经过充分的可行性分析和论证。对互联网创业项目的可行性分析和论证的过程，实际上就是应用逻辑思维方法，从技术经济等方面进行分析，进而证明创业项目的商业价值以及实现其价值的技术路线和经营策略的可行性。

可行性研究在较大规模的互联网创业项目管理中具有十分重要的作用，是创业者实施创业的重要依据，也是投资者进行投资决策的重要依据。

可行性研究又称为可行性分析，是指对创业项目通过技术经济的分析，以研究用最小的投入获得最佳经济效果的科学方法。它是创业项目管理中一项极其重要的基础性工作，研究过程所提供的思维框架和分析模式是创业项目前期管理的主要内容。具体地说，可行性研究是通过对创业项目相关因素的分析、对比和评价、估算，寻找各因素间内在的、本质的和必然的联系及其特定规律，以确定各因素对创业投资决策及其创业未来发展的影响。可行性研究的任务就是对创业项目，论证其各种实施方案的经济效果，研究其在技术、经济方面的可行性，以选定在技术上具有先进性、在经济上具有合理性、在操作上具有安全可靠性的最佳方案，为创业者编制互联网创业商务策划书提供科学可靠的依据。

在可行性研究中并没有固定的思维方法，通常会根据具体的创业项目以及具体的分析内容采取各种不同的分析方法。

1. 综合分析

综合分析是对互联网创业项目进行全方位多角度的分析。一个互联网创业项目是否能够成功，可能会取决于许多因素。在创业之前把所有因素尽可能考虑全面，有助于创业的成长。以下因素是在互联网创业可行性分析中必须考虑的因素：

（1）所选择的互联网创业项目是否具有较旺盛的市场需求。没有市场需求或者市场需求不旺盛的项目产品，根本就没有考虑经营它的必要。

（2）所选择的互联网创业项目的竞争性如何？通过创业初期集中化的市场营销，可能会占有多大的市场份额？实现这个市场销量计划能够获得多少毛利？在计划时间内是否能够摊销掉相关的费用支出？是否还有利润可言？年利润占投入总资本的比例如何？等等。创业者必须要对这些问题做到心知肚明，不然创业失败了也不会知道失败的原因。

（3）所选择的创业项目或产品，市场的生命周期有多长。每一个创业者都希望自己的事业之树常青。既然开始了互联网创业，当然不希望生意刚刚上轨道，经营经验刚有所获，就出现市场剧烈震荡，生意摇摇欲坠。所以，创业者要对自己选择的创业经营项目的来源与去向有一个比较清醒的估计和应对办法，互联网创业不同于炒股，快进快出是无法得到投资回报的。对于那些像"昙花一现"般的项目，即便再缤纷美丽，创业者也是绝不可染指的。不然，创业就会向"小猫钓鱼"一样，一会儿捉蜻蜓，一会儿捉蝴蝶，到头来可能一事无成。

（4）创业者不仅要看到创业项目的市场前景，还要对创业项目的运营进行全面的分析和思考。从创业项目的源头开始，对每一个环节进行审视，看一看创业者是否具备了运营项目所需的各种资源。所选择的互联网创业项目需要的资源是什么，创业者是否能够具备创业所需要的各种资源，包括资金、经营团队等。有时候，创业项目可能就是因为创业者缺少某一种创业资源而功亏一篑。

马云针对模仿阿里巴巴的许多信息中介网站说了一句话：像我者死。实际也的确如此，许多人认为，经营信息中介网站是一件很容易的事情，不就是把各种供求信息发布在网站上吗？可他（她）们并不知道，马云之所以敢于说出这样的"大话"是因为马云的信息中介网站有着丰富的信息内容做支撑，这些信息内容的来源就是马云在原外经贸部中国国际电子商务中心，开发外经贸部官方站点及网上中国商品交易市场时所积累的客户资源。这些客户一旦认可了阿里巴巴就不会轻易离开，而其他的网站只能模仿阿里巴巴的"形"，却得不到阿里巴巴的"神"，又岂有不死之理？

（5）创业项目的政治经济环境如何？技术条件是否成熟等？互联网创业也是一种创新活动，但是任何创新都离不开当时当地的客观环境，包括政治的、经济的和技术的条件。对于同样的创业活动，在不同的客观环境下，其结果是截然不同的。今天许多互联网创业者仍然青睐网络零售，这是因为今天的互联网已经成为2亿中国人的一种生活方式，并且还会吸引越来越多的国人。而中国网络零售的先驱之一——8848却在2001年悲壮地"死"去，虽然其中的原因错综复杂，但是在当时区区几百万网民的国情下，其死也有着一定的客观必然性。

作为互联网创业者，绝不能只沉浸在自己的创业梦想之中，还要对创业的客观环境进行全面的考量。对于大多数初次创业者来说，市场需求不旺的不做，政策不支持的不做，技术不成熟的不做，与经济发展不相适应的不做，应该是一种比较务实的选择。

2. 比较归纳

比较归纳是应用类比和归纳的方法对互联网创业项目进行分析。对于创新的互联网创业项目是否具有可行性，往往无法直接从项目本身得出结论，而需要与已经被实践证明其可行性的传统商务模式或其他成功的商务模式进行类比。类比是根据两个或两类对象在某些属性上相同，推断出它们在另外的属性上也相同的一种推理。换句话说，类比是指对具有可比性的不同事物的同类要素进行对比。例如，在互联网创业中，电子商务模式与传统商务模式的比较，通过对电子商务模式和传统商务模式在业务流程、客户价值、经营成本等各方面的比较，可以发现互联网创业的商业价值，可以确定其商业流程的可操作性。只有当互联网创业项目同传统商务相比较具有较明显的商业价值，例如，在成本方面，在获取客户方面，在为客户提供产品和服务等方面具有明显的优势时，才有可能取代传统商务模式而获得长久发展。

从一般意义上讲，归纳是从个别前提得出一般结论的方法。在互联网创业思维中，归纳则是在对互联网创业项目不同的方面，如技术、经济、运行等方面与传统商务进行比较的基础上，对互联网创业的可行性提出结论性的意见。

通过对互联网创业项目应用与综合分析的对比归纳，得出关于互联网创业项目是否可行的初步结论。经过归纳而提出的结论不外乎以下三种：不可行、可行或部分可行。

对论证结论为不可行的互联网创业项目，只有放弃。对于部分可行的互联网创业项目需要进一步进行完善。

如果初步结论创业项目是可行的，那么就可以在此基础上进一步编制创业项目的商业计划书。

创业既需要激情也需要理性。互联网的创业者务必要激情开路，理性行路。

二、让创业思维理性升华

创业的激情、无所羁绊的思维和充满创意的设想这些都是成就创业的不可或缺的要素，但绝不是全部的要素。一个创业者除了具备这些基本要素以外，还应该具备将创业思维理性升华的能力，毕竟互联网创业不仅仅停留在思维的层面，最终还是要实实在在地经营。创业的思维，就像是耀眼的火花，燃烧时明亮而绚丽，但很快就会燃烧殆尽，只有用它去点燃火把，才能燃烧得更加持久。因此创业思维需要升华，也就是要对创业的设想进行更高层次的、更加理性的思考。

中国有句老话"谋事在人，成事在天"，对于互联网创业，这句话恰如其分。成功的创业虽然需要"天赐良机"，但是创业者的"谋"是不可或缺的必要条件。创业者的"谋"既有创业者的激情和胆识，也包括了创业者的谋略。

我们不仅要关注谋略的结果，也要注重谋略的过程，有意识地去培养创业思维模式。我们注意到许多成功的创业者之所以能够成功，的确是因为他（她）具备了创业思维模式。创业思维模式不是与生俱来的，虽然不排除遗传基因的作用，但是后天的训练和养成，对一个人的创业思维模式有着不可忽略的作用。

（一）创业思维的共性

创新思维方法是构成创业思维模式的基本元素，一般来说，人的思维活动是非结构化的过程，很难用清晰的步骤进行描述，人的思维活动过程也是因人而异、千差万别的，我们也很难用一个标准化的公式来统一思维活动。但是我们可以从以往成功的创业者经历中发现一些思维的共性。他们在自觉或不自觉地运用着一种半结构化的思维模式——创业思维模式。

1. 不断地质疑

罗伯特·T.清崎是一位日裔美国人，也是一位成功的创业者。他出生在一个教师家庭，大学毕业后加入美国海军陆战队，并曾作为军官和舰载武装直升机驾驶员，被派往越南战场。

1977 年，罗伯特开始自己的商业生涯，他创立了一家公司，制造尼龙钱包，取得了相当大的成功。后来他在商业上经历了三次大浪沉浮，最终还是于 1985 年第三次成为百万富翁。后来他离开了商界，与别人共同创建了一家国际教育公司，向成千上万的学生教授商业和投资课程。1999年 4 月，他根据自己成长的历程与人合作出版了《穷爸爸富爸爸》一书，他在《穷爸爸富爸爸》书中写道："我用了很多的时间，问自己诸如"他为什么会那样说"之类的问题，然后又对另一个爸爸的话提出同样的疑问。如果不经过自己的思考就简单地说："噢，他是对的，我同意"，或是拒绝说："这个老爸不知道自己在说些什么"，"我想那会容易得多。然而，这两个我所爱的观点不同的爸爸却迫使我对每一个有分歧的问题进行思考，并最终形成自己的想法。这一过程，即自己去思考和选取而不是简单地全盘接受或全盘否定的过程，在后来的漫长岁月中被证明对我是非常有益的。"

创新始自对问题的发现。创业始自对商机的发现。一个富有创造性的人不会简单地接受看上去似乎理所当然的事情，也不会简单地肯定或否定他人的观点。用自己的眼睛去看，用自己的头脑去思考，然后得出自己的结论，做出自己的选择。对事物充满好奇，喜欢问为什么，这是每一个创业者都具备的思维素质。

2. 一切皆有可能

清崎在成长过程中，并不仅仅是习惯于问一问"为什么"，不断地提出质疑，而且还善于从对事物的质疑中，寻找解决问题的办法和途径，他在《穷爸爸富爸爸》中还写道："由于我有两个对我有影响力且可以向其学习的爸爸，迫使我不得不去思考每个爸爸的意见，由此，我认识到一个人的观念对其一生的巨大影响力。例如，一个爸爸爱说'我可付不起'这样的话，而另一个爸爸则禁止用这类话，他会说：'我怎样才能付得起呢？'这两句话，一个是陈述句，另一个是疑问句，一个让你放弃，而另一个则促使你去想办法。那很快就致富的爸爸解释道，说'我付不起'这种话会阻止你去开动脑筋想办法；而问'怎样才能付得起'则开动了你的大脑。当然，这并不意味着人们必须去买每一件你想要的东西，这里只是强调要不停地锻炼你的思维——实际上人的大脑是世界上最棒的'计算机'。富爸爸时常说：'脑袋越用越活，脑袋越活，挣钱就越多'。在他看来，轻易就说'我负担不起'这类话是一种精神上的懒惰。"

成功的创业者面对困难和问题不会轻易地否定，而是用积极的态度去思考，去寻求解决问题的办法。在他们看来只有想不到的事情而没有做不到的事情。

3. 习惯成自然

一个人由于其生理的遗传特性以及后天的成长环境，会形成某种思维的定式。比如在我们自己身上以及周围人的身上总可以发现三种比较典型的人。一种是乐观派，一种是悲观派，还有一种是怀疑派。在创业思维过程中，这三种典型的人会下意识地用三种不同的思维定式来思考问题。

（1）乐观的思维定式。乐观的思维定式是一种高度积极和乐观的思维模式。当具备创业意识的人发现了某种商机的时候，原本就存在的创业意识会被唤醒，并且做出了积极乐观的反应——"机会来了，我要当老板！""我有能力、资源和条件进行创业"，于是思维的结果就是创业的决策，下一步就是具体的创业准备了。

惯于使用肯定型思维模式的人通常都是充满自信的人。

在肯定型创业思维模式中，运用最多的是正向思维方法或发散思维方法。在发现商机的思维活动中，有时可能是一种下意识的正向思维或发散思维，由此而发现了商机，接下来以正向思维为主进行自我意识的唤醒和自我能力的肯定。

习惯于肯定型思维模式的人往往都是天性乐观自信而且具有强烈的成功愿望的人。这对互联网创业来说是不可或缺的，但是要防止出现盲目乐观和轻率浮躁。对于肯定型创业思维模式，要适当引入质疑和否定，在创业思维过程中需要不断地提出问题，不断地否定自己，否定自己的目的正是为了真正的肯定。否定也是一分为二地看问题，既不失创业的热情，也要善于发现问题，只有不断地否定，不断地寻求解决的方案，才能使创业思路更加清晰，使创业项目更加完善，使创业策略更加切实可行。

（2）悲观的思维定式。悲观的思维定式是一种否定型思维模式。否定型思维模式是对创业的机遇、创业的条件、创业的前景等均持一种否定的态度，既不看好商机的存在，也不认为自己能够具备创业的条件，当然更不看好创业的前景。否定型思维模式是一种消极的思维模式，既缺乏自信，也缺乏他信。因此否定型思维模式是一种不太适合单独创业的思维模式。

以否定型思维模式为主导的人，也并非就必然被排斥在创业之外。否定型思维模式只是不太适合单独创业，如果是在一个创业团队中，与乐观派的创业者共同创业，往往会起到互补的作用。在一个创业团队中，如果只有乐观派，没有悲观派，对事物永远是看到有利的一面，而看不到不利的一面，有时可能会因为对困难的估计不足，准备不足，而做出错误的决策，反而会影响创业。在决策中，如果否定型思维模式发生作用可能一时会阴云密布，天色黯淡，但是充分地考虑到困难和问题，并采取积极的应对措施，最终会雨过天晴，阳光灿烂。如果我们把创业比作驾车，那么在创业的路上，乐观派就是一个脚踩油门，勇往直前的"驭手"，而悲观派就是坐在副驾驶位上，一遇情况随时拉手闸的人。

（3）怀疑的思维定式。怀疑的思维定式是介于肯定型和否定型之间的一种思维模式。对事物首先持怀疑态度，实际上就进入了一种质疑思维模式。质疑的思维模式是以问题为导向的思维模式，总是不断地提出问题。其实，质疑思维模式是最常见的一种思维模式，但是对质疑的不同态度和处理就形成了三种不同的结果，第一种是仅仅停留在质疑层面，并不期待如何释疑。第二种是对所有的质疑都倾向于否定的结果。诸如这样的一些想法：这样是有问题的，这个问题是无法解决的，等等。在质疑的过程中，否定的因素战胜了肯定的因素，那么最终就进入了否定型思维模式中。第三种是对质疑持积极的态度，譬如面对问题时有人喜欢说：办法总比问题多。第三种思维模式实际上就是我们所倡导的创业思维模式。我们提倡培养一种积极质疑型思维模式。积极质疑型思维模式是在不断地质疑——肯定——质疑的交替作用之下，不断探索、不断前进的思维模式，是一种有利于创业的思维模式。

我们通过对各种思维模式的分析，建立了创业思维模式的原型。诚然，没有人会天生就是创业者，创业思维的形成更受后天的影响。在我们的生活和工作中，在所有思维过程中，我们要有意识地去进行训练，习惯于从生活和工作中发现问题、提出问题，习惯于用积极的态度去对待问题、解决问题。习惯成自然，当创业型思维模式成为我们的思维定式以后，世界会变得更加商机盎然。

（二）创业思维模式

尽管人的思维过程千差万别，但是不断质疑与积极肯定几乎是每个成功的创业者所具有的思维共性。

这两种思维共性于是乎就构成了一种半结构化的思维模式——创业思维模式。创业思维模式是不断质疑和积极肯定的思维过程。

在创业思维过程中，创业思维方法的组合运用是非结构化的。有人可能用逆向思维，发现了某种商机。就像到海岛上推销鞋的销售员那样，在没有人穿鞋的表面现象中，逆向思维，发现了隐藏其后的巨大商机。有人可能通过发散思维发现了商机，就像贝佐斯那样，从互联网这一点出发，用发散思维发现了互联网在网上零售中潜藏的商机、营销的手段和策略。每一个成功的创业者都有他自己成功的思维秘诀。他（她）在自觉或不自觉间所采用的思维方法是不尽相同的。因此从思维方法的运用上，完全是非结构化的，是无法统一和复制的。

然而，创业思维过程具有一定的规律性。虽然创业思维方法的组合运用是非结构化的，是无法统一和复制的，但是思维的过程则具有明显的共性。创业思维往往是从某种新技术的应用，或者某种尚未满足的需求，或者新产业的兴起，或者新政策的实施中发现某种商机。首先是发现问题、提出问题，继而是寻求问题的解决。总之，创业思维是从对某种机遇的发现开始，继而提出质疑，然后对质疑进行解释，找出问题的解决办法，再加以肯定。在解决问题的过程中提出新的质疑，再加以解决……整个创业思维过程就是这样一种周而复始的思维过程。在整个创业思维过程中，不同的思维方法独立地或组合地、依次地或交替地发挥作用。而思维则在不断的质疑和不断的释疑中得到升华。

创业思维模式见图 2-1。

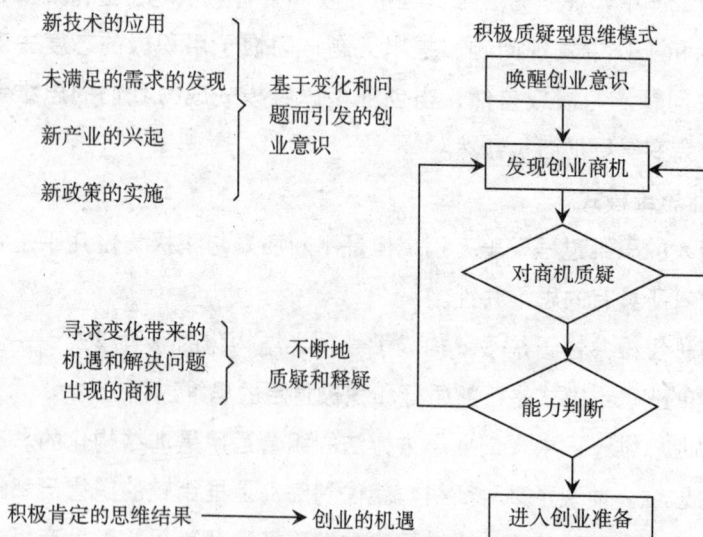

图 2-1　创业思维模式

我们应该培养积极的质疑思维模式。特别是在高度市场化的情况下，商机往往扑朔迷离，似隐似现，运用创业思维模式能够帮助创业者从事物的表象中去寻找其后的成因，去发现潜在的商机。

创业思维模式是积极质疑型思维模式，它是以创业的主观意愿作为出发点，而以质疑的态度去判断商机以及创业的资源和条件，并在质疑的过程中不断地完善创业设想。其思维过程往往是"我想创业"，"有创业的商机吗？"去寻找商机，做出判断，"是否有市场需求？""是否具备创业的条件？"然后再做出判断，"是否可以创业？"如果结论是肯定的就进入创业准备。

在质疑型思维模式中正向思维方法、发散思维方法和逆向思维方法是交替使用的。特别是质疑的过程中，逆向思维不可缺少。例如，在进行商机判断过程中，常常要从反面发问：为什么这是一个商机？我有能力抓住这个商机吗？发问是为了寻求答案，而寻求答案必须有可靠的数据支持。这就需要进行相应的市场分析、资源分析。

(三) 创业思维的误区

对于互联网创业者来说，网络环境是一个充满诱惑、充满变数的新的环境。我们提倡创业者先思而后行，谋定而后动。同时在创业思维的过程中，创业者要谨防陷入以下创业思维的误区。

1. "侠客"思维

所谓"侠客"思维就是技术第一的思维。以为只要"武功"天下盖世，创业就所向披靡。在创业思维中一定要破除技术第一的迷信。在互联网泡沫时期，许多创业者就是由于迷信技术，以为只要是互联网新技术就一定会受到投资人的青睐，受到消费者的追捧，在没有明确的赢利模式的情况下就开始了互联网创业，结果是技术先进却无人喝彩。以技术创业起家的最容易迷信技术、忽视市场、忽视管理，总以为只有自己的是最好的。遗憾的是技术的变迁实在太快，一时的先进不能代表永远的先进。先进的技术也不一定就是在市场上能够赢利的法宝。

曾经有几个回国创业的海归，在中国互联网高速发展的 2000 年回到国内，他们带回了在美国学到的技术和理念，希望推广一种网上竞价系统。虽然他们的技术非常精湛，该网上竞价平台的界面也很人性化，但是由于他们不了解国内的市场环境，因此没有明确的商务模式和赢利模式，他们既想向企业销售这种网上竞价系统软件，又想做一个网上竞价的服务代理商。所以当他们在与国内企业进行沟通时，往往让企业产生疑问，他们究竟想做什么？结果，不但销售没有做成，竞价平台的网上运营也没有成功。虽然掌握着先进的技术，却因为没有明确的赢利模式而无法获得经济上的收益。

2. "沙拉"思维

我们提倡运用发散思维来思考互联网创业项目，发散思维对于创新固然有益，但是发散的前提是从思维的焦点出发，无论向何处发散，最终还应该能够回到焦点。也就是说发散思维是围绕某个问题进行多方位的思考，"条条大道通罗马"，无论道路方向如何，目的地只有一个。如果让思维信马由缰，散而无聚，像搅拌在一起的"沙拉"，乱而无序，最后创业者可能会面对南辕北辙的思维结果而无所适从。

北京的一位在校大学生很想毕业后自己创业。在大学读书的几年中，他的创业设想不下十来个。有时想做一个读书网，从事网络作品的发行；有时又想做一个手机网，从事手机的使用测评；后来又想做一个美食网，专门介绍北京各餐馆的特色餐饮……就这样创业的设想变来变去，没有一个设想能够更进一步去调查研究，去深入思考，结果毕业后，面临经济上自立的压力，只好奔波于各单位去找工作。创业的热情也随着年龄的增长而一天天退去。

3. "直线"思维

直线思维，顾名思义，就是看问题是直线型的，这是一种简单和初级的思维方式。这种思维方式把复杂的客观事物简单化。直线思维认为，好就是好，坏就是坏；黑就是绝对的黑，白就是绝对的白。即非此即彼。直线思维往往只看事物的表面现象，不能反映出事物的实质。有时直线思维又表现为强烈的主观色彩，不是客观地认识和反映客观事物，而是以简单的主观意志或主观概念去裁剪复杂的客观事物。

直线思维可能会导致在创业中出现两种极端的表现。一种是简单肯定。比如，如果一种新的商务模式创业成功，那么直线思维就会引导创业者去简单地模仿别人成功的模式，但是却不对自身的创业环境和创业资源进行具体的分析，更谈不上创新，其结果大都是失败的。

在温州一所大学中，有两位在校大学生想在校园里开一家咖啡屋，于是两人合资2万元开始创业。但是一年后却因为亏损而不得不关门。主要原因是，大多数在校生平时功课紧张，无暇到咖啡屋去消磨时光，而学校放假时，学生们又大多不在校内。一年实际只有九个月的营业时间，亏损就可想而知了。由于事先考虑不周，结果赔进去2万余元。

直线思维的另一个极端表现是简单地否定。就像第一个到海岛上推销鞋的销售人员那样，看到海岛上的人都光脚赤足，就简单地认为鞋子在海岛上是肯定没有市场的。因此而错过了一个大好的商机。

创业思维要谨防陷入直线思维。既要避免把创业起点定得过于抽象笼统，不切实际，不考虑创业实施的细节，只因为一些概念就匆忙创业，结果可能因为主观愿望与客观不符而导致创业的失败，又要避免只看表面现象，轻易否定，因而错过创业商机。

三、创业素质是创业思维的翅膀

一般来说，创业思维实质上是一种或几种创新思维方法的集合。关于创新思维方法，国内外已经有不少专家学者进行了比较广泛的研究。

一个人的思维模式不是与生俱来的，而是后天在其成长环境中逐渐形成的。因此，思维方法可以通过系统地学习和集中化的训练来习得和养成。但是否具有创新思维方法就可以创业了呢？回答是否定的。我们也许无法准确地捕捉到创业者的思维过程，但是我们可以在许多成功创业者的身上，发现一些相同或相似的品质，我们可以将这些品质称之为创业素质。

所谓创业素质从狭义上说是指人在适应创业方面的本来特点和原有基础。这种本来特点和原有基础可能与一个人的先天生理基础有关，比如与感觉器官和神经系统有关；从广义上说是指人在先天生理的基础上在后天通过环境影响和教育训练所获得的、内在的、相对稳定的、长期发挥作用的身心特征及其基本品质结构。主要包括人的进取精神、思维方法、身体素质、对环境的敏锐度等。

创业素质与创业思维之间是包含与被包含的关系。创业素质包含但不限于创业思维。在中国素有"谋定而后动"与"敏于思，勤于行"之说，这实际上也恰恰反映出创业思维与创业素质之间的关系。创业之路始于创业思维，但却是成于创业素质。仅仅具备了创业思维，但是缺乏其他创业素质，创业之路也是难以通向成功的。

我们不能否认人在先天解剖生理上的特点各不相同，主要是感觉器官和神经系统方面的差异，这是人的心理发展的生理条件，但这并不能完全决定人的心理内容和发展水平。后天的实践和学习可以对人的心理内容和发展水平产生重要的影响，从而影响人的素质表现。

在现实生活中，我们都有这样的常识，即使是双胞胎在性格等方面也有着明显的不同。在学生时代的学习中，或者是长大成人以后在工作中的成就方面都有很大的不同。这说明先天因素不是影响人的素质表现的唯一因素。人的素质的形成不仅是先天的既得性特征的延续，还更需后天的获得性影响而发展。因而一个人的创业素质是可以通过长期的培养而获得发展的。通过对大量成功的创业者的观察和分析，我们不难发现，尽管每个创业者的成功之路不尽相同，但是他们往往都具备以下相同的素质。

（一）渴望成功

每个成功的创业者都有比较强烈的成功欲望。他们有的是渴望通过创业建立自己的企业王国，获得社会的尊重；有的是渴望通过创业积累财富，摆脱穷困潦倒的生活；甚至有的仅仅是为博得自己爱人的芳心。不管出于什么动机，他们为了实现自己的梦想而主动选择创业。虽然不能否认有的创业者并非主动创业，创业是在万般无奈下的破釜沉舟之举。比如一些下岗职工因为生活所迫，一些大学生因为找不到理想的工作，甚至个别从班房里出来的劳改释放人员因为走投无路等而不得不创业。

一般来说，有着强烈成功欲望的创业者，在创业的过程中，面对挫折和困难时，因为目标明确，通常不会轻言放弃。因为他们知道"天将降大任于斯人也，必先苦其心志，劳其筋骨，饿其体肤，空乏其身"。一个人如果自身没有强烈的成功欲望，不论其出发点高尚也好，低俗也罢，要想成就一番事业是不可能的。

成功的欲望是创业的原动力，是无须外力而自转的发动机，是在创业路上承担压力、克服苦难、忍受寂寞甚至委屈的"强心剂"。正像不是每一个士兵都想当元帅一样，也不是每一个人都想当老板。没有成就一番事业的志向不会选择也不应该选择创业之路。

(二) 勤思善谋

并不是所有的创业者都能够获得成功，但是一个创业项目的成功必然伴随着一个企业家的成长。而一个创业者要成为一个企业家需要的不仅仅是一个好的创业项目，更需要创业者源源不绝的智慧。一个好的创业项目只能给创业者提供一次机会，有时这种机会可遇不可求，或者说靠运气。但是能否抓住这个机会，并且让一次机会成就一生的事业，这就不能单单靠运气了。这需要创业者的智慧，而创业者的智慧来自于勤思的习惯。一个成功的创业者在创业的道路上没有终点。或者说创业思维已经成为一种思维惯性，他们随时都在思考企业的下一步，企业的未来。从创业伊始，到市场开拓，企业规模的扩大以及危机和风险的管理，创业者始终在审时度势，运筹帷幄。勤思方能谋略，勤思方知不足，勤思方知己知彼。一个惰于思考的人是无法获得创业的持久成功的。

关于勤思的习惯在许多成功的创业者身上都可以看到这一相同的特质。《穷爸爸富爸爸》一书的作者罗伯特·T.清崎，同时也是一位成功的创业者，在《穷爸爸富爸爸》一书中，用自己的亲身体验说明了勤思对一个创业者是多么的重要。

"虽然两个爸爸工作都很努力，但我注意到，当遇到钱的问题时，一个爸爸总会去想办法解决，而另一个爸爸则习惯于顺其自然。长期下来，一个爸爸的理财能力更强了，而另一个爸爸的理财能力则越来越弱。我想这种结果类似于一个经常去健身房锻炼的人与一个总是坐在沙发上看电视的人在体质上的变化。经常性的体育锻炼可以强身健体，同样地，经常性的头脑运动可以增加你获得财富的机会。懒惰必定会使你的体质变弱、财富减少。"

怎么才能够做到勤思善谋呢？

第一，不要对现成的结论照单全收。质疑是思考的源泉。一个人只有经常地问一问"为什么？"才能够从中有所发现，有所启悟。我们都知道瓦特的故事。瓦特从沸水顶开了壶盖这样一个极为普通的自然现象中发现了蒸汽机的原理。瓦特所看到的自然现象也是每个正常人都能够看到的。但是瓦特不同于常人的是，他不仅仅看到了，而且他产生了质疑正是对大家都司空见惯的现象的质疑，以及进一步地探索和释疑，才使他从习以为常的现象中找到了事物内在的规律和本质。

第二，不要简单地否定看似不可能的事情。对看似不可能的事情，应该想一想怎么才可能。许多事情乍一看似乎是不可能的，但是创新正是孕育在不可能的事情之中。正因为有人去执著地尝试把看似不可能的事情变为可能才有所创新和突破。

第三，不要止步于思。勤思不是最终目的，善谋体现在创业的行动中。勤思善谋是为了果断决策，抓住商机。盛大网络创始人陈天桥曾经说过：企业要想在艰难的情势下生存下去，必须有所舍弃，方能保存实力，度过险境。如果说对我的创业密码做一个总结的话，我觉得是两个字，就是节奏。世界上没有做错的事情，永远是时间错误。机会就像一扇快速转动的旋转门，当空档在你面前出现时，你必须迅速闪进去，而我恰好做到了。

我们在工作和生活中经常会遇到各种各样的问题，有些人对此司空见惯、熟视无睹，而有心人会去思考问题的根源和解决的方法，创造性就孕育在思考之中，而熟视无睹可能会让创业的机会悄然溜走。

（三）嗅觉敏锐

这里的嗅觉并非生理上的嗅觉功能，而是创业者对商业环境的敏感度，或者称为商业感觉。也许有些人的商业感觉是与生俱来的，但是对于更多的人来说，商业感觉则依靠后天培养。如果要成为一个成功的创业者，就应该像训练猎犬一样训练自己的商业感觉。良好的商业感觉，是创业者成功的最好保证。良好的商业感觉实际上就是对商机的洞察力。在这个世界上，多数人都想发财，但是发财的人却总是少数。为什么面对同样的环境、同样的机遇，有些人总能够从中发现商机，而更多的人却往往视而不见？

无论是科技创新抑或是商界创业，善于观察是最基本的要素。

达尔文曾自我评价说："我既没有突出的理解力，也没有过人的机智。只是在察觉那些稍纵即逝的事物及对其进行精细观察的能力上，我可能在众人之上。"——摘自《名言辞典》（www.justsayout.com）。正是达尔文那超凡的观察力，使他从千姿百态的自然界中感悟到生命迁延的奥秘，提出了"进化论"的思想，完成了《物种起源》、《动物和植物在家养下的变异》等科学巨著，对研究人类及其他生命的起源做出了重大的贡献。

杜邦公司化学家卜莱克博士做了一次实验。打开试管后，他没有看到自己希望得到的东西，看来实验失败了。但是，他并没有像其他人那样随手把试管丢掉，而是仔细地观察试管，觉得里面好像有一种东西，但又没有看到。他觉得很奇怪，就放在天平上称了称这个试管，结果发现它比同型号的试管要重些。他更好奇了，又仔细地观察了之后，他发现了非常透明的特弗伦。这种物质口后为杜邦公司创造了很大的财富。

善于观察是创业者应该具备的基本素质。只有善于观察者才能在常人视而不见的表象下面，发现金脉，从而跟着它，找到蕴含财富的金矿。

无论是首先出现的商机激发了创业的灵感，还是受创业意识引领而系统地寻求创业的商机，若要在芸芸商界中寻觅到创业的商机离不开观察、体验、思考和实践的过程。

（四）善假于物

荀子曰："君子性非异也，善假于物也"。这句话的意思是即便是聪明睿智的君子也并不比常人多长个脑子。君子欲强于他人，则需要善于吸收、利用他人的优点，集他人所长，方能立于不败之地。

这里的物，我们可以从广义上理解为各种资源，包括人、财、物。成功的创业者应该是一个善于运用各种资源的企业家。尤其是互联网创业。对于许多互联网创业项目来说，创业项目存在的基础就是资源的整合利用，创业者的核心竞争力就是资源的整合能力。马云的阿里巴巴并没有高深复杂的技术门槛，但是却能够在众多竞争对手中屹立不倒，靠的是马云多年所积累的客户资源，而没有客户资源作为支撑的其他竞争对手，尽管网站功能一样，其结果只能是像马云所说"像我者死"。

红孩子成立于 2004 年，到 2007 年，其业务就从北京扩大到 10 多个城市，拥有母婴用品、化妆品、健康产品、自选礼品、家具产品五条产品线，在全国拥有 500 多名员工，通过互联网、目标直投、门店等多种销售方式为家庭提供快捷、优惠的订购服务。红孩子的日订单量 5000 张，日销售额超过 120 万元。注册会员 30 万人。红孩子能够在短短的 3 年时间里得到快速发展，得益于红孩子创业团队的资源整合和利用的能力。

一是供应商资源的整合能力。为了吸引供应商加盟，红孩子投巨资在各地构建了物流系统，与供应商达成协议，共享客户资源，由红孩子承担仓储、客服和配送业务，销售额分成。红孩子整合了数千家品牌供应商，所销售商品种类齐全，达 3 万多种，各种品牌的商品价格在网上明码标价，顾客可充分比较选购。此外，红孩子还通过 OEM 方式生产 REDBABY 自有品牌的产品。

二是融资和资金运用的能力。红孩子成立后一年一个新台阶，2005 年第一次融资成功，业务规模随之从北京扩大到天津、沈阳、上海等城市，产品线从母婴用品扩大到化妆品及健康用品等；2006 年第二次融资，业务规模继续向武汉、南京、杭州等十余个城市拓展，品牌快速增加；2007 年第三次融资成功，红孩子将继续完善整个产业链，并争取实现海外上市。每一次融资成功都帮助红孩子跨上一个新台阶。红孩子凭什么能够得到风险投资的青睐？三次融资的成功并不是靠运气，靠的是红孩子清晰的赢利模式、良好的业绩表现和齐整的创业团队。

三是吸引人才、凝聚人才的能力。红孩子的创业团队是四个志同道合又性格互补的男人。他们当中既有理想主义者——提出目标和愿景的开拓者，又有乐观主义者——在创业途中始终脚踏油门勇往直前，还有悲观主义者——喜欢质疑，习惯想到事物的不利一面，起着"踩刹车"的作用。他们虽然性格各异，因钟情于母婴用品市场，走到了一起，并同心协力打造着红孩子的事业。随着红孩子的成长，红孩子的管理团队和员工队伍也不断扩大。

2006年11月，也就是第一轮融资一年后，红孩子获得了NEA和北极光500万美元的投资，出让股权10%。完成第二轮融资后，红孩子收购了上海小阿华母婴用品公司。收购小阿华后，小阿华团队没有一个人离职。原因很简单，收购企业仍然按照当地情况制定薪酬。

红孩子现任董事长徐沛欣认为，一个人选择是否留在一家企业最主要看3点：最基本的要求是薪酬待遇，其次是发展平台，最后是考虑企业文化氛围。这3个条件是留住人的前提条件。

当红孩子跨地域、跨行业经营时，需要增加事业部，扩建分公司，人才需要量大增。

红孩子吸引了业内一批资深人士的加盟，比如前慧聪网高级副总裁马建阳、前卓越网华南区总经理张建军以及来自家乐福、e龙等企业的管理人员陆续加盟红孩子。

红孩子凭借什么吸引了富有经验的专业人士？据了解，这些高管人员此前的工资比在红孩子的工资要高得多，然而，红孩子未来的前景以及期权激励让他们对未来充满希望。对于用人，徐沛欣坚持赛马不相马，以结果为导向的绩效考核体系在红孩子公司内部都有相应的规定。

对于基层员工，客户的满意度则是重要的考核标准。比如，红孩子送货员给客户送东西得先鞠躬，鞠躬后请客户验货，然后付款，如果送货员没有鞠躬，客户可以拒绝付款。每个订单都有张联系卡，让客户给送货员和呼叫中心做评价，这个评价在他们的奖金中占最大的权重。

对红孩子的资源整合能力，董事长徐沛欣一语中的：从管理上讲，红孩子不是一个零售企业，而是一个资源组合型企业，因为我们的生产链包括网站、呼叫中心、库房、配送、现金、进货等，这是一条非常复杂和庞大的生产链。把这些不同的业态、不同的行业整合在一起，让这些资源组合更有效率和价值，不是传统的零售企业所能做到的。

红孩子的创业经历告诉我们：即便什么都没有，只要有个创业的好点子，同时具有资源整合和利用的能力，互联网创业照样可以成功。

（五）顽强坚韧

顽强坚韧是一个创业者必备的基本素质之一。创业之路大多是崎岖坎坷，创业者必须具备艰苦创业的勇气和顽强坚韧的品格。中国民间有句老话：夜晚寻思千条路，白天照旧卖豆腐。意思是说有的人虽然不缺思路和点子，但是缺乏付诸实践的勇气。想归想，做归做，想与做永远平行而不相交。创业固然需要思路，但更需要勇气。任何奇思妙想如果不付诸实践，只能是空想和幻想。有时，即使创业开端跌跌撞撞，一旦起步，却发现原来机会有很多，正可谓创业路上风景这边独好。

缺乏创业的勇气，可能的顾虑是什么呢？最大的障碍是什么呢？很多人会说出各种各样的理由：缺乏资金、缺少关系，等等。其实笔者认为，最大的障碍是自己。如果一个人没有很强的独立意识（或者说做老板的意识），他是不会选择创业的；如果一个人没有承受挫折的毅力，即使走上创业之路，一遇风雨，可能就会中止前行；如果一个人没有百折不挠的耐力，也不会克服重重困难坚持到事业的成功。

创业的成功往往就在于再坚持一下的努力之中。只要坚信创业的方向是正确的，坚持就是胜利。许多互联网创业在初期是没有收入的，有些创业者动摇了、退缩了。而还有些创业者则咬紧牙关，渡过难关，最后取得了创业的成功。

其实哪一个成功的创业者后面没有让人感动的创业故事呢？人们往往

更容易看到成功者的光环，却没有看到光环下面是曾经的困境和痛苦。我们听听那些成功的创业者曾经发出的声音就可见一斑：

网易的创业者丁磊说："信心很重要。2001年的时候，我刚开始做游戏的时候，所有的媒体，所有的同行都说我疯了。那时候的报纸我还留着，都是一片责骂声，员工也不相信，但我有信心。结果呢，当时说我们坏话的人，他们现在都眼馋我们了。所以我送一句话给大家：有信心不一定会成功，但没有信心一定不会成功。"

百度总裁李彦宏也曾经说过："在人生选择道路上，每个人都时时刻刻面临着一些选择，我是一个非常专注的人，一旦认定方向就不会改变，直到把它做好，我相信搜索将对网络世界和我们的生活产生巨大影响。我的理想是为人类提供更便捷的信息获取方式，至今未变。"

成功的企业家不会坐等"缪斯的垂青",赐予他们一个好主意,而是努力实干。

——彼得·德鲁克《创新和企业家精神》

3

第3章

发掘互联网创业项目

彼得·德鲁克在《创新和企业家精神》一书中将企业创新的机遇归结为两类：一类是来自于企业内部，诸如意外之事、不一致之事、基于程序需要的创新、工业结构或市场结构变换等；另一类来自于企业外部，如统计数据的变化，认知和情绪及意义上的变化以及新知识的出现。

成功的互联网创业本质上就是基于内部或外部的创新行为。我们所看到的许多成功的创业一定同时伴随着某种创新——技术创新、产品创新、商务模式的创新，等等。成功的互联网创业与创新之间存在必然的联系，互联网创业的机遇往往就是某种创新所提供的。或者说变化为创业提供了机遇，创业只不过是利用了某种变化。

一、寻找互联网创业机遇

在现实生活中，有人面对别人的成功总会发出这样的感叹：为什么这么好的机会我就没有赶上呢？或者为什么这么赚钱的事情我就没有想到呢？那么那些成功的创业者们究竟是如何发现并把握住商机的呢？创业的机遇究竟在哪里呢？通过长期和大量地观察，我们发现创业的机遇往往来源于两大类：一类是由于外部环境的变化而提供的创业的机遇；另一类是由于创业者试图改变自身处境而发现的创业机遇。我们把前者称之为外部驱动型创业，而把后者称之为内部驱动型创业。

（一）时势造英雄

我们很幸运，生活在一个信息丰富、交流便捷、科技发展日新月异的时代。这个时代，每天都在变化，新的技术、新的概念、新的需求、新的市场……这些变化就孕育出许许多多新的商业模式、新的营销方式、新的产品，这些就是创业的外部驱动源。我们把由于环境的改变产生了新的商机，从而带来了创业的机会称之为外部驱动型创业。由于某种新技术的应用、政府的某些新政策的实施，来自消费者的未满足的需求以及一个新兴产业的发展都有可能产生新的商机，从而带动创业。

■ 1. 新技术的应用

一项新技术的应用往往就孕育着新的商机，新技术的应用越普及对整个社会的影响面就越广泛，所产生的商机就越多。从 200 多年以前蒸汽机的发明、电的发明到 20 世纪 80 年代后期互联网的商业化应用，这些重大的技术发明和应用给整个社会带来了巨大的变化，也使得同时代的创业活动格外活跃。我们就拿最近的这一次被人类未来学家称之为第三次浪潮的互联网的商业化应用为例，它使得多少人几乎是一夜之间就跻身到百万富翁的行列，它又使得多少人圆了"老板"梦。

亚马逊的创始人贝佐斯就是在互联网普及应用的启发下创办了世界上第一家网上书店，并发展成为世界上最大的网络零售商。贝佐斯是网络零售开先河者，互联网原本是作为一个沟通交流的网络，在网上卖东西是别人从来没有做过的事情，既然在互联网上可以交换数据，可以共享资源，为什么不能出售商品呢？贝佐斯想试一试。于是他列出了 20 多种他认为可以在互联网上出售的商品，然后又一个一个地进行筛选，最后选定了图书和 CD，从此建在互联网上的商城像雨后春笋般涌现在互联网上。

■ 2. 未满足的消费需求

根据马斯洛的需要层次理论，人的需要不是恒定的，而是从满足最基本的生存需要进而向更高层次需要不断提高和转变的。社会在进步，经济在发展，消费者的需要也随之发生变化。20 世纪 80 年代，我国刚刚改革开放，人们的收入有所提高，当基本的温饱问题得到解决以后，人们对生活品质提出了更高的要求，从吃到穿，从手表、缝纫机、自行车到彩电、冰箱、洗衣机。强大的消费需求带来了巨大的商机，许多乡镇企业家、民营企业家就是抓住了满足人们提高生活品质的需求这个商机创业，并发展壮大起来。随着改革开放的深入，城镇居民生活水平不断提高，家用电脑、家庭轿车、第二套住房成为人们追求的新三件；人们从物质的追求上升到精神的追求，其间必然又有许多未满足的需求蕴涵着潜在的商机，这些商机为创业提供了机遇。

据 2006 年国家统计局国际中心的一份研究报告称，2005 年我国城镇居民家庭恩格尔系数为 36.7%，农村居民家庭恩格尔系数为 45.5%，按照联合国教科文组织划定的标准，我国城镇居民生活已经达到富裕程度，农村居民生活也已达到小康水平。恩格尔系数是国际上通用的衡量居民生活水平高低的一项重要指标，一般随居民家庭收入和生活水平的提高而下降。改革开放以来，我国城镇和农村居民家庭恩格尔系数已由 1978 年的 57.5% 和 67.7% 分别下降到 2005 年的 36.7% 和 45.5%。国际上常常用恩格尔系数来衡量一个国家和地区人民生活水平的状况。根据联合国粮农组织提出的标准，恩格尔系数在 59% 以上为贫困，50%～59% 为温饱，40%～50% 为小康，30%～40% 为富裕，低于 30% 为最富裕。

恩格尔系数从一个方面反映出我国人民生活水准随经济发展的变化情况，从中也可以反映出消费需求的变化轨迹。有人认为改革开放之初，人们的消费需求得到了极大的释放，因为商机多，创业容易成功。在经济深入发展和市场竞争充分的今天，市场的"生物链"已经形成，似乎很难发现新的商机，创业也很难成功。这种观点是片面的。首先，从我国城镇恩格尔系数看，仍存在很大的上升空间，这就意味着还会产生许多新的未满足的需求，根据马斯洛的需要层次理论，人的需要从生理的需要、安全的需要逐次上升为社交的需要、尊重的需要和自我实现的需要。不同的人自我实现的目标也会不同，因此在社会发展的各个阶段都必定存在尚未满足的需求；其次，我国城镇居民的恩格尔系数存在一定的不均衡现象，由于各区域资源不同，各区域的经济基础不同，以及各区域发展的先后不同，因此各地区的恩格尔系数具有较大的差异，一是城乡差异，二是东西部差异，这些差异体现出现阶段我国消费需求的层次差异，其中蕴涵着巨大的商机，尚未满足需求提供了创业的机遇，因此创业是不受时代制约的。在经济发展的任何阶段，都有创业的机会存在，重要的是发现和把握机遇。

互联网的发展过程既是不断创新的过程也是新的消费需求不断被激发不断被满足的过程。互联网最初仅仅是作为美国军方的一个研究项目，其前身为 Arpanet 网络，参与 Arpanet 项目的研究人员为了方便信息的交流和沟通在网络上开发出了许多小程序。随着社会各行各业信息交流的需求的不断扩大，20 世纪 80 年代，美国政府将互联网从一个军方的网络开放为商用的网络，以满足美国社会对信息交流的普遍需求。最初人们也只是用互联网传输和检索信息，可是当一项又一项互联网技术问世以后，人们对互联网的应用需求也在不断地提升，我们同样可以用马斯洛的需求层次理论来解释人们对互联网的应用需求层次。

图 3-1 说明了互联网消费需求之间的层次递进关系。其中，数据存在层是最基本的需求，在数据存在的需求被满足以后，人们对互联网的应用需求逐次上升为数据表示的需求、商业应用的需求和自我实现的需求。

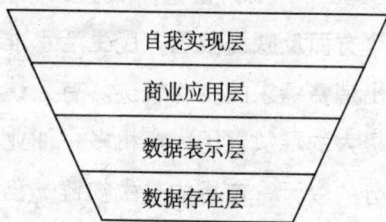

图 3-1　互联网应用需求层次

（1）数据存在层。人们对互联网最基本的需求是数据存在的需求，即人们利用互联网交换数据的需求。互联网是连接各种数据源，并实现数据交换的通道。从美国军方开始启动 Arpanet 项目一直到 20 世纪 80 年代后期，人们对互联网的需求基本上是数据存在的需求。互联网的应用群体也仅限于美国军方以及参与 Arpanet 项目的大学和研究机构的专业人员。此时互联网的技术发展也主要是围绕如何提高数据传输的速度、数据传输的准确性以及互联互通的性能。

（2）数据表示层。到了 20 世纪 80 年代后期，随着美国政府对电信领域的开放，互联网开始从实验室走向大众。更多的人，包括大学的教师、学生以及社会上更多的白领阶层开始使用互联网用于数据的交换。于是人们对互联网产生了更高的需求——数据表示的需求。人们不再满足于用单一的、抽象的符号方式来表示各种数据，希望互联网不仅仅能够满足数据存在的需求，而且还要能够以各种人们喜闻乐见的形式对数据进行表示。

在这一阶段，各种围绕数据表示的技术不断被开发出来，在互联网上，图文声像、视频、动画等多媒体数据，超文本链接等数据表现形式越来越丰富，各种浏览器满足了人们对互联网的数据表示的需求，人们可以在互联网上用各种数据表示形式来传输信息、检索信息，为了适应多媒体的数据表示形式，互联网的传输速度也得到了极大地提高，"冲浪"一度成为使用互联网传输和检索信息的代名词。

（3）商业应用层。到了20世纪90年代中期，人们不再仅仅满足于在互联网上"冲浪"，人们希望互联网这个虚拟世界能够改变现实商业世界中的不尽如人意之处。甚至人们希望"一网天下"，让所有现实世界中的商业活动都能够在互联网上实现。于是人们提出了更高层次的需求——商业应用的需求。人们希望利用互联网完成各种商务活动，在线洽商、在线交易、在线支付等商务活动出现在互联网上，网络零售、网络竞价、网络经纪等各种电子商务模式应运而生，网络媒体、电子政府等从方方面面改变和影响着人们的工作和生活。

互联网商业应用的需求具有持续性和广泛性的特点。首先，社会经济的发展是无止境的，市场经济下，商业活动甚至商业变革是永恒的，互联网商业应用的需求会随着经济的发展而发展。其次，我国仍然处于市场化的进程中，经济的发展尚不均衡，在广大的农村和中西部欠发达地区，巨大的商业应用需求还远未得到满足。再次，互联网技术的发展并未停止，随着互联网技术的不断发展，更多的商业应用需求将被激发。因此从20世纪90年代至今，互联网商业化应用的需求方兴未艾，并将会在未来继续影响和改变现实商业世界。

（4）自我实现层。当人们对互联网的商业应用的需求得到基本的满足以后，更高层次的需求——自我实现的需求接踵而至。互联网让每一个人——无论富贵贫贱、无论地位高低都享受到在网络世界中的平等和自由。人们希望通过互联网表现自我，实现个人价值。网络游戏、网络社区、博客空间等都成为人们在互联网上彰显自我，实现自我价值的途径。互联网创业更是人们希望在网络世界实现自我价值的集中体现。

同互联网的商业应用需求一样，互联网自我实现的需求也具有持续性和广泛性的特点。

表3-1列出了与互联网应用需求层次相对应的各种互联网应用技术和商业模式。

表 3-1　互联网各需求层次的主要应用技术和商业模式

数据存在层	telnet，ftp，E-mail，新闻组，BBS 等
数据表示层	Html，web，http，音/视频下载、视频聊天等
商业应用层	网络零售、在线支付等
自我实现层	网络社区、博客、播客等

从互联网在我国的发展和应用的具体国情出发，互联网的应用需求层次呈现出"倒金字塔"形，从最基本的需求到较高层次的需求不仅是需求层次在提高，而且需求量也在增加。在互联网应用需求的最底层即数据存在层，只有少数人仅仅把互联网作为数据传输的通道。这少数人主要是从事研究和开发的专业人员。而在更高一层即数据表示层，有更多的人通过互联网传输和检索各种形式的数据，这些人主要是知识阶层。比如大学生群体和白领及各类专业人士。而在商业应用层需求范围扩大到商界和城镇消费者，到了自我实现层，应用需求则扩大到各个阶层和领域。从互联网应用需求的"倒金字塔"形可以看出，目前在商业化应用层和自我实现层存在着更多尚未满足的需求，因此也存在更多的创业机会。

互联网应用需求层次揭示了互联网应用的发展规律和运行轨迹，互联网创业者了解和掌握了互联网应用需求的发展规律，能够从中系统地、科学地去寻求创业机会。

3. 新政策的实施

许多成功的创业者和企业家都十分关注国家的宏观经济走向和政府的各项调控措施。因为即使是在市场经济环境下，政府对市场的影响力和调控力也是影响市场变化的主要因素之一。在国家机器存在的现实世界中，计划和市场永远是相辅相成的，是社会经济发展的两条腿。正是"社会主义有市场，资本主义有计划"。创业者要把握市场就要关注和了解政府的各项政策及其走向。

创业者如果能够洞悉国家的调控政策与市场的相辅相成关系，不仅从中可以发现一些创业的机会，甚至可以利用政策，降低运营成本，获得更大的利润。

创业者既要了解国家宏观的政策，也要了解实施中的微观政策。宏观政策能够反映中长期的发展趋势，而微观政策往往直接关系到创业企业的经营和利润。

例如，从早几年国家关于开放进出口贸易的政策、开发区的政策、高新技术企业的政策以及当前对于节能、环保、和谐社会、可持续发展的政策，等等，其间都蕴涵着一些商机。有一位年轻的创业者抓住了国家进出口开放的政策，通过互联网直接从网上订购新西兰三文鱼，然后批发给国内的餐馆，结果不仅使普通消费者也能够消费过去的"贵族"食品，而且自己也赚了大钱。

目前政府部门有很多鼓励创业的政策，尤其是对下岗失业者的创业和大学生创业的鼓励和支持，创业时一定要注意"用足"这些政策，如高科技企业的减免税政策、某类企业的贷款优惠政策、在某地注册企业可享受比其他地区更优惠的税率等。这些政策可大大减少创业初期的成本，使创业风险大为降低。

4. 新产业的形成

某些新技术的应用或者新政策的实施以及新的消费趋势都有可能带动一个新产业的形成。新产业带来的商机能够为创业提供大量机遇。

由于科学技术的发展，以及人民生活水平的提升，以往不可能做到的事情现在可以做到，以往没有需求的产品或服务现在产生了需求。20年以前计算机制造业、汽车制造业、房地产业在我国GDP中的比重几乎无足轻重，而今天却发展成为支柱产业。以制造业为产业链中心，带动了相关行业的上下游产业特别是第三产业的发展，为社会提供了大量的就业岗位，也创造了许多创业的机会。

对于大多数初次创业者来说，要抓住新产业带来的创业机会需要将视线从该产业的核心部分移开，因为产业的核心部分早已经被大企业所占据，初次创业者很难与之竞争。初次创业者应该在产业的缝隙中寻找创业的机会，即核心部分的上游或下游，以及衔接上下游之间的部分，初次创业者可以在相关服务行业去发现和寻找创业机会。

十几年前，大多数人都不会想到，网络游戏也会成为一个新的产业，更不会想到，网络游戏竟然能够打造出一个中国首富——陈天桥。

1999年，当中国互联网信息服务行业刚刚开始发展时，陈天桥即投资建立了盛大公司，并推出中国领先概念的图形化网络虚拟社区游戏"网络归谷"和当时中国最早的虚拟社区之一——"归谷"（Home Valley），并获上市网站中华网第一桶金300万美元。

2000年9月，互联网开始崩盘。一年多时间，纳斯达克综合股指下跌了62%，盛大的投资方提出撤资。互联网经历了最为寒冷的"冬天"，盛大公司同样陷入困境，公司不得不另觅出路。

2001年，盛大网络宣布正式进入互动娱乐企业，进军在线游戏运营市场，提供一系列网络游戏供用户在线娱乐，并开始代理并运营韩国二流游戏《传奇》。盛大目前是中国最大的网络游戏运营商，其起步阶段是做韩国游戏的代理。当为别人做代理学到了经验，赚得了钞票以后，盛大开始自主研发网络游戏软件，2003年盛大推出了自主研发的第一款网络游戏《传奇世界》。2004年5月，盛大以每股11美元的价格，在美国纳斯达克市场首次公开发行1380万单位美国存托凭证（ads），共募集资金1.518亿美元。盛大董事长陈天桥被《福布斯》杂志评为中国首富。目前，盛大成为世界上拥有最多同时在线用户数的网络游戏运营商，被国外媒体誉为世界三大网络游戏运营企业之一。在中国拥有50%以上的市场占有率，陈天桥成为中国互动娱乐产业的领军者。

今天围绕网络游戏已经形成了一个较为完整的价值链。这个价值链包括网络游戏开发商、运营商、代理商，还有大大小小的游戏代练、虚拟商品买卖，等等。一些喜欢网络游戏的年轻的创业者把网络游戏作为创业的起点，并且在不断寻找和发现其中蕴藏的新的创业机遇。

（二）欲望成就梦想

外部环境提供创业的机遇是"时势造英雄"。但是有时似乎环境并没有为创业提供更好的机遇，而创业者自身具备条件也同样可以创业。

1. 掌握专有的实用技术

一个人如果掌握了某种实用技术，其实他已经就具备了创业的一项内在条件，甚至可以做到零资本创业。比如像网易总裁丁磊。1996 年 5 月毕业于成都电子科技大学计算机通信工程专业的丁磊当上了广州一家 ISP（互联网服务提供商）的总经理技术助理。在这家 ISP，丁磊架设了 Chinanet 上第一个"火鸟" BBS，结识了很多网友。然而好景不长，丁磊所在的 ISP 由于面临激烈竞争和昂贵的电信收费几乎无法生存下来。丁磊选择了离开，决定自立门户，干一番事业。由于做技术出身，丁磊选择了用技术来创业。丁磊用自己积攒的 50 万元做开办费，成立了网易公司。丁磊租了个 7 平方米的屋子和三个创业伙伴没日没夜地写软件，1997 年 5 月，网易的 BBS 开通了。从那以后，丁磊们开发出一个又一个软件，推出一项又一项服务：中国第一家提供中文全文搜索、第一个大容量免费个人主页基地、第一个免费电子贺卡网站、第一个虚拟社区、第一次网上新品拍卖、第一个中文个性化服务，等等。由于其技术的实用和领先，吸引了大量的用户，终于成为国内三大门户网站之一。

互联网创业者如果掌握某种专业技术，而且这种技术具有比较广泛的市场需求，同时这种技术的掌握具有一定的难度（提高了潜在竞争者的进入门槛），如果上述条件能够同时满足，创业的基础条件就基本上形成了。对于创业者和投资者来说，有一句不得不记住的老话，叫做"不熟不做"。创业最简单的方法就是从自己熟悉或有专长的事情做起，一般可以起到事半功倍的效果，大大减少创业过程中的波折。

在计算机和互联网普及应用的今天，许多人都从事与互联网相关的技术开发和应用。但是在互联网创业中，能够成为创业内部驱动力的技术一定能够成功地转化为商业模式，即能够为客户创造价值的实用技术。

我们不鼓励初次创业者直接利用最新、最先进的技术进行创业，甚至自行开发新技术进行创业。对于大多数创业者来说，最先进的技术不一定是最能产生回报的技术。一项新技术从问世到形成产业化应用，需要一个漫长的孵化期，在孵化的过程中，非但没有回报还需要大量的投入。一个新创立的企业要尽快生存下来，它是无法承受这样漫长的孵化期的。而利用实用技术加以适当创新，能够很快产生回报，减少创业失败的风险。

专业技术人员最容易跨入创业的门槛，但是也是最不容易成功的创业者。一方面，因为专业技术人员的专业技术和专业知识就是创业的资本，即便没有启动资金，也完全可以"零资金"创业。另一方面，专业技术人员即便创业不成，凭技术还可以重新回到打工一族，通常少有后顾之忧。也正因为如此，专业技术人员最容易陷入"侠客"思维的误区，崇拜技术，技术至上，而对市场缺乏应有的关注，对其他创业所需的资源缺乏应有的重视和掌控的能力。这一点是有专业技术人员背景的创业者需要特别注意的问题。

2. 掌握相对稀缺的资源

为了提高成功的机会，减少失败概率，在动手之前，创业者必须冷静评估所拥有的资源，包括社会关系、专业特长，并评估其所蕴涵的商业价值，寻找创业和投资的切入点。并不是任何资源包括专业知识、技术特长都有商业价值。创业者和投资者在评估自己所拥有的资源时要尽量避免"自我感觉"。很多创业者和中小投资者因为缺乏经验，容易凭"感觉"行事，有时候这样做确实有助于抓住机会，但多数时候这样做有害无益。如果创业者对自我评估没有信心，那么，可以请朋友和家人甚至请专业咨询机构帮助进行评估。

创业所需要的资源不仅仅是资金，最重要的创业资源是客户资源。如果创业者拥有稳定的和一定规模的客户资源，只要创业者能够提供客户所需的产品或服务，创业的收入来源就有了保障。

客户资源是在开放的市场环境中最重要的创业资源。但是由于我国仍处于从计划经济向市场经济转型的过程中，在这个过程中，许多资源的分配并不公平，如果创业者能够拥有其他稀缺资源也不失为创业的一大优势条件。比如上游供应商资源、下游分销商资源、客户资源，甚至某些需要政府部门审批的资质等都可以成为创业的资源。

3. 基于体验的成功尝试

每个人都生活在社会中，无论在生活中或是在工作、学习中，总会遇到各种各样的困难或问题，这些困难和问题往往就孕育了某种商机。热爱生活、热爱工作的人会以积极的心态去探索克服困难和解决问题的办法，而有时商机就蕴涵在其中。遗憾的是很多人遇到问题会习惯性地绕着走，于是与商机擦肩而过。等到别人获得了成功，只能懊悔地一拍脑门"这么简单的事情，我怎么就没有想到呢？"

因此，创业者不是空想家，而是"干一行、爱一行、钻一行"的实干家。只有热爱生活、热爱工作、热爱学习的人，才会去体验生活的方方面面，去发现生活中美好的一面，去改善不好的一面，只有热爱本职工作的人才会去想方设法让工作更加有效，只有热爱学习的人才会从中不断吸取养分，开阔视野，并不断完善自己。创业的机会可能就在身边，就在平凡的生活、工作和学习的体验之中。

相关案例
源于自身体验的 Yahoo![1]

杨致远在攻读博士初期，本想从事自动软件的开发工作，但由于少数大公司垄断了市场，所剩机会不多，他不知如何入手。

为了完成博士论文。每天，他和他的同学费勒数小时泡在网上查找信息，然后将各自喜欢的信息链接在一起，上面有各种东西，如科研项目、网球比赛信息等。雅虎就从这里发展起来。开始时他们各自独立地建立自己的网页，只是偶尔对彼此的内容感兴趣才互相参考，渐渐地他们链接的

---

[1] 案例参考：阿里巴巴财富频道。

信息越来越广，他们俩的网页也就放在了一起，统称为"杰里万维网向导"，"杰里"是杨致远的英文名。他们共享这一资源。

这个"向导"规模迅速扩大，分类越来越细，而且不胫而走，在网上广为传播，任何知道他们网址的人都可以使用它。世界各地的自由用户在浏览了他们的"向导"后，也常常反馈回来一些有用的信息，这大大帮助了他们了解哪些信息是有用的、受欢迎的。1994年秋季，它的访问量已首次突破100万人。他们对"向导"的持续高速发展有些担心，编辑工作占用大量时间，寝食亦不得安宁。一想起了"正经事"——攻读博士学位，更觉烦恼。但最终他们做出了选择，暂时放弃正事，专心建设搜索引擎。

当时网上已存在一些同类搜索引擎，如 Lycos 和 InfoSeek，它们也能对输入的关键词进行网络搜索，最后返回一个详细清单。但与雅虎相比，这些索引搜索工具过于机械化，雅虎则建立在"手工"分类编辑信息的基础之上，相对而言更具人性化，更实用，用简单的算法是无法复制雅虎的。这当然不是说"索引式搜索"没有意义。雅虎也包含索引式搜索，只是不限于此，把信息组织得更规范而已。雅虎引擎采取分层组织信息的方式，更适合于科学研究人员方便地找到自己所需的信息。比如一位考古科学家和天文学家，都可以很快搜索到自己专业上的话题及动态信息，而且一般不会有重大的遗漏，这一点是其他搜索引擎无法比拟的。

到1994年底，雅虎很快就成了业界领袖。杨致远和费罗一方面累得苦不堪言，另一方面为自己突如其来的成功欣喜若狂。他们发现历史赋予的难得机会终于到来了：网景公司的导航器测试版刚刚发行，HotWired 也开通了网络广告站点，通过网络赚钱的时机开始成熟。第一个找上门的公司是路透社，它是总部设在伦敦的产值达50亿美元的老牌新闻及金融信息公司。虽然路透社在美国名气还不算大，比不上美联社，但在世界上它的影响很大，它经营的新闻业务已有150年的历史。路透社市场部副主任泰森（John Taysom）一次外出，在一家地方报纸上读到有关雅虎的消息，产生了兴趣，他以后在网上经常光顾雅虎网址。泰森迅速认识到"雅虎"消除了距离的远近，架起了用户与其欲寻找的信息之间的联系，路透社可以利用它扩大自己的影响。杨致远对泰森说："如果你们不找我们，我们可能也要找你们。雅虎不仅只是一个目录，这还是一种媒体资产。"

路透社与雅虎是朋友，但不是伙伴，合作过程中雅虎并未得到多少实惠。聪明的杨致远认识到，必须自己制订一个周密的商业计划，以我为主通过广告赢利。杨致远找到自己的老同学布拉狄（Tim Brady），他此时正在哈佛商学院读书。杨致远和布拉狄参考 HotWired 公司发布广告赢利的经验，迅速起草了一份商业计划。带着这份计划书，他们到处寻找风险投资者。

1995 年，杨致远和费勒根据斯威福特所著的《格列佛游记》中的野兽将其网站名取名为 Yahoo!

杨致远在创业之前对自己的商业模式已经小试牛刀。他在创业之前就感悟到搜索引擎巨大的市场需求，成功的体验加上敏锐的商业头脑使杨致远放弃了攻读博士学位而去创业，因此雅虎的成功不是偶然的。

案例思考与讨论

（1）雅虎是如何诞生的？

（2）雅虎的商业价值是什么？

（3）雅虎的收入来源是什么？

（4）请对雅虎与 GOOGLE 的搜索引擎以及赢利模式做出比较。

（5）雅虎在未来是否存在被 GOOGLE 取代的威胁？为什么？

4. 摆脱困境的强烈愿望

有时生活或工作中的困境会成为促成创业的动力。

PCPOP 的总裁李想是一个只有高中毕业文凭的创业者，他在上高一时，家里花了 8000 块钱给他买了一台电脑，他特别喜欢电脑的硬件，为了能够让自己的电脑保持最新的配置，就要不断地更换新硬件。没有钱怎么办？李想从高一的时候，只要不上课就泡在电脑城里帮别人装电脑，然后赚钱，拼命换电脑的硬件。高二的时候发现这个方法赚钱还不够，就开始给杂志写稿，对各种硬件进行评价。像《电脑报》、《计算机世界》、《中国计算机报》等都经常刊登他的稿件。一方面写稿能够率先接触很多新硬件，另外一方面写稿能够把钱赚回来，那时候一个月写稿可以赚到 2000 多块钱。

高三的时候有了互联网，李想开始建个人网站并上网投稿，因为他的投稿量非常大，每天网页的访问量过万，一些生产厂家就给他寄一些样品来测试，他自己也经常到市场上转。一些企业还主动找他做广告。2003 年他和同伴在北京创立了公司——PCPOP，当年收入就过百万。谁能想到，今天拥有 200 多员工，年收入数千万的 PCPOP 竟来源于创业者高中时为了拥有一台高配置电脑的梦想。

虽然我们为了讨论问题方便起见，将创业的机遇来源分为外部驱动型创业和内部驱动型创业。但综合而言，内部驱动和外部驱动是相互依存并相互转化的。再好的外部环境也需要人去发现去把握，再好的内部条件如果不能够很好地与环境契合也只是未经雕琢的璞玉。创业者在利用外部因素驱动创业的时候，也要对内部驱动因素进行评估。同样，创业者利用内部因素驱动创业的时候也要对外部驱动因素进行评估。创业者需要抓住创业机遇：无论是外部的还是内部的——为创业创造天时地利人和。

二、价值是互联网创业的根基

当互联网创业成为一种追求的时候，人们有时可能面对变化莫测的市场、日新月异的技术和纷杂各异的需求，对各种商业模式和创业项目难以决断取舍。一个创业灵感是否能够成为通向成功之路的灯塔？创业者不应该凭掷骰子来决定运气，而应该采用科学的方法和求实态度来进行分析和决断。互联网创业是电子与商务的结合，其价值是建立在市场需求和商务模式创新基础上的，因此，对于每一个创业的灵感都需要进行扎扎实实的市场调研和商务模式的可行性分析，让创业的灵感变为可操作的商务模式。

一个人对创业项目的判断既取决于客观的市场需求，更取决于个人的思维方式。毕竟对于大多数人来说，思维空间的深度和广度是有限的，因此在提炼创业灵感的时候需要借助"外脑"和一些分析方法来弥补个体思维的不足。头脑风暴法和价值链分析法就是对互联网创业项目进行提炼和分析的两种实用方法。

(一) 头脑风暴激发创业灵感

头脑风暴法（Brain Storming），又称智力激励法、BS法。它是由美国创造学家 A.F.奥斯本于 1939 年首次提出、1953 年正式发表的一种激发创造性思维的方法。它是一种通过小型会议的组织形式，让所有参加者在自由愉快、畅所欲言的气氛中，自由交换想法或点子，并以此激发与会者的创意及灵感，使各种设想在相互碰撞中激起脑海的创造性"风暴"。头脑风暴法适合于解决那些主题明确单一、目标可以确定的问题，比如研究企业商标、网站域名、产品名称、广告口号、销售方法以及广告创意等。

在互联网创业中，由于"网络效应"的存在和"先入为主"的特点，我们强调要适度创新，比如在商务模式上的创新，产品和服务上的创新以及营销方法上的创新等。随着互联网技术的复杂化和互联网应用的多元化，单枪匹马式的冥思苦想将变得软弱无力，而"群起而攻之"的发明创造战术则显示出无可比拟的优势。应用头脑风暴法能够帮助创业者集思广益，实现创新。头脑风暴法的应用范围是创业团队及其创业骨干。

1. 头脑风暴法的操作程序

头脑风暴法的具体应用分为六个阶段：

（1）准备阶段。创业团队的负责人应事先对所议问题进行一定的研究，弄清问题的实质，找到问题的关键，设定解决问题所要达到的目标。同时选定参加会议人员，一般以 5～8 人为宜，不宜过少，也不宜太多。人过少可能无法产生思维的碰撞，人过多头脑风暴的过程容易失控、跑题，与会者的思维也会受到一定的束缚。组织者要将会议的时间、地点、所要解决的问题、可供参考的资料和设想、需要达到的目标等事宜提前通知与会人员，让与会者做好充分的准备。

（2）热身阶段。这个阶段的目的是创造一种自由、宽松、祥和的氛围，使大家得以放松，进入一种无拘无束的状态。主持人宣布开会后，先说明会议的规则，然后随便引出一些有趣的话题或问题，让大家的思维处于轻松和活跃的境界。

（3）明确问题。主持人简明扼要地介绍有待解决的问题。介绍时须简捷、明确，不可过分周全，否则，过多的信息会限制人的思维，干扰思维创新的想象力。会议的主题介绍要准确，含糊不清的表达会让与会者不知所云。

（4）畅谈阶段。畅谈是头脑风暴法的创意阶段。为了使大家能够畅所欲言，需要制定和公布一些规则。这些规则通常是：第一，不要私下交谈，以免分散注意力。第二，不妨碍及评论他人发言，每人只谈自己的想法。第三，发表见解时要简单明了，一次发言只谈一种见解。主持人首先要向大家宣布这些规则，随后引导大家自由发言、自由想象、自由发挥，使彼此相互启发、相互补充，真正做到知无不言、言无不尽、畅所欲言，然后将会议发言记录进行整理。

（5）重新表述问题。经过一段讨论后，大家对问题已经有了较深程度的理解。这时，为了使大家对问题的表述能够具有新角度、新思维，主持人或书记员要记录大家的发言，并对发言记录进行整理。通过记录的整理和归纳，找出富有创意的见解，以及具有启发性的表述，供下一步畅谈时参考。

（6）筛选阶段。会议结束后的一两天内，组织者应向与会者了解大家会后的新想法和新思路，以此补充会议记录。然后将大家的想法整理成若干方案，再根据创意设计的一般标准，诸如可识别性、创新性、可实施性等标准进行筛选。经过多次反复比较和优中择优，最后确定1~3个最佳方案。这些最佳方案往往是多种创意的优势组合，是大家的集体智慧综合作用的结果。

"头脑风暴法"的一个有趣的运用①

有一年，美国北方格外严寒，大雪纷飞，电线上积满冰雪，大跨度的电线常被积雪压断，严重影响通信。过去，许多人试图解决这一问题，但都未能如愿以偿。后来，电信公司经理应用奥斯本发明的头脑风暴法，尝试解决这一难题。他召开了一种能让头脑卷起风暴的座谈会，参加会议的是不同专业的技术人员，要求他们必须遵守以下原则：

第一，自由思考。即要求与会者尽可能解放思想，无拘无束地思考问题并畅所欲言，不必顾虑自己的想法或说法是否"离经叛道"或"荒唐可笑"。

第二，延迟评判。即要求与会者在会上不要对他人的设想评头论足，不要发表"这主意好极了！""这种想法太离谱了！"之类的"捧杀句"或"扼杀句"。至于对设想的评判，留在会后组织专人考虑。

第三，以量求质。即鼓励与会者尽可能多而广地提出设想，以大量的设想来保证质量较高的设想的存在。

第四，结合改善。即鼓励与会者积极进行智力互补，在增加自己提出设想的同时，注意思考如何把两个或更多的设想结合成另一个更完善的设想。

按照这种会议规则，大家七嘴八舌地议论开来。有人提出设计一种专用的电线清雪机；有人想到用电热来化解冰雪；也有人建议用振荡技术来清除积雪；还有人提出能否带上几把大扫帚，乘坐直升机去扫电线上的积雪。对于这种"坐飞机扫雪"的设想，大家心里尽管觉得滑稽可笑，但在会上也无人提出批评。相反，有一工程师在百思不得其解时，听到用飞机

---

① 参考资料：http：//www.mind 99.com/Brain Storm Theory/Whats Brain Strom/200512/Brain Storm Theory_4.html

扫雪的想法后，大脑突然受到冲击，一种简单可行且高效率的清雪方法冒了出来。他想，每当大雪过后，出动直升机沿积雪严重的电线飞行，依靠高速旋转的螺旋桨即可将电线上的积雪迅速扇落。他马上提出"用直升机扇雪"的新设想，顿时又引起其他与会者的联想，有关用飞机除雪的主意一下子又多了七八条。不到一小时，与会的 10 名技术人员共提出 90 多条新设想。

会后，公司组织专家对设想进行分类论证。专家们认为设计专用清雪机，采用电热或电磁振荡等方法清除电线上的积雪，在技术上虽然可行，但研制费用大，周期长，一时难以见效。那种因"坐飞机扫雪"激发出来的几种设想，倒是一种大胆的新方案，如果可行，将是一种既简单又高效的好办法。经过现场试验，发现用直升机扇雪真能奏效，一个久悬未决的难题，终于在头脑风暴会中得到了巧妙地解决。

案例思考与讨论

（1）试说明头脑风暴法在创业中的适用对象。

（2）请概括头脑风暴法的应用步骤。

（3）试说明应用头脑风暴法的注意事项。

（4）上述案例对你有何启发？

2. 在创业训练中应用头脑风暴法的常见问题

在创业训练中应用头脑风暴法，应避免出现以下问题。

（1）主题不清。互联网创业涉及方方面面的问题，不能期望一次头脑风暴解决所有的问题。在头脑风暴之前，组织者应该为会议设定一个明确的主题，一次解决一个问题。有些问题具有一定的关联性，组织者要根据问题的关联程度，依次安排专门的头脑风暴会议。比如，为网站起一个什么样的域名，这样的问题一定是在解决了网站的市场定位以后才应该讨论的问题。

（2）讨论跑题。在头脑风暴中，由于互联网创业的多方位特点，与会发言者常常会从一个问题引出另一个问题，讨论有可能会偏离原来的主题，让新的问题成为讨论的焦点。组织者要保持清醒的头脑，并善于将话题重新引回到既定的会议主题上。

（3）争论不休。在互联网创业头脑风暴中，与会者往往会不由自主地对别人的发言进行评论，并由此引发对问题的争论。要避免争论，除了在会议开始前组织者宣布会议的规则以外，在会议中，组织者要善于启发与会者运用发散思维、逆向思维等深度思维而不是批判性和辩论性思维。即在别人的发言基础上进一步深入探讨，而不能简单否定。

（4）蜻蜓点水。在互联网创业头脑风暴中，要避免出现对问题的讨论"蜻蜓点水"。与会者虽然都发言了，可是并没有对会议主题进行充分的讨论，而像"蜻蜓点水"一样一带而过，等到会议结束后才发现，所讨论的问题仍然存在，最终的方案仍然是未知数。为了避免出现这种情况，组织者要思路清晰，善于及时提出问题将讨论纵向引向深入，而不是横向展开。

（二）价值链分析方法

传统的商务活动起源于人类的劳动分工。当我们的祖先以家庭为单位专注于某一项生产活动时，为了获得所需要的生产和生活资料，他们就用自己的劳动所得去换取所需之物。起初是易货交易，后来货币的出现取代了易货交易。无论是原始的易货交易还是以货币为媒介的商品交易，交易的本质并没有改变——交易就是商品价值的交换。交易的各方通过交易活动获得自己所需要的（具有使用价值的）商品。

市场经济就是商品经济（服务也是一种商品），围绕商品的价值交换所发生的一系列活动就是商务。因此可以把所有的商务活动用价值链模型来加以描述。

价值链是迈克尔·波特（Michael Porter）于1985年在《竞争优势》一书中提出的思想。企业是创造利润的组织；企业通过一系列业务活动将产品或服务提供给顾客，满足顾客需求，顾客则为企业提供了利润。这些活动决定了产品或服务的价值形成和价值转移，这些活动就像是连接在一起的结点，"价值链"就是由这样一些特定的结点连接而成。由于这些活动对产品或服务的形成和转移具有增值作用，因此叫做价值链。

要让企业能够产生利润，企业需要科学合理地组织这些活动以便它们能够创造或增加价值。价值链思想体现了一种对企业业务活动进行组织的方法。

小到一个企业，大到一个行业都可以用价值链模型进行分析。

1. 企业价值链

一个企业生产一种产品或几种产品，从原材料采购开始，经过加工、装配，生产成产品，再将产品经过批发、零售，到达客户手中，产品的价值随着生产销售过程发生了转移和增加。产品到达客户端，客户获得了产品的使用价值，客户在支付商品货款后，企业也实现了其自身的价值。由此可见，产品价值、客户价值和企业价值是相辅相成的。企业存在的价值就在于企业能够满足客户的需求，也就是企业能够提供对客户有价值的产品或者服务。产品从企业向客户方转移的过程也是产品价值转移和增加的过程，围绕这个过程发生了大量的商务活动。比如：

寻找客户、了解客户需求——企业首先要通过市场调研、了解客户需求；

设计开发产品——开发和设计满足客户需求的产品；

采购和供应——生产原材料、零部件的采购、仓储运输等；

生产制造——将原材料、零部件进行加工、装配，生产出产品；

分销与物流配送——将产品从产地经过分销渠道和物流配送，送达客户方，等等。

在所有企业商务活动中，有些是直接影响企业价值的活动——被称之为关键活动；有些是间接影响企业价值的活动——被称之为支持活动。

图3-2以计算机制造企业为例，给出了制造计算机产品的价值链模型，其中既包括关键活动也包括支持活动。

在图3-2中，企业价值链的关键活动包括设计、原材料采购、制造、运输、销售、售后服务等，以上活动都是直接对客户或者说是对产品的形成和转移产生价值的活动。而财务管理、人力资源管理等则属于支持活

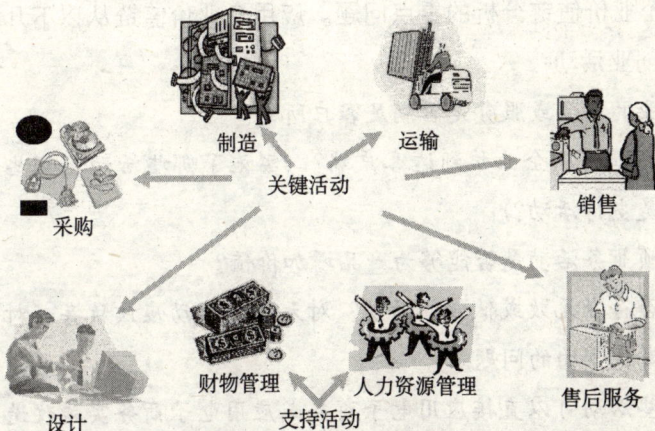

图3-2　企业价值链

动，它们间接地产生客户价值。

总之，企业价值链描述了一个企业围绕其产品价值产生和转移所发生的全部活动过程。

（1）企业价值链的作用。用价值链模型来描述企业的商务活动，首先，能够帮助人们确定哪些商务活动是关键活动，即能够对客户产生价值、为企业带来效益的活动。这些关键的商务活动也正是互联网电子商务应用的主要对象。互联网电子商务的作用就在于能够使得这些商务活动更加便利、更加高效，能够帮助企业降低成本。

其次，人们可以利用价值链模型对互联网电子商务的应用模式进行分析。无论是哪一种电子商务应用模式，真正具有生命力的电子商务应用模式一定是能够对客户产生价值的模式。通用电气前总裁杰克·韦尔奇在总结通用电气在互联网发展的初期所犯的盲目性错误时曾说过下面的话："如果你不能将荧屏——无论是直接的商品，还是间接的更优质的服务变成钱，那么当初就不应该建立它。"因此，在利用互联网电子商务技术对传统商务进行改造，或者开拓创新的商务模式时，应该用价值链模型对商务活动的各个环节进行审视。保留具有客户价值的业务活动，强化关键业务活动、优化支持业务活动、摒除无效的业务活动。

（2）企业价值链分析的重点问题。应用企业价值链从以下几个方面审视互联网创业活动：

● 企业的产品或服务是否满足客户所需？

● 产品如何从企业端到达客户端？（实施了哪些活动？哪些是关键活动？哪些是支持活动?）

● 各项业务活动是否能够为产品增加价值？

● 是否存在无效或低效的活动？对无效的活动应该放弃，对低效的活动进一步考虑下面的问题。

● 哪些活动可以直接应用电子商务或应用电子商务实施改造，从而提高效率，降低成本？

创业者在利用企业价值链模型对互联网创业项目进行分析以后，创业项目的商业模式、业务流程和赢利模式将更加清晰、有效，有利于创业者优化流程，合理配置资源。

2. 行业价值链

一个行业的价值链是由许多核心企业和其上游企业、下游企业所组成的。行业价值链是企业价值链向其上游企业和下游企业的延伸。考察一个行业价值链的组成可以沿市场的末端——最终用户，"溯流而上"，直至到达行业价值链的源头——原材料的供应商。如图3-3所示。

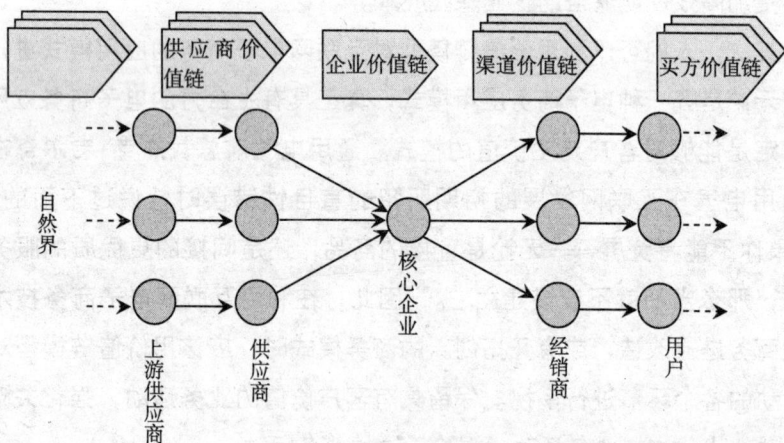

图3-3 行业价值链

从图 3-3 行业价值链模型中我们可以看出：行业价值链是由若干具有相互依存关系的企业价值链所组成。即行业价值链是由核心企业（有些行业的核心企业为产品制造企业，而另一些行业的核心企业则为流通企业）、核心企业的上游供应商、供应商的供应商、核心企业的下游分销商、零售商等企业价值链组成。或者说，行业价值链是由核心企业、核心企业的上游供应商、核心企业的下游经销商、用户等系列活动所组成。总之行业价值链描述了一个行业面向同一市场的全部企业活动的集成。

（1）行业价值链的作用。任何一个创业项目都会同时与其上游企业或下游企业（或客户）发生各种各样的联系。一个创业者应该充分地了解本企业所处的环境，通过分析行业价值链的组成，能够明确一个企业在行业价值链中的位置以及与其上下游企业的关系，从而帮助企业寻找商业机会和合作伙伴，帮助企业整合利用所需要的资源。概括而言，行业价值链分析对于创业者的作用就在于：

● 通过行业价值链分析，可以帮助创业者整合行业资源，建立合作伙伴战略联盟，包括供应链管理和分销渠道管理。

● 应用行业价值链分析方法，可以确定在上下游企业之间是否存在可以合并的业务活动以及该业务活动的最佳处理流程。

● 利用行业价值链分析，可以锁定"供应群"、"顾客群"，有利于寻找新的客户和供应商，拓展产品市场和供货渠道。

● 利用行业价值链可以跟踪产品的整个生命周期，从而为创业者利用互联网创业提供"全息图像"，有利于改进产品质量、降低行业总成本。

（2）行业价值链分析的其他问题。创业尽管需要热情，但是盲目的热情代替不了理智科学的分析。理智科学的分析能够帮助创业者评估创业项目的价值以及未来的发展前景。因此创业者应该结合互联网创业类型，应用行业价值链模型对以下问题进行分析。

● 首先确定所选择的互联网创业项目属于哪一种互联网创业类型（最好能够用图示法表示价值链模型），所依托的行业是否具有广阔的市场前景？行业市场发展能够持续多久？

●创业企业在行业价值链中处于哪个环节——上游还是下游？在整个行业产品生命周期中，创业企业是否能够产生价值？

●所选择的互联网创业类型是否具有一定的技术壁垒，创业企业是否占据不可替代的位置？可能的替代者来自哪些企业？可能的替代产品是哪些？

●创业者是否需要并能够与其上下游企业建立合作伙伴关系？业务外包或者战略合作是否能够降低成本？

通过对行业价值链的分析，创业者对上述问题的思考以及寻求可能的解决方案将避免或减少互联网创业失败的可能。

(三) 用价值链分析互联网创业项目

价值链分析方法是站在最终消费者的角度来分析一种产品或服务是否能够为客户创造价值，以及围绕该产品或服务的生产与销售等全部活动是否具备增值作用。这种分析方法对于创业者分析创业项目和创业活动的价值，从而克服创业的盲目性具有一定的帮助和优化作用。

一般来说，任何一个企业都存在一个目标市场问题。有的目标市场是由消费者个体组成的，有的目标市场是由企业群组成的。在互联网创业中，根据目标市场的组成成分可以将互联网创业项目分为 B-C 或 B-B (第一个 B 代表创业企业，第二个字母 B 或 C 代表消费者客户或者企业客户)。无论是 B-B 或者 B-C，创业项目的生命力就在于是否能够为你的客户提供有价值的产品或服务。因此创业者需要应用价值链方法分析创业项目的价值所在。创业者应从以下几个方面进行思考:

(1) 你的互联网创业项目是否能够为客户提供有价值的产品或服务？

什么样的产品或服务是对客户有价值的呢？不外乎以下几种:

●能够满足客户工作、生活所需的；

●能够为客户省钱、赚钱或提供便利的；

●能够让客户享受身心愉悦的。

综上所述，最有价值的产品或服务是你的客户生活或工作中不可或缺的。如果不能满足这个条件，那么最好能够让你的客户利用你的产品或服务省钱或者赚钱，或者让客户感到利用你的产品或服务工作和生活更便利。如果无法做到上述两点，那么你的产品或服务是否能够让你的客户得到某种精神上的愉悦，也就是我们通常说的提供休闲、娱乐和文化产品或服务。

（2）你的互联网创业项目是如何经营的？围绕产品或服务的生产、销售全过程都发生了哪些业务活动？这些活动是否都是必要的？是否都能够为客户贡献价值，为企业产生利润？如果无法说明该项活动的价值所在，那么往往该项业务环节就是不必要的。

（3）你的创业项目需要的资源有哪些？你是否具备这些资源？如果不具备这些资源，是否可以通过外包或者战略合作伙伴关系而得到？

互联网创业同传统创业相比有许多不同之处，许多在传统创业活动中必不可少的环节在互联网创业中可能是不必要的。比如传统商业活动中的库存和物流，在互联网上有可能通过资源的整合以及虚拟企业而得到解决，因此不必要的环节就可以剔除。还有一些业务环节虽然无法剔除，但是利用互联网在营销手段上加以创新，从而能够降低成本。例如，通过搜索引擎优化能够以最少的广告投入提高创业网站的知名度。通过会员制营销能够以最少的投入建立起网上营销渠道。

总之，利用互联网创业应该充分利用互联网的特点，站在为客户创造价值的角度上对创业项目的业务流程进行审视、优化和创新。

三、赢利模式是互联网创业的推动器

如果说价值分析是站在客户的角度对创业项目进行审视，那么赢利模式则是站在创业者和经营者的角度对创业项目进行设计。究竟什么是赢利模式呢？赢利模式是创业项目为创业者或经营者获取收入的方式、方法和程序的总和。换句话说，一个创业项目的赢利模式决定了创业者是否能够从创业项目的营运中赚钱。

赢利模式对于各种形式的创业都是一个至关重要的问题。赢利模式直接关系到创业活动的生命周期——一颗创业的种子是否能够成长为一棵参天大树，是否能够成为一项常青基业，取决于是否有一个明确的可持续的赢利模式。对于互联网创业来说，赢利模式是否清晰更成为互联网创业的核心问题。这是因为互联网创业的赢利模式往往更容易被先进的技术、新颖的概念所取代，创业者的关注力也往往更容易被某些技术细节所吸引。而如果没有一个清晰的赢利模式，互联网创业是不可能成功的。

我们中国人常常用这样一句话来形容家庭的幸福与否：幸福的家庭都是千篇一律的，而不幸的家庭却各有各的不幸。这句话如果用于互联网创业活动应该做如下的改变：成功的互联网创业各有各的成功之道，而失败的互联网创业往往都是没有明确的赢利模式。即便是一个非常有创意的创业点子，即便是能够为客户创造价值的创业项目，但是未必能够为创业者带来利润。赢利模式不是互联网创业与生俱来的产物，而是创业者精心设计的结果。我们知道，电子邮件最早出现在 20 世纪 70 年代，一直以来人们都是把它作为一种免费的电子沟通手段，直到 90 年代，一对美国的律师夫妇用电子邮件轻轻松松赚得了 10 万美金，人们才意识到原来电子邮件也可以成为一种赚钱的工具。因此对于互联网创业者来说，在对互联网创业项目进行价值分析的同时要对赢利模式进行设计。

一个好的互联网创业项目首先能够为客户提供价值，最好是为广大的客户提供价值。能够为客户提供价值的互联网创业项目，说明它能够满足一定的市场需求，有其存在的必要性。客户越广泛，其市场覆盖面就越大。

如果创业者所提供的产品和服务被每一个客户所需要，那么是不是创业就一定成功呢？答案是否定的。理由非常简单，如果有人能够免费提供午饭，全世界的人都愿意成为他（她）的客户，但是他（她）也就马上破产了。因此创业项目还必须能够为创业者获取利润，创业者能够从互联网创业项目中获取利润，是激励创业者创业的动力之一。

最后，互联网创业项目还要能够持续地赢利，而不是短期赢利。能够实现持续盈利的互联网创业项目才能够持久发展、不断壮大。

创业者如何为创业项目设计一个好的赢利模式呢？通过对成功的互联网创业进行分析发现，互联网创业项目的赢利模式不外乎两大类：出售商品或提供服务（这似乎与传统创业没有什么两样）。如果再进一步对出售商品和提供服务进行细分，我们可以发现，尽管同样是出售商品或提供服务，但是赢利模式并不相同。尤其是提供服务，其创新的赢利模式更是层出不穷。为了能够更加突出互联网的特色，笔者认为，对互联网的赢利模式的划分还可以用另外一种方法：销售型盈利模式和流量型赢利模式。

在互联网上通过出售商品或提供服务而直接获取收入的经营方式就是销售型赢利模式。销售型赢利模式与传统的销售经营方式并没有本质的区别，最大的区别就是出售商品或提供服务的场所是在互联网上。

销售型赢利模式的核心是所出售的商品或提供的服务（服务也可以被看做是一种产品）能够直接满足客户的需求，即所提供的商品或提供的服务本身是能够为客户创造价值的。销售型赢利模式是一种直接的价值交换方式——商品与货币的交换。商家在线出售商品，买方用货币在线或离线支付，同时商品交付给买方，商品所有权进行了转移。

流量型赢利模式是靠浏览量或点击获取收入的经营方式。流量型赢利模式通常是以免费出售非实物商品来吸引用户，这些创新的互联网电子商务模式虽然没有直接从商品出售或服务中产生收入，但是由于它能够吸引大量的眼球，从而为其他间接的赢利创造了机会。

在互联网创业中，将销售型盈利模式和流量型盈利模式巧妙地结合在一起往往就孕育出了创新的商务模式。因此善于设计吸引用户注意力的流量型模式，同时又善于将流量转化为销量是互联网创业成功的不二法则。

由于许多创新的互联网经营模式是销售型盈利模式和流量型盈利模式的有机结合，以下我们采取按照经营类型进行划分的方法对典型的互联网盈利模式进行分析。

（一）销售是硬道理

商品经济就是建立在商品价值交换基础上的经济。只要有人类存在的地方，就必然存在商品交换，因此销售是硬道理。通过出售商品获取收入永远会是人们创业的第一选择。网络销售是互联网创业比较多见的赢利模式。根据商品销售中卖方与买方的不同身份，网络销售又可以分为 B-C 和 B-B。在 B-C 互联网电子商务模式中，卖方是企业，买方是最终消费者，在 B-B 互联网电子商务模式中，买卖双方都是企业。简单地理解，B-C 与 B-B 可以分别对应于传统商务中的零售与批发。

■ 1. 网络零售创业准备

由于网络的便捷、高效和方便管理，不少创业者都把初次创业的方向定在了网上零售。在互联网上从事零售业务的渠道主要有两种：第一种是在专业的电子商务网站上开店，如在淘宝、易趣上开设自己的网店。有些电子商务专业平台是免费提供使用的，比如淘宝。对于资金有限的初次创业者来说，在免费的电子商务网站上开店是一种低成本的启动方式。第二种是建立一个创业者专有的电子商务网站。这需要一定的启动资金和运营费用，但是这种方式创业起点高，更有利于建立创业企业品牌和市场信誉。

对于前者，操作程序比较简单，只要登录到所选择的电子商务平台，按照平台的要求提交相关的注册信息就可以轻而易举地建立一个网上店铺。以淘宝网为例，如果想要到淘宝网上开店出售商品，只需要完成以下四个步骤：

● 申请认证——个人或商家在线填写相应的表格并提交身份证明信息，并等待认证通过。

● 发布宝贝和开设店铺——认证通过以后可以将要出售的商品发布到网站上，满 10 件后可以开店铺销售。创业者可以设置店铺的基本功能，包括商品分类、店铺风格设定、推荐商品、店铺留言等。

● 在线出售宝贝——创业者可以管理在线销售过程，如查询出价情况、查看顾客的留言、修改商品信息等。

● 宝贝售出后——店主可以确认买方的付款情况，确认发货，确认收款情况，并对交易做出评价。

而对于后者需要做充分的准备。以下是创业者在建立自己的专业网店时应该注意的问题。

（1）确定网络零售的销售对象。创业者作为网络零售的主体是要为一定的客体——客户提供产品和服务的。尤其是在创业初期，创业者必须明确谁是自己的客户，他们需要什么，创业企业能够为他们提供什么？是否能够满足他们的需求？这些问题对创业者是十分重要的。有些选择网络零售的创业者并不知道自己的客户是谁？他们需要什么？而是能够拿到什么便宜东西就去卖什么，这样做的结果也许在短期内能够有一定的收入，但是不利于长远发展。

（2）网络零售的价值分析与资源准备。从创业的长远发展考虑，创业者应该对自己的产品定位进行分析。什么是客户需要的商品？是否有稳定的高质量的货源？是否具有价格上的优势？与竞争对手相比较，自己的优势或差异是什么？这种优势和差异能否对客户产生足够的吸引力。

网上零售由于信息丰富、交流方便、价格低廉已经得到越来越多的消费者的青睐。但是随着网络零售业务的普及，创业者要想在众多的网络零售商中被消费者"相中"就越加困难。因此创业者需要同时采取差异化和低成本的策略，使自己的产品和服务优于竞争者，而成本低于竞争者，只有这样才有可能脱颖而出。

作为网络零售商可以创立自己的品牌，产品委托加工，也可做某个商品的代理，不需要在品牌培养上做大的投入，当积累了一定的客户资源时，可以适时推出自己的品牌。

（3）网络零售的业务流程设计。网络零售是商家在虚拟世界中向消费者提供产品和服务的商业形式。在买卖双方并未谋面的情形下，传统商业零售中依赖销售人员个人素养的销售技巧和经商之道，比如"微笑服务"、"礼貌待客"、"童叟无欺"等在虚拟世界中都难以奏效。网络零售要能够吸引消费者并且留住老顾客，就需要在业务流程上下工夫，要站在消费者的角度上进行网络零售流程的设计，要让消费者登录到网络零售网站上同样有"宾至如归"的感觉。

对于具有独立网站的网络零售商，网络零售业务流程需要精心设计，网络零售业务流程的设计原则是：

●商品齐全、价格合理。网络零售对于消费者来说，图的是方便快捷，但是如果网上销售的商品货号短缺，方便就变成了不方便。因此，网上零售可以采取专业化经营，但是必须要做精做细。比如可以只经营摄像器材，而不必经营文具。但是摄像器材的型号、档次应该丰富齐全，以方便消费者选择。网络零售的商品还必须占有价格优势，网络零售没有店铺，无须大量的销售人员，节省了营业费用，网络零售商应将节省下来的费用，让利于消费者，在商品的价格上获得竞争优势。

●信息翔实、检索便捷。在网络零售业务流程的设计中，首先要方便消费者的网上购买。网络零售商应在网上提供充分的商品信息和便捷的检索方式，让消费者在虚拟世界中尽量全面细致地了解商品。甚至在不影响浏览速度的前提下，尽可能提供三维商品展示。比如像某些汽车经销网站提供汽车的三维动态图像，消费者不仅能够通过互联网观看汽车的外观，还可以进入到汽车内部，观察汽车的内饰，在国外的某些汽车经销网站上，甚至可以"试驾"一番。

互联网的优势就在于信息的海量存储和快捷传输。网络零售要充分利用互联网的优势，除了商品本身的信息之外，还可以提供与商品有关的更多的信息，比如食品的网络零售，在提供食品信息的同时，可以提供饮食保健的常识；音像产品的网络零售，在提供音像产品信息的同时，可以提供更多有关音乐的背景知识和乐/影坛新闻等。总之，让消费者在网络空间不仅仅能够购买到中意的商品，还可以同时获得更多的信息和知识。

●安全可靠的网站管理。在互联网电子商务中，网络零售网站是访问量最大的一类网站，也是最容易受到黑客攻击和不法分子觊觎的网站。因此在网络零售网站的设计中，必须采取可靠的措施保证网站的安全性和客户信息的安全性。它包含了安全系统的整体设计，安全系统的整体集成，安全策略的整体规范和设计，安全管理的具体实施，安全监控的各种策略以及各种以此派生的安全风险估计，日常操作安全和应急反应等众多服务的保证。

针对网络零售中存在的窃取信息、假冒、非法入侵等安全隐患，采取适当的防范措施，如安装必要的防火墙，阻止各种扫描工具的试探和信息收集，甚至可以根据一些安全报告来阻止来自某些特定 IP 地址范围的机器连接，给 WWW 服务器增加一个防护层；使用商用或免费的漏洞扫描和风险评估工具定期对服务器进行扫描来发现潜在的安全问题，并确保由于升级或修改配置等正常的维护工作不会带来安全问题；利用入侵检测系统（IDS）的实时监控能力，发现正在进行的攻击行为及攻击前的试探行为，记录黑客的来源及攻击步骤和方法。采用高级别的信息加密和安全交易标准和技术，防止重要的客户信息，如账号等被非法窃取。

●纵横链接、快捷到位。网络零售是否能够成交，除了零售商在提供商品信息、制定商品价格等方面的因素以外，在很大程度上取决于消费者的购买欲望。而今天的消费者，其购买欲望已经不仅仅由其生理需求所决定，还由其精神需求所决定。因此网页的设计要能够让消费者赏心悦目，让消费者方便地查找到所需的商品信息，总之，要站在消费者的角度设计网页，要让消费者满意。

在网页设计时应该注意以下几个问题：

第一，避免让消费者填写过多的信息。有些网络零售商为了尽可能多地收集客户信息往往在客户浏览网页时，要求客户在线填写很多信息，如个人的爱好、职业、受教育程度、收入情况，等等。真正具有购买倾向的消费者往往会因为如此烦琐的输入信息而放弃购买。有些消费者也会随便填写一些虚假的信息。对商家来说，丢掉一个客户的损失远大于获得一些不太准确的信息所带来的利益。实际上，消费者在线购物时，仅需要少量的信息，如真实身份、交货地址、联系方式（电话）等。要知道，让顾客多填一项数据，就多一分丢掉顾客的风险。

第二，尽量减少浏览者使用键盘输入数据。如果商家的确需要采集消费者的信息时，一方面可以采取奖励措施，比如填写问卷获得积分或者折扣等；另一方面应尽可能减少浏览者敲击键盘的次数，尽量在表单的设计中采取"多选一"的选择方式。

第三，网页的链接应避免单向链接和中断的链接。网络零售网站的网页可能是由数百页组成。网页之间的链接应该方便浏览者查找信息。要避免出现单方向链接，即浏览网页只能沿一个路径进入和返回，应该让浏览者无论在哪个层次的网页都能以最少的点击次数迅速链接到其他页面。还要避免出现链接断点。一些商家在没有完成网页设计时，急于开通网站，往往用"正在建设中……"代替网页的链接。这样就会给浏览者造成一种不好的印象，也许他再也不会光顾这个网站。

2. 网络零售的成功要素

网络零售在互联网电子商务发展的初期，曾经是最为吸引投资者和创业者青睐的电子商务模式，但是也是让许多投资者"兵败滑铁卢"的遗憾之地。可谓是"网络零售风光无限，却引得无数英雄竟折腰"。曾经名震一时的"my8848"就是一个失败的先例。"my8848"是从当时国内著名的互联网企业8848分离出来的B-C电子商务业务。而8848公司是1999年从北京联邦软件公司分离出来成立的独立公司，即北京珠穆朗玛电子商务服务有限公司。2000年11月，"my8848"从8848中拆分出来，专事网络零售，号称有商品几十万种，而实际上当消费者到网上购物时依旧是图书、音像、化妆品等有限的日常用品。"my8848"投入了大量的广告费进行宣传，投入大量资金建设物流系统，物流配送等成本很高。当时业内专家对"my8848"的前景就表示担忧，果然到了2002年，"my8848"就陷入了收入颇微、举债重重的困境。最后不得不改弦易辙。而同样是从事网络零售的卓越网，与"my8848"在同一年成立，选择的经营模式更像一个网上专卖店，所有的品类，包括图书、音像、软件等加在一起不过3000种，但却都是经过精心选择的热门产品。卓越网通过小品种、大批量从厂家获得较大的折扣率，从而使得卓越网的产品物美价廉，深受消费者青睐。2001年9月卓越网较早就实现了网络零售盈利。

通过正反两个方面的比较，可以看出网络零售的生命力在于把握好以下成功的要素：

第一，准确的市场定位和适销对路的零售商品。

网络零售是一种B-C电子商务模式，其销售对象以个人消费者为主。

网络零售商应明确其市场定位和消费群体，并选择适宜的网络零售商品。选择适合于网络零售的商品，对于网络零售的成功至关重要。如果当初杰夫·贝佐斯不是选择图书作为网络零售的主营商品，而是选择其他贵重商品，如珠宝或高档时装，今天的亚马逊就可能是另一番景象。并不是所有的商品都适合网上销售，网络零售要选择适合互联网销售的商品，在选择网络零售商品时，需要重点考虑消费者的需求和消费心理，所售商品的品质均一性，商品配送的便捷性等。

网络零售是商家对消费者的销售，必须选择消费者愿意在线购买的商品。

站在消费者的角度来选择适宜的商品，是网络零售成功的开始。消费者愿意通过互联网购买什么样的商品呢？不外乎有这样几种：商品的品质具有均好性。即使消费者不能亲眼所见也能够确信商品不会出现质量上的问题，即使存在商品的瑕疵，也很容易调换。商品属于大众化商品并非贵重商品，而且商品的价格信息是透明的，以便使消费者确信他（她）所购买的商品价格合理。商品能够及时送达消费者手中。

那么什么样的消费者愿意选择到网上购买商品而不是其他方式呢？首先一定是经常上网的网民，而且是不喜欢或难得有闲暇时间"逛商店"的人，这样的人以大、中学生，白领阶层为主。年龄一般在50岁以下，或者是50岁以上的知识阶层。因此网络零售应该选择被这些消费者所青睐的商品。

第二，以人为本的在线店铺。网络零售不同于传统店铺销售。争取回头客，留住老客户是盈利的关键。因为网络零售对企业来说是被动销售，对消费者来说是主动购买。传统的销售，企业可以采取各种促销措施，例如平面媒体广告、电视媒体广告、店堂橱窗广告，甚至上门推销等营销手段，许多消费者在这种全方位的广告作用下，可能会产生购买错觉，产生从众心理，在"羊群"效应下"稀里糊涂"地购买了商品。而网络零售对消费者来说只有在他（她）真正产生需求时，才会上网去"搜"，如果消费者不去主动点击网络零售商的网站，任何网络营销措施都难以奏效。在这种情况下，网络零售如果是"一锤子买卖"则很难盈利。网络零售商只有精心设计网上商店和业务流程，让消费者感到方便、快捷、温馨和人性化，总之让消费者高度满意，他（她）才会不断地光顾网上商店，成为网络零售商的忠诚的顾客。只有这样网络零售的优势才能发挥出来，网络零售商与消费者才能够"双赢"。

第三，方便安全的付款方式。网络零售商是否能够提供既安全可靠又方便灵活的付款方式，是网络零售能否成功和发展的又一个关键因素。

在电子商务中，按照商品与资金转移的先后时间，分为交易前支付、交易中支付和交易后支付。简单地理解，交易前支付就相当于通常所说的先付款后交货、交易中支付相当于"一手交钱、一手交货"，而交易后支付就是"先消费后付款"。对于上述三种支付方式，有不同的技术解决方案。

在中国目前企业和个人信用体系尚未建立完善的情况下，从方便消费者出发，网络零售采取交易中支付和交易后支付的付款方式更容易获得消费者的认可。事实上，中国目前大多数网络零售，比如图书零售、网上预订业务等均采取网上支付和传统支付相结合的支付方式，如各种信用卡、邮政付款、货到付款等。

随着中国信用体制的建立以及金卡工程的进一步发展，在线支付将会成为网络零售的首选支付方式。

在线支付方式中，消费者和商家双方的信用问题，可以通过第三方支付平台得到较好的解决。比如，支付宝就是由阿里巴巴旗下公司支付宝网络技术有限公司所开发和运营的独立的第三方支付平台。

支付宝（www.alipay.com）致力于为中国电子商务提供"简单、安全、快速"的在线支付解决方案。买方在网上选购商品后，将货款打入支付宝，商家确认买家已经付款给支付宝后即可发货，买家收到商品并确认无误后通知支付宝将货款支付给商家，这样买卖双方都可免除由于信用问题而产生的后顾之忧。目前除淘宝和阿里巴巴外，支持使用支付宝交易服务的商家已经超过30万家；涵盖了虚拟游戏、数码通信、商业服务、机票等行业。目前国内工商银行、农业银行、建设银行、招商银行、上海浦发银行等各大商业银行以及中国邮政、VISA 国际组织等各大机构均和支付宝建立了深入的战略合作，不断根据客户需求推出创新的产品。

第四，准时快捷的货物配送。

消费者在网上选购了某种商品，商家必须能够及时将商品交付到消费者手中。方便及时是消费者选择网上购物的主要因素。假如消费者不能享有这种方便及时的送货服务，他会重新考虑是否值得到网上购买商品。

物流与电子商务其他环节相互制约。在传统的交易过程中，商流与物流是相伴而行的。而电子商务的交易过程，却是商流与物流相互分离的。如果物流配送不能高效便捷，电子商务的快捷和高效就不能体现出来；相反，如果网上交易，网上结算，由于信用、交易手段和方式上存在问题，也会影响物流配送的效率与质量。

物流顾名思义即物品流动。现代物流一般包括运输、仓储、保养、包装、装卸、搬运、库存管理、流通加工、配送、代理、市场预测、订货处理、废弃物回收、流通信息、咨询以及相关的其他服务等。因为存在货到付款的支付方式，网络零售的物流配送可能还会涉及货款的结算，这也是中国目前的电子商务特色。

电子商务是信息流、资金流、物流和商流的协调流动，而物流是网络零售最后的环节也是最终目的。商品交换最终是以商品送到消费者手中并完成相应服务而结束。只有当消费者接收到满意的商品并得到满意的服务，才能消除对虚拟供应商和在线购物的疑虑心理，进而增加供应商与消费者之间的沟通与信任，为企业树立良好的形象，为互联网电子商务画上完美的句号。

对于大多数网络零售商而言，一般并不需要由商家自行送货，可以委托专业的物流公司即"第三方物流"负责送货。把物流外包给第三方物流企业能够降低物流成本，提高物流配送的服务水平。物流投资一般是巨大的，包括人员、设施及物流运作等都需要巨大的资金和资源。把物流外包出去，网络零售商可以专注于零售业务，回避物流风险，减少物流管理的困难。

（二）流量可以变成钞票

互联网的奇妙之处就是它在传统的销售模式之外创造了更多的新的盈利模式。流量型盈利模式是靠浏览量获取收入的盈利模式。一些创新的电子商务模式虽然没有直接从商品出售和服务提供中产生收入，但是由于它能够吸引大量的眼球，从而为其他间接的盈利方式创造了机会。比如免费的搜索引擎、音乐下载、电子邮件服务、QQ、MSN 等即时通信，博客空间提供，免费电子书下载，等等。这些流量型电子商务模式所提供的服务具有广泛的市场需求，既能够为广大的客户提供价值，而且又是免费的，所以很容易吸引大量的眼球，形成一个巨大的客户群体和市场覆盖面，于是附加价值就很容易产生。

例如，搜索引擎的竞价排名和关键词广告。由于搜索引擎是免费使用的，所以它成为人们用得最多的互联网工具。尽管搜索引擎的创业者无法直接从搜索引擎的使用中获得收入（想象一下，如果搜索引擎需要付费才能使用，还会有多少人使用搜索引擎来查找信息），但是庞大的用户群却吸引了众多的商家，要想在搜索引擎中被用户找到就需要在搜索结果中获得好的排名，那就购买竞价排名或关键词广告吧。于是搜索引擎的创业者们获得了间接的收入——堤内损失堤外补。

电子邮件的许可 E-mail 营销、即时通信、博客与电子书的网络广告等都成为流量型盈利模式的收入来源。

流量型盈利模式是建立在获取浏览量的商业模式之上的。所以尽管许多创新的商业模式在刚刚问世的时候并没有为创业者带来直接的利润，但是只要经过精心的设计，这些具有较高浏览量的商业模式，往往会衍生出令人意想不到的盈利模式。

许多人对腾讯 QQ 今天如火如荼的景况完全没有预见到，甚至包括腾讯的创建人马化腾和张志东在内也是如此。

1998 年 11 月，马化腾和张志东决定创建腾讯，最初的创业设想是想给一些寻呼台做系统集成。QQ 软件在产生之初，只不过是马化腾模仿

ICQ 的一个随兴之作，是为了技术人员在办公室用于即时沟通的一个小软件。在 QQ 之前已经有世界级品牌 ICQ 在网民中应用，并且占领了相当大的中国市场，但 ICQ 却没有中文版。在国内，也已经先有了 PICQ、CICQ 等聊天工具（即时通信软件）。

谁也不会相信，这样一个不起眼的小软件会创造出利润来。1999 年年初的某一天，QQ 软件被挂在了网上免费下载。奇迹发生了。QQ 的用户数呈几何级增长态势，不到两年时间就发展了 3000 多万人。由于用户数量增长太快，增加服务器的成本一度曾让企业不堪重负，几次想卖掉 QQ，但卖了好多次都没卖掉，只能另谋生计。

为了从 QQ 获取利润，腾讯针对年轻人喜欢新奇事物的特点，陆续推出了彩铃、图片下载及 QQ 秀等收费服务。

同时腾讯继续它的 QQ 免费下载服务，免费的 QQ 创造了免费下载 + 顾客认知 = 注册用户的流量 "疯长" 模式，并迅速占领了中国年轻人市场。

腾讯即时通信平台 QQ 自 1999 年 2 月推出以来，注册用户数飞速增长。1999 年 11 月注册用户数突破 100 万人，2000 年 6 月突破 1000 万人，2002 年 3 月突破 1 亿人大关，2003 年 9 月上升到 2 亿人。而 2006 年即时通信注册账户总数达到 5.805 亿个，活跃账户数为 2.326 亿个，即时通信服务最高同时在线账户数达到 2450 万个，"QQ 游戏" 最高同时在线账户数达到 271 万个，互联网增值服务付费包月用户数为 1250 万个，移动及电信增值服务付费包月用户数为 990 万个。

迅速攀升的庞大注册用户群，让腾讯 QQ 成为国内即时通信市场中绝对垄断的霸主。庞大的注册用户数成为腾讯各项业务快速发展的坚实基础，是国内其他互联网公司无法超越的关键优势。

腾讯由此形成了它的核心竞争力——客户端渠道的垄断性地位。凭借客户渠道的垄断性优势，腾讯每推出一项新的业务，无须太多市场推广投入就能获得令竞争对手欣羡不已的丰厚回报。

目前，腾讯的主要盈利分为三部分：互联网增值服务、移动及通信增值服务和网络广告。

腾讯于 2007 年 3 月公布了其 2006 年第四季度财务报告及全年业绩。根据财报,腾讯 2006 年全年总收入为 3.586 亿美元,比 2005 年同期增长 96.3%。互联网增值服务收入为 2.338 亿美元,比 2005 年同期增长 132%。移动及电信增值服务收入为 8970 万美元,比 2005 年同期增长 35.3%。网络广告收入为 3420 万美元,比 2005 年同期增长 136.4%。期内盈利为 1.362 亿美元,比 2005 年同期增长 119.2%。

由此可见,流量型盈利模式的基础是流量,或者说是用户群。基础打好了,接下来的关键是要为用户提供有价值的服务。因为有了庞大的用户群,再推出对用户有价值的收费服务或产品,盈利自然是"渠成水到"。

从腾讯的发展过程我们可以得到如下的启示:

1. 价值与免费,缺一不可

流量型盈利模式的盈利基础是面向大众的有价值的免费服务;要想获得巨大的浏览量,价值和免费二者缺一不可。首先是所提供的服务对用户是具有价值的,能够满足用户的某种需求,比如自我实现的需要。一些精明的网络游戏运营商深谙此道,一改网络游戏先花钱后消费的惯例,推出了免费网络游戏,吸引了大量的玩家参与到网络游戏中。这些玩家可能原本舍不得花钱玩游戏,但是既然是免费的,为何不体验一下呢?自我实现的心理需要被免费的服务所激发,这些人岂有不参与之理?而网游的运营商轻而易举就获得了大量的忠实用户,接下来就可以与提供带宽的电信部门分成玩家的上网费,可以从广告商那里收取广告费,而且当玩家对网络游戏已经入迷,要想在游戏中继续升级,成为打遍天下无敌手的"武林"高手时,就需要花钱买"装备",添"行头",于是网络游戏经营商就又可以直接从玩家那里获取收入。在此我们不讨论此举的是非短长,仅从营销手段来评价,不能不说是一个高招。其次只有免费提供服务才有可能吸引大量的用户。人是经济社会的细胞,骨子里都希望以最少的投入获得最大的利益,免费自然是最经济的投入,即使得不到较大的回报,也不会有任何经济损失。因此,有价值的免费服务不愁吸引不到用户。

2. 流量型盈利模式需要设计盈利点

流量型盈利模式不是免费服务的必然产物，而是需要进行设计的；如果不精心设计，即便产生了流量也不一定能够盈利。

通常流量型盈利模式可能的盈利点大致有以下几种：

（1）网络广告。广告就是广而告之，流量越大的网站，就越能够吸引广告商，广告收入自然越大。所以任何一个网站都不会错过网络广告的盈利机会。

（2）会员制营销。会员制营销的基本形式是这样的：一个网站注册为一个网络零售商的会员，然后在自己的网站上设置各种商品的链接以及搜索功能。当访问者进入网站并由此网站进入网络零售商网站购买商品后，网络零售商会根据销售额给该网站以一定比例的佣金。流量型盈利模式的另一个盈利点就是加入会员制营销。虽然流量型网站自己并不直接销售商品，但是巨大的流量会对网络零售商产生吸引力，流量型网站也由此获得额外收入。

（3）增值服务。流量型网站虽然是靠免费服务吸引眼球，但是并不是没有其他盈利的机会。除了提供免费服务之外，还可以提供其他收费的增值服务。因为有了巨大的浏览量，就拥有了众多的用户基础，在此基础上，提供有偿服务就像是顺水推舟了。比如，搜狐、新浪等门户网站，在提供免费邮箱获得了大量用户的基础上，推出了更大容量、更安全、更可靠的收费邮箱、彩铃下载等有偿服务。对于上千万的用户基础来说，如果仅仅有1%的用户使用了收费邮箱，哪怕月租费仅仅5元，此项服务所带来的收入也是十分可观的。

3. 流量型盈利模式需要利用"网络效应"

流量型盈利模式的持久性是建立在用户的忠诚度上，即盈利模式对用户的"网络效应"上。没有网络效应的网络服务，即便免费服务也不可能产生持久的流量。

其实如果我们再进一步深入地分析就能够发现，所谓销售型盈利模式和流量型盈利模式并非泾渭分明。销售型盈利模式也需要流量来保证销售量，流量型盈利模式也可以通过流量获得附加的产品销售机会或服务机会。最好的互联网创业项目既能够获得较高的浏览量，又能够产生大量的销售机会。

红孩子的商业模式"邮购目录＋网上销售"并没有什么特别之处。但是红孩子成立后短短 3 年就能够顺利地进行了三轮融资，一方面是其清晰的盈利模式和快速的发展所致；另一方面其实更吸引风险投资的是红孩子的网上社区。红孩子网站 www.redbaby.com.cn，是 Alexa 全球排名第一的中文婴幼购物网站，最大的中文妈妈社区。红孩子对特定用户群的强大吸引力和黏合力以及流量与销售量之间的正向转化率，是吸引风险投资的直接因素。如果说销售是看得见的利润，而流量则是未来的利润。有了流量，未来的前景才更加充满魅力和想象力。

相关案例
百度为大众"摆渡"[①]

2005 年 8 月 5 日，百度公司正式在美国 NASTAQ 挂牌上市，发行价为 27 美元，开盘价 66 美元，收盘于 122.54 美元。以上市首日收盘价计算，百度的 CEO 李彦宏身价超过了 9 亿美元，跻身于中国富豪榜前五名。目前拥有 750 名员工的百度在 2004 年年底只有 300 人左右，以百度上市首日 39 亿美元的市值乘以 5.5% 的员工激励，这 300 号人的平均身价为 600 万元左右人民币，估计其中千万级别的有上百人！

百度的成功上市说明投资者对它的前景看好，对它的盈利模式的认同。

百度创立于 2000 年。2000 年 1 月，从美国回来的两个年轻人携 120 万元风险资金从硅谷回到中关村，创建百度网络技术公司。按照与 VC 投资商的协议，百度定位在 ASP（Application Service Provider）。当时互联网经济刚开始出现泡沫的苗头。百度当时醉心于自己先进的技术以及这种技

---

① 本案例根据相关报道整理而成，参考网站：http://www.baidu.com/about

术在中国的优势，他们把和门户网站搞好关系当做自己的头等大事，并且先后拿下新浪、搜狐、网易、TOM的技术委托大单。如果说门户网站是棵大树，那么百度就犹如一根常青藤，常青藤一旦离开了大树将怎么存活呢？以后的事实证明，这种忧虑不是没有道理的。

2000年5月，百度做出自己的第一版中文搜索引擎之时正是互联网泡沫破灭之日，中国大的门户网站新浪、搜狐的股票一下子跌得不值什么钱了，它们的财务非常紧张，如果换在一年前，门户网站在购买搜索技术上会出更多的钱，但这个时候它们也要过冬，自己都顾不过来，怎么会花很大价钱去购买百度的搜索技术？百度人只有慨叹它们的技术稍微晚了一步，发出生不逢时的遗憾。

在互联网低潮之下，百度和其他的互联网公司一样深切地感受到来自利润的压力，百度原有的商业模式陷入了困境，百度开始思索自己原有的商业模式。

处在十字路口的百度，迷茫又彷徨，但"容忍失败，鼓励创新"的百度创新文化给百度带来了希望，百度开始了它的应变之路、探索之路。

围绕先进的搜索技术，百度开始拓展它的业务范围，目光瞄准具有极大市场潜力的企业搜索需求。2000年9月，百度正式推出面向企业级用户的网事通信息检索软件，它包括网页检索、实时信息监控系统及数据库检索。它的客户日益涵盖各个不同领域，包括电信企业，如广东电信、河北电信；金融企业，如中国人民银行、中国银行；传媒领域，如中央电视台、香港TVB、光明日报网；教育领域，如清华大学等。

2002年7月，百度推出业界首例"竞争情报系统"软件，并举办全国巡展，迅速地成为该市场的领头企业，在不到一年的时间内已经陆续签约并成功实施数十家国内大中型企业，包括中国移动通信集团、亿阳集团亿阳信通股份有限公司、海尔集团、神州数码控股有限公司、中国石化集团、大庆油田有限责任公司、罗氏制药有限公司、上海汽车工业（集团）总公司、上海港集装箱股份有限公司、汇众汽车制造有限公司等。

自此，百度的三条产品线中的ES（Enterprise Service）已经形成。

　　百度正式从后台走到前台是在它推出自己的搜索门户的时候，百度直接与网民大众打交道，2001 年 10 月，百度又推出全新商业模式——搜索引擎竞价排名。

　　显然，这个时候，百度与其他门户之间有了竞争。但是，据美国 Alexa 统计，截至 2003 年 9 月，百度已经是全球第二大的独立搜索引擎，在中文搜索引擎中更是遥遥领先，名列第一。至此百度在盈利模式上的创新并未结束。

　　很多财经分析师认为，从商业模式的角度讲，搜索引擎有很大的弱点，就是每一个搜索引擎的使用方式都是一样的，如果会用一种搜索引擎，那么也会用另外的搜索引擎。不像操作系统，一旦进入一种操作系统环境里就很难离开它。原因是用惯了 windows，就不会用其他的操作系统，还得重新学，这对于很多用户来讲，增加了转换成本。

　　从一个操作系统转到另一个操作系统是不容易的。尽管 Windows 不是最佳的操作系统，但它仍然占有着巨大的市场，比如说微软能够利用它的操作系统去做其他的事情。但是搜索引擎不具备这个特征，输入什么就获得什么样的输入结果，如果明天出现了一种搜索技术更好的搜索引擎，那用户就可以很轻易地转到新的搜索方式。不需要付出学习成本，不需要花费精力。怎么办？如何才能把用户牢牢地吸附在百度上？当搜索进入社区化以后这个问题可以得到解决，所谓搜索社区就是对某一个问题感兴趣的所有信息和信息发布者的集合。一个巨大的搜索社区是日积月累而形成的。如果有人对某个问题感兴趣，自然而然就会到某个搜索社区去进行交流。如果哪一天转到一个新的搜索引擎去的话，很难同时将这么多对同一个问题感兴趣的人都转移过去，因为存在转移成本，这是一般的用户不愿意做的事情。搜索引擎省去了转换成本和转移成本，它能够锁定用户，从商业发展的角度来讲，它就更具有价值。

　　2003 年 12 月，百度推出了一个企划案，主要是解决社区化的问题，百度发现：以前别人在网站进行沟通的时候，想找一个东西，找不到，花了九牛二虎之力才找到，原因不是搜索技术太差，很可能是互联网上根本就没有这个东西。解决这个问题要用群众的智慧，即利用用户的智慧，百度的用户群已经长大了，数千万人在使用，头脑就是知识，头脑就是智慧，让用户把这些东西分享出来，在别人需要的时候提供帮助。百度在网上开辟了一个专门的讨论区，除了在网页上获得所有的已经存在的互联网的有关信息之外，还能够发现一个兴趣相同的群体。他们之间可以相互进行交流或者发表感想。这就使得许多互联网上并不存在的问题，通过百度的搜索，通过百度的贴吧来获得。在互联网上可以找到一群可以相互讨论、相互提供信息支持的人，这也是一个搜索能量。人们可以搜索互联网存在的信息，有人有一个爱好，但是周围的人都不理解，都不感兴趣，但是只要是网络世界上有这样一个人，就能立刻找到他。不管你感兴趣的是什么，只要你能用语言来表述就行，百度贴吧是百度的一个发明。

2005年，百度又推出了第二个百度的社区搜索渠道——百度知道。想要什么东西只要直接输入问题，会有很多很多的page（网页）来提供答案。这些社区化检索所通行的特点是要依靠人和人之间的交流。这样一种形式比以前任何一种形式都更及时、有效，更加具有生命力和吸附力。

案例思考与讨论

（1）百度为什么将早期ASP的盈利模式改变为直接面向大众的搜索引擎模式？

（2）为什么说百度的盈利模式属于流量型盈利模式？

（3）请归纳百度的营运收入来源。

（4）请结合百度搜索业务分析百度的商业价值。

（5）业界对百度推出的竞价排名褒贬不一，请谈谈你的观点。

（三）网络经纪"粘"住客户才能赚钱

经纪业务泛指各种代理和中介业务。网络经纪就是通过互联网提供经纪业务或中介服务的电子商务模式。利用互联网提供经纪业务或中介服务是一种低成本的创业途径，是建立在创业者自身的经验、知识和对信息的搜集判断等智力活动基础上并依托互联网而实现的创业活动。

从广义上讲，所有为买卖双方提供交易与交流的平台都可以纳入网络经纪的范畴。包括网络竞价平台、供求信息发布平台，旅游中介网站、贸易中介网站，人才中介网站、婚姻中介网站，等等。

作为创业者在选择某种网络经纪或中介业务时，首先要准确判断和把握该模式的商业价值，是否存在相应的市场需求决定了创业项目未来是否能够存活；其次要评估创业者（或创业团队）是否具备相关的经验、知识或资源。二者齐备创业才有可能。

1. 贸易中介网站

贸易中介网站是为买卖双方提供供求信息和交易服务的第三方网络平台。贸易中介网站的商业价值，是以海量的供求信息为基础，使买卖各方能够从中方便地寻求到交易的机会。经营贸易中介网站的关键资源就是供求信息，而供求信息的来源在于拥有大量的有效客户，特别是买方客户。如果创业者没有第一手的供求信息——直接来自于客户的信息，而是通过转载粘贴来获取的信息，这样的中介网站一定是"短命"的。

以贸易中介作为创业选择的互联网创业者，除了要具备网络经纪所需要的知识、经验和相关资源之外，还应该精心设计业务流程，避免出现被客户"甩掉"的情况。也就是买卖双方通过贸易中介网站取得联系以后，就不再需要贸易中介网站了。

互联网创业者可以充分发挥互联网的作用，以防止出现此类情况。一是采取会员制，有价信息，有偿使用（需缴纳会员费），而且作为贸易中介公司应该提供更多的增值服务，通过增值服务，"粘"住客户。比如，阿里巴巴就是一个贸易信息中介网站，但是阿里巴巴并不担心被客户甩掉，因为有价值的客户都是阿里巴巴的会员。当阿里巴巴的会员足够多的时候，每一个加入阿里巴巴的会员都会从其网络效应中获得更多的好处，如果为了省去会员费，甩掉阿里巴巴，就会失去更多的商机。二是阿里巴巴还通过提供支付宝、诚信通、阿里旺旺（贸易通）等附加服务和增值服务成为买卖双方都不愿甩掉的"保险带"。

（1）支付宝是阿里巴巴旗下公司支付宝（中国）网络技术有限公司开发的独立的第三方支付平台，致力于为中国电子商务提供"简单、安全、快速"的在线支付解决方案。支付宝推出后的短短三年时间里，用户覆盖了整个C-C、B-C，以及B-B领域。截至2007年12月20日，使用支付宝的用户已经超过6000万人，支付宝日交易总额超过2.7亿元人民币，日交易笔数超过130万笔。

支付宝对于阿里巴巴买家带来的好处是：一是安全：买家将款存入支付宝账户，验货后再通知支付宝付款，购物安全有保障。二是免费：通过支付宝付款，手续费全免。三是便捷：不必跑银行，在线支付，十分方便。四是实名认证：身份信息更权威和真实。

而对阿里巴巴卖家来说，支付宝一是方便：能够使商家轻松管理多笔交易，方便省心。二是收款有保障：如果遇到不良客户拒付时，支付宝有全额赔付承诺，卖方可以享受信用保障。三是增加成交机会：能够消除买家的疑虑，带来更多商机。

支付宝创新的产品技术、独特的理念及庞大的用户群吸引越来越多的互联网商家包括阿里巴巴的会员主动选择支付宝作为其在线支付体系。目前除淘宝和阿里巴巴外，支持使用支付宝交易服务的商家已经超过30万家；涵盖了虚拟游戏、数码通信、商业服务、机票等行业。这些商家在享受支付宝服务的同时，更是拥有了一个极具潜力的消费市场。

（2）诚信通是2002年3月10日阿里巴巴中文网站正式推出的付费会员产品，年费是人民币2800元/年。主要用以解决网络贸易信用问题。它专为发展中的企业量身订制，诚信通所提供的服务既有网上服务又有线下服务。包括：

- 独一无二的第三方身份认证，拥有诚信通档案，可以赢得买家信任；
- 拥有诚信通企业网站（即诚信通商铺），可以在线推销产品；
- 提供强大的查看功能，独享43万买家信息，可以增加会员企业的订单；
- 发布商业信息，优先推荐，获得买家关注；

- 管理信息，方便查看和管理；
- 留言反馈，买家询盘，第一时间即时了解；
- 可使用支付宝处理货款，更好地保障双方的利益；
- 展会：足不出户带会员企业去全国参展，推广企业和产品；
- 采购洽谈会：与国内外世界级大买家做生意；
- 培训会：交流网上贸易技巧，分享成功经验；
- 交流："以商会友"社区提供最热门的行业资讯和讨论，教客户如何网上做生意；
- 专业服务：服务人员为客户提供365×8小时专业咨询服务。

"诚信通企业网站"是阿里巴巴提供的企业网站服务，是诚信通会员企业自己宣传产品、企业形象以及与客户交流的大窗口。在这里，卖家可以单独向买家展示其所有产品，有最新供应的产品，还有橱窗推荐产品及相册。企业网站中有多个栏目，包括最新供应、公司相册、公司介绍、诚信通档案、在线问答、招聘中心等栏目，帮助企业向买家立体、动态展示实力和优势。

（3）阿里旺旺（贸易通）是阿里巴巴提供给所有会员的一款免费的商务在线沟通工具，是和会员登录名、密码配合使用的，使用方法类似于QQ等。阿里旺旺能够帮助会员寻找客户，发布、管理商业信息，及时把握商机，随时洽谈做生意。阿里旺旺贸易通版还可以和阿里旺旺淘宝版互通聊天，帮助贸易通的用户开发更多批发客户，在淘宝开店零售的有数十万卖家，贸易通的用户可以通过这些零售商的分销渠道，把产品销向全国各地的3000万淘宝用户，而淘宝的商家则可以通过贸易通寻找上家供应商。

阿里巴巴就是通过以上这些附加服务和增值服务牢牢地"粘"住数百万商家用户。

2. 旅游中介网站

旅游产品与金融服务相似，是数字化程度非常高的一个领域，利用互联网能够构筑起旅游经纪的电子商务模式，为个人旅游者、商务旅行者提供快捷灵活、体贴周到而又充满个性化的旅行服务。

据统计，2002 年中国国内国际旅游总收入已达 5566 亿元人民币，2004 年仅旅游外汇收入就已达 257.39 亿美元。凭着丰富的旅游资源，中国已经被世界旅游组织认定为 21 世纪全球最大的旅游市场之一，同时旅游业也是我国的朝阳产业。利用互联网提供旅游经纪服务，能够扩大旅游服务业的服务范围，提高旅游资源的利用率，同时为以自助旅游为主的散客提供个性化的服务。互联网在中国的普及应用促使网上旅行预订用户规模迅速扩大，2005 年用户数达到 160 万人，此高速增长的势头延续到 2006 年。IResearch 艾瑞市场咨询发布的《2006 年中国网上旅行预订研究报告》显示，2006 年中国网上旅行预订用户较 2005 年增长 72.1%，达到 275 万人，占中国网民总数的 2%。其中通过互联网预订过酒店的用户占 70.2%、预订过机票的用户占 70.7%、预订了度假产品的占 20.3%。随着网上旅游相关业务的多元化，各网上旅行预订服务商推出的综合旅游产品逐渐受到用户的青睐，还将有更多的网民使用网上旅行预订服务。艾瑞预测，2008 年中国网上旅行预订用户将达 570 万人，2010 年将有 900 万人采用网上预订的方式预订旅游产品及服务，占整体中国网民的 3.5%。艾瑞咨询对中国旅游网上预订业务的预测见图 3-4。

旅游经纪类网站以免费的旅游信息服务和预订业务吸引客户。旅游信息包括旅游景点介绍、旅游景点的人文景观、餐饮住宿和天气预报等信息，预订业务则包括了酒店订房、飞机票、旅游线路等预订业务。

旅游经纪类网站的收入来源主要有：

(1) 从预定业务中收取佣金。旅游经纪公司需要与各酒店、航空公司、旅行社等建立合作伙伴关系，从相应的预订业务中收取佣金。

(2) 通过对旅游景点、旅行社、宾馆的网上展示收取费用。

(3) 其他旅游产品的广告收入。

旅游经纪网站不仅仅是提供信息服务和预订业务，同时需要解决物流配送和资金的支付问题。

客户在网上订票提交以后，要按照客户指定的时间和地点将票送达客

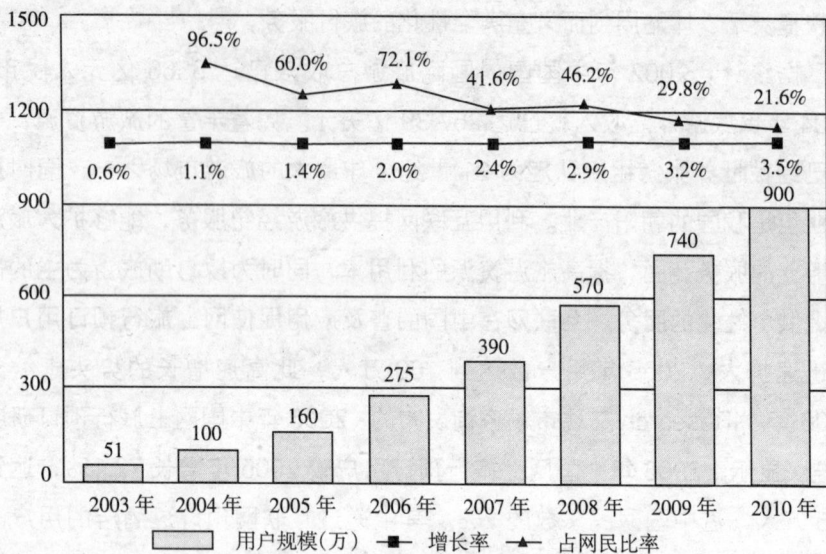

图 3-4 2003~2010 年中国网上旅行预订业务规模及预测

注：网上旅行预订用户指 2006 年通过互联网预订过酒店、机票、旅游度假产品的网民。

户。因此旅游经纪公司需要建立起庞大的配送网点。配送网点的覆盖面实际上决定了旅游经纪网站的业务覆盖面。

目前旅游经纪网站采取的资金支付手段有多种形式。一是网上支付，旅游经纪公司在与各种信用卡发卡机构分别签署信用卡受理协议以后，就可以实现在线支付。二是网下支付，如邮汇、电汇或现金支付。

中国携程旅行网是目前中国最大的旅游中介网站之一。中国携程旅行网（Ctrip.com）是以美国硅谷模式、吸收美国风险投资创立的。携程公司于 1999 年 5 月开始网站的开发和内容准备，并于当年 10 月正式开通携程旅行网。携程旅行网结合中国的实际情况，设计出 3C（Content：内容；Commerce：商务；Community：社区）旅游电子商务模式，即通过以旅行者为中心，将内容（旅行指南）、商务（预订）和社区三者有机地结合，以预订业务获取收入，奠定网站运行的基础，以旅行指南、优惠价格吸引上网者，以网上旅游社区留住上网者。

携程旅行网的信息内容涉及：

（1）景点、饭店、旅游线路等方面的信息。携程网存储有 2000 多个旅游景点的介绍资料，包括当地特色、最佳旅游时间、推荐行程、住宿、餐饮、娱乐、购物、地图、交通等信息，信息内容涉及旅游必备的食、住、行、游、购、娱 6 项要素。

（2）旅游常识。包括旅游的注意事项、旅游新闻、货币兑换、旅游目的地的天气、环境、人文信息。

（3）与旅游相关的产品和服务信息。各种优惠和折扣、航班、宾馆、旅行团、旅游线路服务等。

旅游在中国是正在蓬勃发展的朝阳产业，市场前景十分诱人，同时也是竞争比较充分的行业之一。互联网创业者不能盲目地效仿携程的模式，而应当利用行业价值链分析方法对整个旅游行业进行整体分析从而确定切入点。旅游经纪网站的创业的切入点可能就在行业的缝隙、市场的空白处以及创新的业务流程或营销方式等。同时创业者还应拥有相关的行业资源，建立与酒店、旅游景点、航空、铁路等部门的战略合作关系。

3. 婚恋交友网站

现代社会，生活节奏越来越快，生活压力越来越大，随之而来的是人与人之间交流的时间却越来越少。这使得越来越多的人希望借助互联网来扩大交友的范围，甚至通过互联网喜结良缘。根据 IResearch 艾瑞咨询发布的研究报告披露，在 2007 年整体网民中，婚恋交友用户所占比例如表 3-2 所示。

表 3-2　婚恋交友网民比例

学历结构对比			年龄结构对比		
学历	整体网民（CNNIC）	婚恋交友用户	年龄	整体网民（CNNIC）	婚恋交友用户
初中及初中以下	21.9%	3.8%	24 岁以下	51.2%	38.1%
高中（中专）	34.2%	22.0%	25~30 岁	19.4%	24.7%
大学专科	20.1%	30.7%	31~35 岁	10.1%	11.8%
大学本科	21.9%	39.5%	36~40 岁	8.4%	11.9%
硕士及以上	1.9%	3.9%	40 岁以上	10.9%	13.6%

资料来源：iUserTracker，2007.9，基于对 5 万多名样本的长期网络行为监测，代表 1.2 亿中国家庭及工作单位（不含网吧等公共上网地点）网民的整体上网属性数据。

以中国 13 亿人口计算，有婚恋交友需求的大概有 1 亿人。面对如此强大的市场需求，许多创业者将互联网上的婚恋交友网站作为创业的切入点。自 2005 年开始，国内婚恋网站进入大发展时期，经过两年多的市场普及和发展，目前基本上形成了以百合网、嫁我网、世纪佳缘、中国交友中心为主的四家鼎立的局面。根据 IResearch 艾瑞咨询最新推出的网民连续用户行为研究系统 iUserTracker 的最新数据显示，2007 年 8 月中国网络交友用户覆盖数已经突破 2000 万人大关，环比增长 40%，而且这个数字还在持续增长。

国外投资者也非常看好婚恋交友网站。据 ChinaVenture 最新公布的《2003~2006 中国网络交友行业风险投资报告》显示，2003~2006 年，中国境内已披露有 16 家网络交友企业获得风险投资，其中 6 家企业获得两轮投资，总融资额将近 1 亿美元。

婚恋交友网站为什么能够受到创业者和投资者的青睐呢？婚恋交友网站的盈利模式和盈利前景如何呢？作为互联网创业者，在选择婚恋交友创业之初，必须要回答下述问题。

（1）婚恋交友网站的价值所在。从 20 世纪 90 年代中期，互联网在中国普及应用的时候，当时开始步入校门接触社会的少年儿童，如今已经步入二十多岁的婚恋交友年龄。这一代人是使用计算机和网络成长起来的一代，像手机、QQ 等类似的沟通交流方式早已经嵌入到他们的生活方式之中。网络交友是他们必然的选择，为他们提供网络交友平台正是满足他们婚恋交友的需要。他们中的一些人也愿意为此支付费用。据艾瑞资讯于 2007 年 3 月公布的最新调查显示，有七成人愿意为网上交友埋单。其中 29.5% 的用户愿意每月拿出 10 元以下的金额，18.8% 的人愿意拿出 10~30 元，11.1% 的用户愿付 30~50 元；7.7% 的用户愿意付 50~100 元，更有 2.3% 的用户愿意出资超过 100 元。

（2）婚恋交友网站的盈利模式。然而巨大的市场需求却并没让中国的婚恋网站尝到多大甜头，在四大主要的婚恋网站中，除了嫁我网自称其月收入已达到 145 万元，其他三家网站均没有盈利。它们程度不同地受到

"两极分化"的困扰：虽然用户资源多、发展潜力巨大，但是由于缺乏有效的盈利模式从而难以将用户资源转化为网站收入。

婚恋交友网站的商业价值是显而易见的，但是其盈利模式是创业者需要精心设计的。目前几大婚恋交友网站的盈利模式主要还是建立在流量的基础上。当流量成为一种资源的时候，创业者要寻求将流量转化为销量的盈利模式。将流量资源与销量资源整合起来，才能拓展网络婚恋交友网站的盈利空间。

总而言之，婚恋交友网站的盈利模式包括但不限于以下几种：

●广告费。尽管目前各大婚恋网站的广告收入与庞大的支出相比是杯水车薪，但是尽量开发那些与网站主营业务有关的广告业务，比如礼品、首饰、旅游等仍然不失为此类网站的首选盈利模式。

●会员费。会员费应该成为婚恋网站收入的主要来源之一，提高会员费的征收比率，就要"锁定（lock-in）"用户，增加"黏度"；要通过丰富多彩的活动调动会员积极性；要开发为他们量身定做的产品与服务；要根据新产品和服务的价值合理定价。比如，婚恋的全程服务，包括情侣游、网络婚礼直播等。

●赞助费。赞助费来自于与传统企业的良性互动。婚恋网站在举办一些影响较大的线下交友活动时，争取与传统企业，比如运输、餐饮、旅游、摄影等合作并得到它们的赞助，比如冠名、提供它们的产品和服务等。

●非核心业务收入。比如提供有关婚恋的心理咨询以及性格匹配测试等。

●会员制营销。销售一切与爱情相关的商品和服务——譬如销售情侣饰品、爱情纪念品；珠宝商、婚纱摄影、酒店，租车代理。婚恋交友网站并不一定自己经营这些产品或服务，但是可以通过像亚马逊那样的会员制营销，将网站自身的流量资源转化为网络零售网站的销售资源，并从中获得可观的佣金。

当然，更多的盈利模式尚有待于创业者去创新和设计。

相关案例
"百合"花开待几时①

2006 年 3 月，硅谷著名创投 nea 联手他们的中国伙伴 northernlightvc（北极光创业投资基金）共同向百合网投资 900 万美元。这距离百合网第一轮融资不过半年——2005 年 9 月，美国顶级创投 mayfield 和 gsrvc（金沙江创投）联合向百合投资 200 万美元。

百合网的前身是嘿友社区。成立于 2004 年的嘿友社区最初是基于 SNS（Social Networking Service）概念而建立的网络社区。译为中文就是社会网络服务的意思。SNS 提供给每个用户的是建立自己和朋友在网上交流的社区服务。而每个用户都有自己的朋友，都可以利用 SNS 建立自己独特的朋友圈。

2005 年下半年，中国互联网领域的投资突然升温，嘿友社区也开始接触投资商。当时，对嘿友帮助最大的是金沙江创投。金沙江创投是一家新近成立的跟北极光有些类似的创投机构。金沙江创投合伙人之一是现任亚信董事长的丁健，另一合伙人 richardlim 则是硅谷著名的华人创业者，并且金沙江创投也获得了美国顶级创投机构 mayfield 的投资。mayfield 和 richardlim 本人对美国互联网的情况非常熟悉。当时金沙江创投觉得嘿友做一般的 SNS 没有前途，于是建议它转做专门的网上婚恋交友。从一般的 SNS 转向网上婚恋交友后，嘿友的名字也被"天仙配"所取代（后又改为"百合网"）。

2005 年 5 月底天仙配网站开通时，在中国还没有成功的先例。当时创投并不放心，说怎么也得做上两三个月，看看模式是否可行。但是很快天仙配的用户就上来了，每天增长 1000 个，后来每天增长 4000 个；然后他

---

① 案例根据相关报道整理而成，参考网站：http://news.baihe.com，http://www.zhiyin.cn/zy/ca23495.html

们又要看能否收上钱来，于是天仙配网站又启动了会员收费，结果很快也有用户愿意掏钱。

从嘿友到天仙配再到百合网，百合网向自己心中的标杆——美国的eharmony 靠拢。eharmony 是美国最大的人际（婚姻）关系服务网络企业，目前 eharmony 的注册用户超过了 1000 万人。

百合网采用了跟 eharmony 几乎完全相同的网上婚介模式。要想成为百合的会员，用户首先需要填写一份完整的心理问卷；百合采用一套心理分析系统按照用户的回答将其归类，然后系统将按照一定的算法对用户进行匹配，匹配度高的两个人将被系统自动推荐接触。

国内其他的婚介网站通常都要求用户自己设定条件对网站的数据库进行搜索，以此来找到合意的人。然而这往往并不准确，决定两个人是否合适的因素更多的是他们之间的内在心理类型，而不是诸如身高、地位等外在因素。百合是第一个有科学依据的严肃婚介，其采用的心理测评系统是百合跟北京师范大学心理研究所共同合作的结果。2005 年 5 月，百合网（www.baihe.com）正式发布，在中国首家推出了"心灵匹配，成就幸福婚姻"的独特婚恋服务模式。

虽然基于心理测试的婚介模式看上去比较烦琐，但是百合网的会员人数却增长迅速。2006 年一季度已经突破 500 万人。截至 2007 年 7 月，注册用户超过 880 万。目前，从用户数量，活跃用户比例，对用户婚恋过程的介入程度，会员婚恋服务形态等各个指标来看，百合网婚恋服务已经成为中国第一综合婚恋服务品牌。

百合网的目标是要取代传统的婚姻中介。据 Iresearch 调查称，2005 年，全国线下婚介总收入超过了 100 亿元人民币。依托互联网，百合极大地降低了婚恋交友的门槛。可以想见这个市场将会成长到多大。

成立一个月，百合就开始收费了。当时用户每月缴纳 30 元会员费，就可以获得百合推荐的用户的联系方式。目前平均来看，百合网每个付费用户年付费是 50 元。在百合网现有的 500 万会员当中，付费用户大概只有 1 万人左右。虽然这并不理想。但是百合网正在尝试各种方式的创新以便显著增加对用户的黏性。

虽然离实现盈利还很遥远，但是百合网的创业者们很有信心，他们认为中国网上婚介还很不成熟，美国大概领先中国五六年。美国交友网站付费用户比例的平均水平是8%，基于心理测试的网站付费用户比例更是高达到15%甚至20%。对百合网来讲，只要有1%的付费用户，就可以实现盈亏平衡。如果达到2%，百合就有50%的毛利。百合花开待几时？

案例思考与讨论

(1) 百合网属于哪种互联网创业类型？

(2) 百合网创业的基础条件是什么？

(3) 为什么要将基于 SNS 的嘿友社区转变为专业的婚介网站？

(4) 试分析百合网的盈利模式。

(5) 百合网是否有新的盈利点？

(6) 你对中国婚介交友网站前景的看法如何？

(四) 网络媒体——圆梦又赚钱

如果没有互联网，从事媒体经营非普通人可为。首先，媒体经营单位需要获得政府相关部门的批准方可成立。其次，作为一个媒体经营单位需要很多相关资源：编辑、印刷、发行、读者群、作者群，等等。但是互联网突破了传统媒体的限制，创造了形式新颖内容丰富的新媒体，甚至人们对互联网的最初的定义就是第四代媒体。

有了互联网一切似乎都变得简单了。一些爱好文学或擅长于文字表达的创业者将创业的视线放到了网络媒体上。互联网作为继报纸杂志、广播、电视之外的第四代新媒体，不仅涵盖了传统媒体所具有的功能，同时又具有传统媒体不可比拟的优势。

1. 网络媒体的表现形式

互联网本身就是一个庞大的信息载体，因此从广义上说，互联网又可以成为网络媒体的代名词。从狭义上讲，只有在互联网上专门从事内容传播和出版发行的应用模式才是真正的网络媒体。随着互联网的应用和普及，网络媒体的形式与载体也越来越丰富。最初网络媒体以文字、图片为主要表现形式，以专业化的网站为信息发布平台，以互联网为信息传播渠道。自 2005 年中国互联网传播进入 Web2.0（亦有人称为"互联网 2.0"）阶段以来，网络媒体的表现形式从文字和图片为主，转变为多媒体的表现形式，视频、音频成为人们更加喜闻乐见的表现形式。信息的发布和传播载体也越来越丰富。即时通信、博客、播客、聚合新闻服务等发布平台，手机网站、手机报刊、IP 电视、移动数字电视、网络广播、网络电视等新兴传播载体给网络媒体带来了蓬勃发展的又一春。

博客是把自己的思想通过文字和图片的方式在互联网上广为传播，博客被视为 Web2.0 最主要的表现形态。CNNIC 发布的《2006 年中国博客调查》显示，2002 年以来，博客的数量在中国增长了 30 多倍，截至 2006 年 8 月底，网民注册的博客空间超过 3374.7 万个，成为互联网最大的热点应用之一。博客数量达到 1748.5 万人，其中活跃博客为 769.4 万人（指平均一个月至少更新一次），博客读者达到 7556.5 万人。

而播客则是通过制作音频甚至视频节目的方式在互联网上传播。从某种意义上来说，播客就是一个以互联网为载体的个人电台和电视台。2006 年美国时代杂志评出了一年一度的最佳创新奖。风头正劲的视频共享网站 YouTube 打败医药、军事和科技产品的创新候选人排在了最佳创新列表的第一位。

尽管 YouTube 的历史很短（2005 年中期创立），但创立以来该网站已经引起了一场全球效应，影响到每一个 Internet 用户，它率先改变了传统的自上而下、用户被动接受的媒体发布方式，普通用户再也不必等待主流媒体，每个人都可以成为影响他人的媒体。

在中国，受 YouTube 的影响和启示，2006 年播客进入快速发展期。菠萝网（http：//www.podlook.com）2006 年 8 月的调查显示，中文播客数量在过去三个月内翻了近二番，播客节目数量更是增长了将近 3 倍多。国际在线、中国广播网等新闻网站也已提供播客服务。受美国

YouTube 网站成功模式的影响，国内亦出现相当数量的视频共享（分享）网站。

在互动多媒体网络杂志方面，如 Xplus、ZCOM、POCO 等发行平台在市场上已有不俗表现，不少网络杂志已拥有数量可观的读者群，甚至建立了自己的品牌，如《WO》、《ME》每期发行量已达数十万份以上。

基于 Web2.0 概念的新型虚拟社区，是目前受到年轻人追捧的网站形态之一。如千橡互动集团旗下最火爆的猫扑网（http：//www.mop.com），目前注册用户已达 2400 万人。之后，猫扑宣布推出新闻、娱乐、互动三大资讯频道，开始向门户网站进军。

综合而言，目前流行的网络媒体按照数据表示类型分为下述两类：

（1）以平面和图片为主的网络媒体，如网络杂志、网络新闻平台。

（2）以视频和音频为主要形式的富媒体网络平台。

按照信息发布主体类型分为：

（1）由网站主办方发布信息的单向网络媒体。

（2）由参与者自行发布信息的互动式网络媒体。

2. 网络媒体的出版优势和特点

同传统媒体的出版发行相比较，网络媒体的出版发行具有许多优势。

（1）零库存。传统的出版业图书的生产和销售是脱节的，图书印刷出版后，若销售不利，就会造成库存积压。信息时代，知识的更新换代越来越快，图书的销售周期越来越短。伴随图书下架速度的提高，图书的退货也大量增加，而网上出版业完全没有库存和退货的问题存在，一部电子图书只是占据了很小的服务器硬盘空间，比如一部 25 万字的电子图书所占据的存储空间为 2~3MB，当某一种电子图书无人问津以后，只需将其删除即可。

（2）低成本。比尔·盖茨在《未来之路》一书中写道："如果你买了一本纸张式书籍，你的一大部分钱都付给了这本书的印刷和发行者，而不是付给作者。"这就是传统出版业中读者消费过高和作者收益过低之间的冲突。在传统出版业中，图书的纸张、油墨等原材料价格不断上涨，1995 年由于纸价上涨，造成图书价格上涨 80%，1996 年上涨幅度为 20%，以后每年差不多以 5% 的幅度上涨。除了图书的纸张成本外，图书的印刷、发行、运输和仓储费用约占每本书售价的 40%。图书生产成本的居高不下直接影响了图书的销售。而且这种趋势有增无减。据统计，2000 年在全国新版图书中，初版次数小于 5000 册的图书比例已经超过了 50%，多品种、小印数是图书成本上升的一个重要原因。网络出版物一方面不受纸张、油墨价格的影响；另一方面网络出版图书不存在由于印数少而亏损的问题，因此网络出版具有低价格、低成本的优势。电子出版物的价格通常仅为传统出版物的 20% 左右。

（3）效率高。传统出版业从作者交稿，到审稿、编辑加工、设计制作、印刷发行直至零售书店上架，最快也要 3 个月，一般为 6 个月甚至更长的时间。在当今信息爆炸的时代，知识更新的周期越来越短，特别是一些实效性较强的图书，经过这样一个漫长的出版周期以后，往往错过了最佳出版期。而网络出版发行，只需网站图书编辑完成在线审稿，一般通过审核后，几天内就可以上网销售，比传统方式节省 95% 以上的时间。

（4）沟通快。传统的出版业与读者沟通的渠道很不便利，因此传统出版业只能是以出版社为中心，而不能以读者为中心。网络出版为读者与网络出版商之间的沟通提供了便捷的方式，读者可以直接通过 E-mail 与出版商沟通，也可以进入到网上读者社区发帖子，交流阅读体会、反映阅读倾向，网络出版商通过这些渠道能够随时采集读者的需求，根据读者的阅读倾向制订出版计划。

（5）互动性。新一代网络媒体，也被称之为第二代网络媒体的本质是"参与式的架构"，最重要的特点就是以用户为中心，充分激发用户的主动性，发挥用户的原创能力，并真正形成网上网下的互动。

互联网作为一个中间媒体，用无纸出版物在作者和读者之间架起了相互沟通的桥梁，也培育了一种新的商业模式——网络出版。

网络出版在目前主要有三种形式：

（1）在网页上公布信息，读者只能阅览但不能下载。

（2）将出版物制作成电子文件，以电子邮件或 DVD 光盘的形式定期发送给订阅用户。

（3）在网页上设置下载服务，读者可根据自己的喜好，从网页上将文章无偿或有偿地下载到个人的电脑或阅读器中。在网络中，读者可以根据自己的偏好随意地选择想看的内容，还可以在网上通过对话、论坛等方式进行双向交流。正是由于网络具有这种交互性，使其更加贴近读者，让读者更容易接受。

80 后的创业典型李想实际上就是利用网络出版的成功典范。李想的第一桶金就是从给各个媒体写一些评论 IT 产品的文章中掘得的。后来，他看到其中蕴涵的商机，干脆自己创业建立了泡泡网。

3. 网络媒体的出版流程

对于以文字和图片为主的网络媒体，其网络出版包括以下环节：

网上登记——作者在发表个人作品之前需要到网络出版商所经营的网站进行注册登记，网站在收到作者的登记表以后，会以电子邮件的形式向作者要求确认所填写的信息是否正确无误，在收到作者的确认信息之后，网站才会接受作者的登记并接纳其为会员。

网上投稿——在成为网络出版商的会员之后，作者就可以向网站投稿了。一般有两种方式，一种是在线提交，直接通过点击网络页面投稿；另一种是可以通过网站的编辑信箱发送电子书稿。

作品授权——作者可以直接在线完成作品的网上授权。

出版和稿酬支付——在网络编辑对作品进行在线审核并认可之后，作品就将在随后的 3～5 天内被安排出版，网络出版商将按照约定的版税标准向作者支付稿酬。

以上过程如图 3-5 所示。

随着互联网的普及，自主性、互动性正在成为新的网络出版趋势，以音频和视频为主要表现形式的网络出版物对以文字和图片为主的出版物带来了新的挑战。

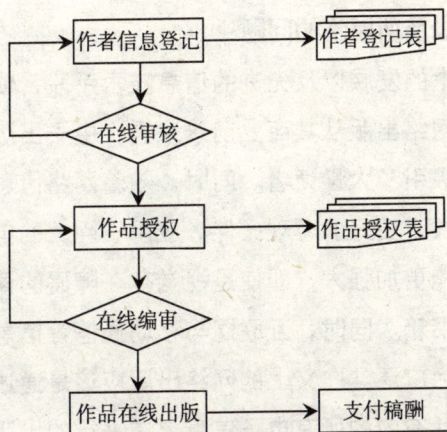

图3-5 网络出版流程

4. 网上版税制度

网络出版在继承了传统出版业版税制的基础上，本着提高作者收益，降低读者成本即让作者和读者"双赢"的原则来制定网上版税率。以我国首家从事网上图书出版和网络版权交易的专业网站卓马网站为例，目前卓马网站的书稿作者获得的网上版税率为30%，即：

作者所得 = 网上销售量 × 电子书售价 × 30%

同传统出版业相比，电子出版物售价很低，销售的时间和空间不受任何限制，因此方便了读者，降低了读者的支出，而大大高于传统出版业的版税（传统出版物为6%~8%），加之大量的销售，使得作者的收益大大提高。

电子出版物的销售是通过互联网的数字传输。因此要采取反拷贝数字技术保护作者的版权，读者通过付费方式可以在线下载电子图书，下载电子图书的次数就是该图书的销售量。

网站定期进行版税结算，同时根据我国会计法的有关规定，代扣代缴作者的相应税收，并根据数据库的统计和自动生成的财务报告通过E-mail等方式提交给每一位作者。

5. 网络出版前景及所面临的问题

由于互联网技术的发展以及先进的信息技术手段，使互联网与人们的关系越来越密切。网络出版从其商业前景来看，由于出版手段先进，使出版成本大大降低，吸引了大量读者。同时，随着网络信息技术的发展和完善，为网络出版提供了更好的客观条件。应用于网上的电子书及网络阅读软件更加丰富、功能更加强大，即使是视觉存在障碍的读者同样可以在网上选读自己喜爱的书籍。同时，互联网与移动通信等信息技术的结合，使网络出版的意义更为广泛。广义上的网络出版应该是通过包括互联网、移动电话和交互式电话在内的所有电子信息渠道进行的出版发行，从这个意义上讲，网络出版的前景是相当广阔而诱人的。目前，网络出版正在朝向真正意义上的 5W 出版发展，即任何人（Whoever），在任何地点（Wherever），在任何时间（Whenever），与任何人（Whomever），采取任何方式（Whatever）的出版。

目前制约网络出版业发展的主要问题有以下两个方面：

● 阅读习惯

读者在购买电子出版物以前不能够浏览全部内容，只能够通过网站提供的内容简介了解大概的情况，这就影响了读者的购买欲望。

另外在计算机屏幕上进行阅读与传统的纸面阅读方式完全不同，读者的阅读习惯特别是中老年人的阅读习惯是影响电子出版物销售的一个因素。

● 著作权保护

由于网络出版成本低廉，因此盗版的门槛较低，盗版的表现形式也与传统出版物不同。尽管新闻出版总署和信息产业部在 2002 年联合出台了《互联网出版管理暂行规定》，旨在加强互联网出版监督管理，并明确规定互联网出版机构的权利和义务，以促进我国互联网出版健康、有序地发展。

按照《互联网出版管理暂行规定》，互联网出版机构，应当在其网站主页上标明新闻出版行政部门批准文号。互联网出版的内容不真实或不公正，致使公民、法人或者其他组织合法利益受到侵害的，互联网出版机构应当公开更正，消除影响，并依法承担民事责任。从事互联网出版活动，应当遵守国家有关著作权的法律、法规，应当标明与所登载或者发送作品相关的著作权记录。

但是该规定对于网络出版物的著作权保护问题并没有作出专门的规定，而实际上，在互联网上更容易发生著作权的纠纷，而对于网络出版物原创版权的界定，网络盗版的查禁工作难度更大。

6. 市场定位与盈利模式的设计

除了读者的阅读习惯和著作权保护两个问题之外，创业者如果选择网络媒体作为创业平台，还存在着市场定位和目标客户确定以及盈利模式的设计问题。

（1）受众市场定位。网络媒体的受众市场定位决定了网络媒体的内容和形式。随着互联网的发展，网络媒体的形式和内容都越来越丰富，从早期的新闻网站、文学网站以及各种专业电子刊物网站，到现在的博客、播客，网络媒体的形式多样，而内容完全取决于媒体所服务的受众。以目前具有一定影响力和发行量的电子刊物为例：

PocoZine 是全方位的时尚类电子杂志，女性、美食、摄影、电影、音乐，原创图文内容。

InterPhoto 即《印象 InterPhoto》是 Poco 的第二本电子杂志，也是中国内地杂志领域（包括传统和网络杂志）的第一本以摄影为主线，精彩的原创图文是其最大的卖点，突出图片中的故事，引发读者思考的知性刊物。

男人志是以男性读者为定位对象，介绍最新的服装、数码、流行信息，还有美女写真、互动游戏。

爱美丽是以女性读者为定位对象，介绍实用的美妆保养、服饰流行的电子杂志。

Coldtea 是反映年轻人生活、思想、感受，以独特的视觉方式向读者呈现，强调"影像为王"的原则，让读者用眼睛触觉去接收 CT 所要表达的信息。

DUADUA 闲逸是以女性的视觉、充满闲情逸致的网络文化杂志。

Muzine 是数码互动流行音乐志，音乐、互动、视听、娱乐、流行资讯。

9eye 音乐是九天音乐全新打造的数字音乐电子杂志，"9 eye"取谐音"久爱"，搜集乐坛人物及其动向。

还有许多文学的、历史的、专业的、通俗的、新闻报道等，无法一一枚举。

创业者需要根据自己的专长、所拥有的资源优势以及受众的需求和未来市场前景等因素选择网络媒体的表现形式和内容。

（2）盈利模式设计。无论是何种形式的网络媒体，都面临着如何盈利的问题。虽然网络媒体以及网络出版行业刚刚起步，但其产业链条已见雏形，有专注于制作出版的，有专注于发行的，也有既做出版也做发行的，各自拥有的优势资源不同，运作的方式也不同。第一代网络媒体的盈利模式基本上以广告和有偿下载为主，对于一些专业性较强的网络杂志，收取会员费也是一种普遍采用的方式。但是收取会员费与增加浏览量一直是一个无法两全的难题。尤其是对建立在互动架构上的第二代网络媒体，两难问题尤为突出。

2006 年，YouTube 的创办人赫利表示，将和用户来共享网站的收益，也就是说，上传录像短片分享的使用者将可以得到该网站广告收益的分红。

实际上，这种模式在中国已有先河，2006 年 7 月才上线的酷溜网（http：//www.kuliu.com)，成立伊始就提出"创意大家做"的营销模式，即按广告展示与作者分成，并且按广告展示向广告主收费。前者使酷溜网迅速聚集了大量的原创视频高手，并于 2006 年 9 月之初成立了中国原创视频联盟；后者使广告主的每一分广告投入都值得，不再有任何的投入浪费。而这两个成果，成为"创意大家做"模式的重要基石。据酷溜网市场部负责人透露，"兼具黏性和准性的营销模式"已经被成功采用，并且受到了普遍欢迎。目前网站月度的广告收入在百万元左右，广告主包括伊利、联想、海信等。

目前普遍的做法有两种，一种是视频网站通过高价去购买用户的视频；另一种是通过在视频中插放广告，让用户按照浏览次数来分享网站的广告收入。

相比来说，第一种买断用户视频版权的机制，视频网站的投入成本高，风险也较大，尤其是无法预测到视频是否会受到其他用户的欢迎，而且用户的收益固定，也不能激发用户更大的积极性。第二种利益共享机制，视频网站投入成本低，几乎没有风险，同时用户随着自己的视频浏览量的增加，分成也就会越多，良性循环越发能够刺激用户创新的积极性。

博客广告是目前博客发展中的一大热点话题，CNNIC《2006年中国博客调查报告》针对博客作者和阅读者意愿、行为进行了博客广告投放可行性分析。调查结果显示：超过40%的作者接受博客广告；约20%的读者认为博客广告不会影响其阅读行为，大约1/3的读者对博客广告持中立态度。就此乐观估计，在博客上投放广告，对大约一半的读者的阅读行为不会产生大的影响。

由此可见，无论是哪种形式的网络媒体，广告都是不可或缺的盈利模式。互联网创业者不仅不能忽视网络媒体广告这一传统的盈利模式，而且应该在如何更有效地吸引广告主投放广告以及如何以读者更愿意接受的形式来表现广告等营销方式上进行创新。

（五）网络服务前景无限

网络服务正在成为现代服务业中最富有活力和最具发展潜力的领域而备受关注。服务业是国际上通行的产业分类概念，是指那些以提供非实物产品为主的行业，一般说来包括消费性服务业和生产性服务业。消费性服务业，指的是直接提供给终端消费者的服务行业，例如传统的商贸、餐饮、旅游等行业。生产性服务业，是指那些不直接参与生产或者物质转化，但又是任何工业生产环节中间不可缺少的活动，即指那些为社会物质生产提供各种非实物形态的服务性产业，其主要内容一般包括专业服务、信息服务和金融服务。[①]

网络服务是通过互联网为最终消费者或生产者提供各种专业服务或信息服务的新兴服务业。

---

① 钱志新：《新型工业化》，江苏人民出版社，2006年1月。

改革开放以来，我国服务业取得了长足发展，服务业增加值由 1978 年的 860 亿元增长到 2003 年的 37699 亿元，年均增长 10%，略高于同期 GDP 增速，增加值占 GDP 的比重从 1978 年的 23% 上升到 2003 年的 33.2%。在此期间，服务业的从业人员也由 4890 万人增长为 21090 万人，净增 16200 万人，是同期第二产业净增就业人数的两倍，已成为吸纳就业的主渠道。

我国的服务业和发达国家相比还有很大的差距。目前，全球服务业增加值占国内生产总值比重达到 60% 以上，主要发达国家达到 70% 以上，即使是中低收入国家平均也达到了 43%。但 2005 年中国服务业占国内生产总值的比重仅为 40.2%，2006 年更是下滑到 39.3%，明显偏低。此外，服务业劳动就业占全部就业的比重也远低于国际平均水平。①

为此，我国政府将发展服务业列为基本国策之一。根据"十一五"规划纲要，"十一五"时期服务业发展的主要目标是：到 2010 年，服务业增加值占国内生产总值的比重比 2005 年提高 3 个百分点，服务业从业人员占全社会从业人员的比重比 2005 年提高 4 个百分点，服务贸易总额达到 4000 亿美元；有条件的大中城市形成以服务经济为主的产业结构，服务业增加值增长速度超过国内生产总值和第二产业增长速度。到 2020 年，基本实现经济结构向以服务经济为主的转变，服务业增加值占国内生产总值的比重超过 50%。②

随着互联网技术的发展，利用互联网能够比较容易建立起低成本、高效益的自助化、跨地域的服务平台，服务业也逐渐向互联网延伸。虽然国内的网络服务业的发展还不成熟，但通过对现有的网络服务的需求分析，我们可以发现，随着互联网的普及、网络用户的增多和对各种服务要求的差异，我国现有网络服务业的发展还远远不能满足需求，还有很大专业化、细分化的发展空间。

---

① 陈华鹏、翁端：《我国高技术服务业的发展现状及前景展望》，《现代化工》，http://www.xdhg.com.cn/bin/othernews
② 《国务院关于加快发展服务业的若干意见》国发（2007）7 号。

网络服务业的用户主要有两类：一类是个人用户；另一类是企业用户。个人用户方面，到 2007 年我国网民已经超过两亿人，几乎与美国全国人口相同，预计不远的将来就会超过美国，成为全球拥有网民最多的网络大国。在企业用户方面，我国拥有 3000 万个的企业用户群。将二者相加，不难看出我国拥有全世界最多的网络服务业的目标用户群。网络服务行业为创业者提供了前景无限的创业空间。

尤其在经济全球化的大趋势下，发达国家的劳动力成本价格较高，因此发达国家将服务外包（Outsourcing）的视角瞄准中国、印度这样的人口大国。发达国家的服务外包主要分为信息技术外包和业务流程外包。信息技术外包主要是以软件等非关键信息产品的研发交给本国以外的承包方来完成，业务流程外包是将非核心业务的服务流程以商业形式发包给本国以外的服务提供者。由于互联网的普及，服务外包借助互联网既消除了地域的阻隔，又降低了成本，未来的发展前景十分看好。

据 2007 年 7 月 16 日《北京晚报》北京新闻版报道，在北京有一家公司承担了美国社区的保安工作。保安人员不是我们想象中的穿着制服的半武装人员而是坐在办公室里的白领丽人。她们的工作就是通过电脑监视屏远程监视美国社区，出现可疑情况，通过电话报告给当地保卫人员或警察局。

实际上在中国的北京、上海、广州等网络发达地区，许多人都通过互联网在为境外企业开发软件、通过互联网视频为外国人当家教，为国外的仓库做远程监控以及远程数据采集和处理等。

互联网的地域全球性、运营持续性和成本低廉性提供了大量的网络服务创业机会。虽然互联网创业机会可以经由有系统的研究来发掘，但是，许多创业的好点子是来自创业者长期的观察与生活体验。尤其是网络服务的创业机会，许多都是来自于创业者的细致观察和体验。

成立于 1999 年的云网（http://www.cncard.com）是一家从事数字化商品在线销售的电子商务公司。虽然很多人对云网并不太熟悉，但是云网在互联网上已经默默耕耘了近十年。

云网的创业就来自于其创始人的亲历体验。云网总裁朱子刚在接受记者采访时，谈起了他在美国看到的一个叫 BIG ZOO 的网站，当时很多中国留学生都在这个网站上用信用卡购买电话卡。这激发了他把这个模式搬到中国试一试的想法。下定决心之后，他花了200块钱在《北京青年报》上登了一个很小的广告。等待了二十多天之后，就有人开始在网上买电话卡了。8个月之后，这个成立不到1年的公司已经收支平衡。1年后，云网就需要每天不断补货了，几乎每天晚上都要买回来一大摞电话卡，刮开卡号密码往电脑里输。由于电话卡、游戏点卡属于非常标准的商品，基本不存在质量问题。消费者只要把钱打到网站，马上就可以继续通话或玩游戏。而且网站提供24小时服务，也使得那些深更半夜煮电话粥或者玩游戏的人省去了出门之苦。正是因为这样，虚拟点卡的生意非常好做，消费者也愿意为此采取网上支付。

当其他电子商务网站还在为物流烦恼的时候，云网已经将信息流、资金流、物流完美结合，以数字商品销售、在线支付、虚拟装备交易三大平台为支撑，真正实现了商品、支付、配送三大核心交易环节的数字化网上交易和网上支付。

网络服务不仅创业机会多，而且留给创业者的创新空间也更大。未来网络服务的创业空间，可能更多地出现在新兴产业的空当、老年人群体、跨国服务以及农村经济中。快速增长的农村网民构成了新增网民的重要组成部分。2007年农村网民年增长率超过100%，达到127.7%，农村网民数量达到5262万人。7300万新增网民中的四成，即有2917万来自农村。

网络服务，无论是业务流程还是盈利模式，都没有标准的模式。需求不同，服务就不同。即便相同的需求，不同的服务提供者提供服务的流程也不同，盈利的模式也不同。创业者可以充分发挥聪明才智，施展身手。因此，互联网创业者从事网络服务将大有可为。

（六）玩，也能成就事业

随着互联网的普及与宽带技术的应用，网络游戏作为一个依托互联网的新兴产业，其对社会、对经济产生的影响已经远远超出一般的娱乐行业。

1. 网络游戏的市场前景

根据 IResearch 艾瑞咨询最新推出的《2007~2008 中国网络游戏发展报告》数据显示，2007 年中国网络游戏市场规模为 128 亿元，同比增长 66.7%。预计在未来的 4~5 年间，网络游戏还将继续保持 20% 以上的增幅，在 2011 年整个市场规模将达到 401 亿元。艾瑞认为，网络游戏的快速发展主要得益于中国庞大的用户基数与游戏运营商对用户的深度挖掘。

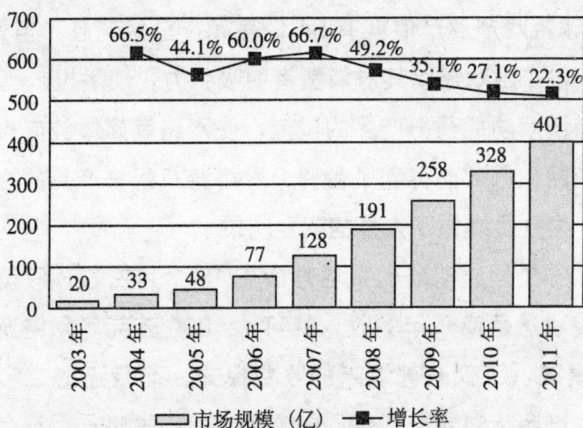

图 3-6　2003~2011 年中国网络游戏市场规模及增长率

资料来源：艾瑞报告。

在发达国家，网络游戏产业已经成熟，并成为仅次于电子商务的新的投资热点。微软研究院把网络游戏作为四大研究方向之一，比尔·盖茨称这是最好的投资。这些足以表明电子游戏市场将成为新的经济增长点。而国际著名咨询服务公司普华永道则预测，全球电子娱乐业在今后数年内将以每年 7.2% 的幅度递增。以此计算，中国网络游戏产业发展空间和潜力大得惊人！可以说，网络游戏是互联网中发展最为迅速的领域，一方面作为一种新的休闲方式，用户愿意为此付费；另一方面网络游戏盗版的门槛很高，商家愿意投资。目前网络游戏成为最吸引投资者的互联网盈利模式之一，同时它的整体成长速度很可观。仅 2007 年就有完美时空、巨人网络、网龙三家中国网游开发商和运营商先后在美国纳斯达克、香港创业板和美国纽约证券交易所上市。截至 2007 年第三季度，中国网络游戏行业共有 11 家企业获得风险投资。

2. 网络游戏盈利模式

网络游戏经历了从 1993 年的 PC/Console 单机版游戏（单用户）到可联网单机游戏（局域网）到现在的大型网络游戏（数十万人可同时在线游戏）三个层次的发展，不仅具有多样化的发展特征，而且带动了许多与游戏相关的周边产品的不断推出，同时也推动了相关产业的发展。早在 2001 年，全球游戏产业产值就有 94 亿美元，已经超越了电影工业 89 亿美元的产值。电子游戏还以其对消费者的吸引力，使手机、PDA 等电子行业的厂家凭借游戏功能获得产品的增值，使网络等媒体的广告获得几倍次的浏览量，使网站因此而得到了盈利，网络游戏相关产品的推出带动了新的服务产业，为社会提供了大量的就业岗位。

据分析，一个网络游戏的平均寿命在 18 个月左右，假设平均 1 万人在线，网络游戏运营商一年的收入就可达 1000 万元。网络游戏作为成功的网络盈利模式，不仅有着清晰的收费模式，而且还形成了完整的产业链——游戏生产商、游戏运营商、电信商、发行渠道商。此外还有庞大的周边产品系列——书刊杂志、纪念品、玩偶、电影、服装等。

网络游戏的盈利模式大体上有以下几种：

（1）从游戏玩家收取费用。收费的方法采取购买会员卡的形式。游戏玩家可以选择按包月计费或按点数计费。按包月计费时，在所购金额的时段内，可以在任何时间连线游戏，没有次数的限制；选择按点数计费时，所支付的一定金额可以转为若干点数，在线游戏时间受点数的限制。

（2）与电信运营商或 ISP 利润分成。网络游戏以其曲折扣人的情节、音色俱佳的画面和刺激粘人的博弈使玩家长时间地"泡"在网上。据 CNNIC 统计截止到 2007 年年底，在我国 2.1 亿网民中，网络游戏使用率是 59.3%，网络游戏用户已经达到 1.2 亿人，网络游戏用户平均玩网络游戏的时间是 7.3 小时 / 周，其中 21.3% 的网络游戏用户玩网络游戏时长超过 10 小时 / 周。占用户总数半数以上的网民上网的主要目的是休闲娱乐。

这样庞大的网络游戏消费群，给提供互联网接入服务的电信运营商和 ISP 带来了十分可观的网络通信收入。网络游戏的运营商与电信运营商和 ISP 可以分享这一收入。

（3）在线广告收入。在线广告对于拥有大量消费者的网络游戏运营商来说是一种潜在的收益模式。网络游戏运营商可以充分利用网页的 banner、button、浮标、弹出窗口等形式进行广告宣传，推销网络游戏及其相关产品。另外，从我国目前网络游戏用户的年龄分布来看，18 岁以下占到 70.5%，20~24 岁是 63.8%，25~30 岁是 57.8%，网络游戏用户分布呈现出低年龄、低收入和低学历的规律。根据这个统计，网络广告的投放具有比较明确的用户群体。

（4）"免费游戏 + 虚拟物品买卖"是对网络游戏盈利模式的一种创新。一些网络游戏经营商家为了吸引更多的人参与网络游戏，打出了终身免费的大旗，此举降低了消费者上网玩游戏的门槛，但是"世界上没有免费的午餐"，商家的盈利机会实际上已经蕴涵其中：一是可以与电信运营商或 ISP 分成；二是商家在游戏中设计了虚拟物品，玩家需用真实现金兑换虚拟物品方可获取游戏中的升级和取胜。免费游戏的经营模式有望得到进一步推广，甚至可能在此基础上继续完善和创新。

3. 网络游戏市场营销

网络游戏作为一个互联网新兴产业，其方兴未艾的发展为相关产业和行业的发展带来了巨大的市场空间。

网络游戏的产业链由网络游戏开发商到经销商、代理商、运营商和最终网络游戏消费者所组成。网络游戏开发商处于产业链的最上游，相当于产品制造商。网络游戏开发商需要具备强大的软件开发和 3D 动画设计队伍。网络游戏运营商也是网络游戏开发商的直接买家。网络游戏运营商既可以通过买断运营权的方式，获得网络游戏的运营资格，也可以通过代理的方式获得网络游戏的运营资格，前者一次性支付网络游戏的版权使用费，而后者除了预先支付一笔代理费之外，还要按照运营收入与网络游戏开发商进行利润分成。网络游戏运营商还要通过经销商进行市场推销，经销商以其自身强大的营销渠道进行网络游戏产品的销售。

4. 网络游戏产业发展面临的问题

网络游戏作为互联网的主要盈利模式之一，在给相关企业带来较高的经济效益的同时，也受到了来自社会各个方面的质疑。有人将网络游戏称为"精神鸦片"。一是网络游戏容易使部分青少年，将过多的时间和精力耗费在网络游戏之中，影响青少年的学习和身体发育，严重沉溺于网络游戏而不能自拔者，甚至会走上犯罪的道路。二是目前大多数网络游戏都是以暴力和封建帝王的情景为主，使青少年在不知不觉中受到不良影响。针对这些情况一些专家学者呼吁政府尽快出台相关的法律法规，对网络游戏运营商的准入资格进行限制，建立对网络游戏内容进行审查的相关制度。同时一些网络游戏运营商也积极开发和运营由国内自行开发的、反映时代特点的"绿色"网络游戏。目前网络游戏正在进入政府的决策视角，2004年，预算资金达千万之巨的"网络游戏软件开发平台"项目，正式被列入国家电子信息产业发展基金招标之列。备受业界瞩目的"民族网络游戏出版工程"的实地考察和启动，更被象征为民族网络游戏迎来了春天！2004年11月，由中国青少年网络协会制定的《绿色游戏推荐标准（草案）》正式发布，绿色网络游戏的标准开始被推行，社会公众和教育界对网络游戏的态度开始转变，由过去的反对、拒绝，到现在的引导和参与。在2004年第二届Chinajoy展会上，以及2005年年初的中国游戏产业年会上，政府相关部门代表频频亮相，上海市教委更是为网络游戏动画片公开招标，这一切都标志着政府对网络游戏事业的重视与支持，并在实际工作中予以正确引导，社会已开始接受网络游戏这一新兴产业。

5. 网络游戏的创业机会

网络游戏是一个朝阳产业，随着人们经济收入的增多，随着社会竞争压力的增大，更多的人愿意花钱享受玩的快乐，享受精神的愉悦。因此与玩有关的产业也会成为一个永远充满生命力的产业。

虽然网络游戏产业是一个朝阳产业，但是，创业者将网络游戏作为创业的平台，需要结合自己的资源条件选择合适的切入点。通过前面的分析，我们对网络游戏的产业链已经有了基本的认识。

网络游戏产业链是由研发、产品制作、行销、营运、渠道等构成的，但随着市场结构的改变，分工的形态已经出现，因为市场愈来愈大，竞争愈来愈激烈，任何一家公司都不可能"吃"下所有的业务。健康的网络游戏产业链，产业上中下游各方是资源互补和互相牵制的平衡关系。开发商开发出游戏产品，卖给运营商运营，同时要与运营商一起承担后续的技术开发和支持。同理，运营商也可将产品卖给更下游的销售代理渠道。开发商、运营商、销售代理渠道三者处于平等地位，有合理的利润分配关系，各自也必须承担相应的责任和风险，利润与责任、风险成正比关系。

开发商是网络游戏的开发者，包括游戏程序的制作、调试等一系列工作；开发商位居产业链的上游，是下游价值生成的起始点，可向下游延伸，具备较大的主动权。不仅可以通过自身运营得到一部分利润，还能扮演代理商、运营商的角色。但是如果开发商需要同时承担开发和运营等，则需要具备足够的实力。包括资金、人力资源等。

代理商负责代理网络游戏销售、运营、宣传等工作，一般拥有区域性的授权；由于网络游戏更大价值体现在运营服务中，因此代理商一般也为运营商。

运营商是负责网络游戏的运营，包括游戏平台的搭建、运行、维护、客户管理等工作。运营商是创造网络游戏增值的主角，获得产业的大部分收入，但运营商需要较大投入成本，如硬件投入、带宽投入、平台维护、客户服务等方面。国内运营商目前大多为代理运营商，受制于上游的开发商，也是产业链中商业风险最大的角色。国内的运营商可兼有开发、代理、运营、渠道、支持等多种角色。运营商能向上、下游延伸，获得更大利润空间。

渠道商负责网络游戏软件、点卡等的销售，获得市场推广的收益。一般通过三大渠道进行销售：各销售网点的分销商、各地网吧联盟、网上电子商务直接销售。渠道商目前仍是游戏运营商市场销售的重要环节，但运营商利用在线销售系统和网吧联盟等途径具有向下游扩展，直接接触用户的能力。

传统行销商必须具备成熟的渠道，否则很难成为价值链中的固定角色。国内典型的渠道商包括智冠、骏网、联邦、晶合、云网等。在目前产业分工阶段下，运营商市场渠道较弱，渠道商作用巨大，担当产品销售、市场推广、宣传等工作。

网络游戏的销售渠道主要包括各地分销售、游戏媒体、软件专卖、网吧、网上直销等。其中网吧最接近终端用户，在网络游戏销售中占有重要位置。网上直销是上游企业向下延伸的重要方式，通过网络销售能够获取更大的利润空间。

运营支持厂商是为网络游戏运营商提供网络、带宽、设备或者地区性游戏专区、网络专区等配合运营的支持厂商。国内主要的运营支持厂商有：

电信和ISP：直接通过为运营商提供网络和宽带资源获取利益。

IDC：提供主机托管服务、网络带宽和设备，获取在线计费收益分成。

ICP：大型门户和游戏门户，利用自身资源，提供游戏专区推广和游戏点卡销售服务。

其他IT企业：包括PC厂商、服务器厂商、系统安全厂商、软件平台厂商等。

开发商最具主动权和灵活性，运营商是网络游戏服务的核心，是风险的最大承受者，属于高风险、高回报角色。

我国网络游戏产业正处于蓬勃发展阶段。在今后的发展中，游戏开发商、运营商、渠道商的产业分工将更加明确，游戏开发商开始寻求同运营商合作运营的趋势将日趋明显，产业成熟度会稳步提高。

网络游戏产业虽然是朝阳产业，但是就整个产业链来说也是高投入和高风险的行业。初次创业者如果没有足够的资金支持应该考虑将创业的切入点选择在网络游戏产业链的中下游。

要使企业家项目成功运作，公司的组织和结构必须合理，关系处理必须得当，报酬和奖励必须适中。

——彼得·德鲁克《创新和企业家精神》

第④章

迈向互联网创业之路

　　一个好的创业项目仅仅是成功的开始。创业的真正成功尚有待于创业者各个方面的努力。人、财、物缺一不可，创业的智慧就在于将所有的资源协调和有效地运用于创造价值的活动中。

一、选择同行者

　　在创业的路上，是一个人独自前行，还是与志同道合者结伴而行？这完全取决于创业者所面临的具体情形而定。但是，对于初次创业或者缺乏相应经历的年轻创业者来说，在创业的路上能够有人相互扶携而行，未尝不是一件好事。对于创业，彼得·德鲁克认为，"使用能够以合作伙伴身份工作的人才会成功"。中国有句名言"三个臭皮匠，赛过诸葛亮"，在很多情况下确实如此。不过，一定要避免"一个和尚担水吃，两个和尚挑水吃，三个和尚没水吃"的情形发生。

　　在选择创业合作伙伴时，一定要强调志同道合。创业者们要具有同样的创业热情，对所选择的创业项目要具有同样的期望和信心，并愿意共同承担创业失败的风险。除了这些基本的要素外，还应注意创业团队之间的默契和配合，尽管是创业的同行者，但是在创业项目的营运中也应该有分工：有能够担当主角的，也要有甘愿担当配角的。因此在选择创业同行者时，要尽量做到在性格上、专业特长等方面的互补。

(一) 创业团队组合

　　考察一下那些成功的互联网创业，不难发现在成功的故事后面大都有一个创业团队的黄金组合。从人力资源管理的角度来看，建立优势互补的创业团队是保持创业团队稳定的关键。在创建一个创业团队的时候，不仅仅要考虑相互之间的默契关系，而且还要考虑创业团队成员之间在能力或技术上的互补性。

　　微软的成功就在于创业之初有一对堪称楷模的创业合作伙伴。虽然今天人们提起微软，首先想到的是比尔·盖茨，但是真正了解微软的人，都知道在微软成功的背后还有一个保罗·艾伦（Paul Allen）。

艾伦很小就对计算机科学充满了兴趣，由于他的父亲是华盛顿大学图书馆的一名图书管理员，这使他很容易接触到与计算机科学有关的图书。14岁的艾伦已经对计算机达到了痴迷的程度，几乎整天泡在学校计算机房里玩弄那些电子设备并学着编写电脑程序，同时也顺理成章的与学校内的另一个计算机迷——年仅12岁的比尔·盖茨成为好朋友。两人在一起整天大谈计算机编程，甚至还相互比试。1971年，艾伦考入了华盛顿州立大学，但在两年后毅然退学。理由很简单，他希望实现自己软件创业的梦想。

艾伦知道，要实现这个梦想，光靠自己是不行的，不久他便去找当时正在哈佛大学读二年级的盖茨，并极力劝说后者退学和他一同创业。几经拒绝后，盖茨终于被他的"为个人电脑编写商用软件的想法"说服了。"整个事件几乎是在一念之差下决定的"，就连盖茨也说，"当时如果不是艾伦描绘的蓝图打动了我，也许我还会待在大学里，那么以后所有的故事就不会发生了，我甚至怀疑自己当时是不是太过冲动。"

他们首先便尝试为第一台微型计算机Altair编写一种被称为Basic的程序语言。1975年，Basic语言在Altair计算机上取得成功，艾伦也因此被麻省理工学院聘请为苹果Ⅱ型个人电脑和Radio Shake公司的TRS-80电脑编写程序。而艾伦与盖茨共同创办的微软公司也在这一年（1975年）成立。当艾伦做主用5万美元买下QDOS操作系统后，他们终于赢得了与IBM合作的机会。几年后，DOS操作系统成为个人电脑的首选，个人电脑时代也由此拉开了序幕。

这两位创始人的配合可谓是相当默契，艾伦专注于新技术和新理念，而盖茨则以商业为主，销售员、技术负责人、律师、商务谈判员及总裁由他一人全部担当。不幸的是，Windows还没有来临，艾伦就因病在1983年离开了微软公司。（参考资料来源：http://www.hoodong.com）

创业团队是一个创业公司人力资源的核心。在建立创业团队的时候，首先要选择志同道合的创业者。创业者志在创业，富有创业的热情，甘愿同甘共苦，勇于共同承担失败的风险，这是维系创业团队的基础。任何人才，不管他（她）的专业水平多么高，如果对所创立事业的信心不足，缺乏创业热情，将无法适应创业的需求。

在此基础上，稳健踏实的"主内"型人才与机敏善谈的"主外"型人才，耐心的"总管"和具有战略眼光的"领袖"，技术与市场等方面的人才都应该尽可能地考虑进来。

一个创业团队成员不能过于相似，相似可能会由于同质性而缺乏创意，缺乏竞争机制。创业者应保证团队成员的异质性。异质性不仅仅是指专业、特长的不同而且还包括个人的性格与看问题的角度的不同。如果一个团队里能够包容批判性的成员存在，总有人能不断地发现问题，并提出建设性的意见，这对于创业过程将大有裨益。

在创业团队的建设中根据团队成员的不同组合，可能会形成两种不同风格的创业团队：一种是有核心主导的创业团队；另一种是群体型创业团队。前者是在创业团队中产生了一个起领导作用的创业者，后者是以创业群体为共同领导。无论是哪种类型的创业团队，要想保持创业团队的稳定性，就需要在创业团队中形成一致的创业思路，创业团队成员要有共同的目标愿景，认同团队将要努力的目标和方向。当然共同的目标和愿景可能是在经过头脑风暴以后，经过不断的思想的碰撞而形成的。同时要保证创业团队成员间通畅的沟通渠道，尤其是在创业团队中起领导作用的创业者，保持与创业团队的通畅的沟通至关重要。创业团队开始工作时要沟通，创业中遇到问题要沟通，解决问题时也要沟通，有矛盾时更要沟通，在沟通的时候创业团队的所有成员是平等的，在决策时通常应少数服从多数。有些创业半路夭折往往是创业团队内部发生了严重的分歧，其中有些是群龙无首一盘散沙所致，有些则是主要创业者刚愎自用，听不进不同意见所致。如果不能保持创业团队成员在目标和愿景上的一致，创业的路是很难继续走下去的。孙子曰："上下同欲者，胜。"只有真正目标一致，齐心协力的创业团队才会取得创业的成功。

（二）设立创业实体

国际管理科学学会——the Academy of Management 的教授协会认

为，创业是"对新企业、小型企业和家庭企业的创建和经营"。因此，选择一个相应的创业平台——创业组织形式是创业者正式启动创业的第一步。虽然，创业可以从个体经营做起，但是对于大多数互联网创业来说，设立一个具有独立法人地位的企业将会使创业的发展空间更加广阔。

要设立企业从事创业经营活动，必须到工商行政管理部门办理登记手续，领取营业执照。如果从事特定行业的经营活动，还须事先取得相关主管部门的批准文件。例如，从事互联网信息服务，需要到当地通信管理部门申请ICP经营许可证或备案。通信管理部门是指各省通信管理局、市通信管理局、市通信行业管理办公室等。

我国企业立法已经不再延续按企业所有制立法的旧模式，而是按企业组织形式分别立法，根据《民法通则》、《公司法》、《合伙企业法》、《个人独资企业法》等法律的规定，企业的组织形式可以是股份有限公司、有限责任公司、合伙企业、个人独资企业，其中以有限责任公司最为常见。

要设立企业需要了解《公司法》以及《企业登记管理条例》、《公司登记管理条例》等工商管理法规、规章，还需要了解有关开发区、高科技园区、软件园区（基地）等方面的法规、规章、有关地方规定，这样有助于创业者选择创业地点，以便享受税收等优惠政策。

我国实行法定注册资本制，如果创业企业不是全部以货币资金出资，而是部分以实物、知识产权等无形资产或股权、债权等出资，则还需要了解有关出资、资产评估等方面的法规规定。

现在各地工商局都开通了企业注册登记的网上申请和审理业务。创业者可以登录到当地工商局网站上去查询相关规定，在线填写申请表格，提交后，等待工商局的审理通知，企业注册登记的效率大大提高。

企业设立后，需要到当地税务部门尽快办理税务登记，通常规定时限在一个月内，超期登记会受到处罚。企业需要聘请会计人员处理财务，这其中涉及税法和财务制度，创业者需要了解企业需要缴纳哪些税，其中包括营业税、增值税、所得税等。创业者还要了解哪些支出可以进成本，开办费、固定资产如何摊销，等等。

　　企业进入创业经营后还要聘用员工，其中涉及劳动法和社会保险等问题，创业者需要了解劳动合同、试用期、服务期、商业秘密、竞业禁止、工伤、养老金、住房公积金、医疗保险、失业保险等诸多规定。

　　对于互联网创业企业有时还需要处理知识产权问题，既不能侵犯别人的知识产权，又要建立自己的知识产权保护体系，这就需要了解著作权、商标、域名、商号、专利、技术秘密等各自的保护方法。在创业经营中还要了解《合同法》、《担保法》、《票据法》等基本民商民事法律及行业管理的法律法规。

　　总之，创业企业成立后要根据《公司法》的规定，形成一个产权清晰、责权明确、管理科学的现代企业。

（三）股权结构设计

　　许多创业者们在创业初期满腔热情，同甘共苦，不计较个人得失，但是当创业取得一定成就时，可能就会由于各种利益的分配而产生分歧。因此理智的创业者应当在开始创业时，以法律文本的形式确定一个清晰的利润分配方案。把最基本的责权利界定清楚，尤其是股权、期权和分红权，此外还包括增资、扩股、融资、撤资、人事安排、解散等与投资者和创业团队成员利益密切相关的事宜。

1. 股权

　　股权是一种基于投资而产生的所有权。公司管理权来源于股权或基于股权的授权。公司决策权也来源于股权，同时又影响公司管理的方向与规模。一般情形下，创业初期股权分配比较明确，结构比较单一，几个创业投资人按照出资多少分得相应的股权。但是，在创业实践中往往会有许多特殊情形，给股权的分配带来一定的复杂性。一是在创业初期，创业团队成员中可能有掌握核心技术或关键资源的团队成员，在股权分配时可能不是以现金出资额为单一标准；二是随着企业的发展，公司股东有进有出，必然在分配上会产生种种利益冲突。同时，实践中，存在许多隐名股东、干股等特殊股权，这些不确定因素加剧了公司运作的风险。当公司运作后，各种内部矛盾凸显，在矛盾中股东维护自身利益的依据就是股权比例和股东权利。所以，如果创业初期创业者忽视股权结构的设计，在公司出现内部矛盾时就会陷于进退两难的境地。而这种局面往往也会把公司推向风险和危机的边缘。

股权结构设计是以股东股权比例为基础，通过对股东权利，股东会及董事会职权与表决程序等进行一系列调整后的股东权利结构体系设计。

有些投资者仅仅是投资而不参与公司管理，有些投资者同时参与公司管理。而股东只要有投资，就会产生一定的决策权力，差别在于决策参与程度和影响力。所以，股东的意见能否形成影响公司管理运作的决策意见是非常重要的，而取得决策权的首要基础是股权比例。取得决策权的股东就是法律上的控股股东。

一个创业者既是投资者也是经营者。因此作为创业者最好要掌握公司的决策权，没有公司决策权的创业者在创业的过程中就无法放手一搏。而对于互联网创业来说，最重要的资源是创业者或创业团队。创业者对创业最富激情，对创业的长远发展也最为看重，同时对创业运作也应该最有发言权。如果由于股权结构的设计，创业者失去了发言权，那么投资者可能会出于短期回报或者厌恶风险等原因，作出不利于创业发展的决策，结果要么是创业者沦为职业打工者，要么是创业者与投资者分道扬镳，造成创业组织的解体。

如何取得公司的决策权呢？《公司法》关于控股股东的含义，是指其出资额占有限责任公司资本总额百分之五十以上或者其持有的股份占股份有限公司股本总额百分之五十以上的股东；出资额或者持有股份的比例虽然不足百分之五十，但依其出资额或者持有的股份所享有的表决权已足以对股东会、股东大会的决议产生重大影响的股东。因此取得决策权的最简单方式就是直接实际出资达百分之五十以上。或者直接实际出资没有达到百分之五十，但通过吸收关联公司股东、密切朋友股东、近亲属股东等形式，以联盟形式在公司形成控股局势。

如果实际出资未达到百分之五十以上，也不能形成股东之间的联盟，这种情况下，如何对公司进行控股呢？这就需要在公司成立之初，在公司章程的起草方面下工夫，通过公司章程，来扩大己方的表决权数，这样的设计就突破了同股同表决权的常例。

要实现这个股权设计的目的，一般情况下是创业者具有一定的市场优势或技术优势或管理优势，通过这些优势弥补投资资金上的不足。通过这些优势换取表决权。在互联网创业早期，很多技术型、市场型、管理型投资者忽略了这一点，而使自己在公司的后续运作中难以施展拳脚，从而使应有的技术、市场和管理优势未在公司运作中实现利益最大化。

《公司法》中只是概略式的规定了股东会及董事会的职权及表决方式，而每个公司的实际情况千差万别，公司在设计股权结构时，应该通盘考虑一些重大事项决策所归的表决部门以及表决程序。有些封闭式的公司就规定股东对外转让股权时，要求全体股东的2/3的表决权通过以维护公司的"人合性"。有些公司甚至对股东死亡后其继承人进入公司决策层/管理层的表决比例或时限作出具体规定。

创业者设立有限责任公司不仅要考虑资本的合作也要考虑人的合作，在公司成立之初，创业投资者应充分考虑自己的投资目的、投资额及其占公司总资本的比例，结合自己的各项优势对股权结构进行深入的分析考虑，这样不仅仅只为股东个人利益，也为公司今后稳健发展奠定坚实的基础。

2. 期权

随着互联网创业的快速发展，创业企业的规模可能会迅速扩张。创业企业在发展中可能会面临上市的选择。为了激励企业经营者、员工与公司共同发展，创业者可以在创业初期进行股票期权计划的设计。

所谓股票期权就是公司给予其经营者在一定的期限内按照某个既定的价格购买一定数量的公司股票的权利。公司给予其经营者的期权既不是现金报酬，也不是股票本身，而是一种权利，凭这种权利，经营者可以以某种优惠条件购买公司股票。股票期权设计是指创业者为了激励重要的创业骨干，通常是高级经营管理人员和技术骨干而采取的激励手段。如果创业者计划在若干年后将创业企业上市（如在创业板或高科技板上市）就可以给予特定人员股票期权。持有期权的人员可以在规定的时间，以规定的价格购买企业的股票。这个规定的价格就是行权价格，行权就是行使购买股票的权利。行权以后，可以在股票市场上择机出售股票。其收益就是期权的行权价格和出售时股票的市价之间的差值。

不少互联网创业企业都将股票期权设计作为一种重要的激励手段。股票期权作为一种激励手段具有以下作用：

一是降低企业的运营成本。在创业过程中，将对经营者或员工的报酬以股票期权的方式而不是现金薪资的方式支付可以降低企业的运营成本。

二是有利于提高企业的经营业绩。股票期权相当于经营者用公司的业绩来换取一定比例的股权。经营者为了得到股票期权会更加努力经营，提高公司的业绩。

三是有利于企业吸引和留住高素质的人力资源。

股票期权是原始股东从自身利益中出让给特定人的，因此在股票期权的设计中需要对股票期权的数量和价格做通盘考虑。期权过少起不到激励的作用，期权过多可能会损失股东的利益。一些高科技企业的创业者在股权结构设计时，预留不超过10%的股份作为期权的股票来源。

百度的期权设计有不少可资借鉴之处。

根据百度总裁李彦宏的讲述，百度的股权结构非常合理，百度的发展、运营、日常决策完全掌握在管理层手中。百度成立时，就把股份分成了三部分：一部分为创始人持有，一部分由风险投资者持有，还有一部分是员工持有的股票期权。李彦宏透露，自己最初持股比例为50%，另一位创始人徐勇则为自己的1/3。百度IPO（Initial Public Offerings 指首次公开发行股票）后，总股本扩大为3232万股，以此为基数，百度高管持有43.5%的股份，处于控股地位，在高管中，李彦宏个人持股22.4%，徐勇7%。李彦宏为最大的个人股东。

另据百度招股说明书披露，在上市前的上一轮私募中Google实际向百度注资499万美金，仅获得2.6%的股权。除Google外，DFJ（Draper Fisher Jurvetsone Planet）持股为28.1%，Integrity Partners 持股为11%，Penin-sulaCapitalFund 持股为10.1%，IDG 持股为4.9%。李彦宏

作为创始人及 CEO 持股为 25.8%，另一位创始人徐勇则持股为 8.2%，其他 4 位高管共持有百度 3.7% 的股份，另有 5.5% 的股份为普通员工所持。

为了防止其他公司恶意收购（主要是 Google），百度采取了所谓得牛卡计划的股权设置赴美上市。其具体实施方法是，上市后的百度股份分为 A 类（Class A）、B 类（Class B）股票。将在美国股市新发行股票称作 A 类股票，在表决权中，每股为 1 票，而创始人股份为 B 类股票，其表决权为每 1 股为 10 票。在这样的股权结构下，Google 在公开市场收购百度的梦想几乎无法实现。分析人士认为，从理论上讲，即使绝大部分股权均被 Google 收购，但只要李彦宏等创始人大股东所持的股份在 11.3% 以上，即可获得对公司的绝对控制权。

3. 分红权

分红权是在薪资以外，按照一定的比例从税后利润中获取收益的一种激励办法。按照《公司法》的规定，企业的股东按照其所持有的公司股份比例获得利润。但是为了激励非股东员工，创业者也可以给予非股东员工一定比例的分红权。具体比例应由股东会决定。

分红权是在不影响股权结构的情况下，由股东从其应得收益中拿出一部分激励企业经营者或员工的激励方式。这种激励方式将企业业绩与经营者个人收益捆绑在一起，因此在创业的过程中也能够比较好地实现对经营者的激励。一些暂无上市计划的互联网创业企业可通过分红权的设计对员工进行激励。因为分红是从企业利润中实现的，分红权的设计同样可以起到降低运营成本，提高经营者绩效的作用。

联想把员工的分红权变为股权①

联想是我国本土 IT 企业的杰出代表。

早在 1993 年，联想已经开始意识到解决其产权问题的重要性。1993年，联想从所办公司变为院管公司。联想向中科院提出由管理层和员工占有 35%的分红权的方案。1994 年，经过联想和中国科学院一年多的磋商，中科院同意对联想股权进行划分，确定按照中科院占 20%，计算所占 45%，联想集团的管理层和员工占其余 35%股权的分红权，从 1995 年实施。联想集团的管理层没要股权，要的是分红权。因为国有资产的股权属于国资局，不属于中科院，中科院无权决定如何划分。中科院没有国有资产让渡权，但有利润分配权，因此有权给予联想管理层分红权。然而即使是对分红权的分配，当时在中科院系统内也算是特例处理。另外，35%的比例也是终获批准的因素之一。

这是一个非常重要的政策支持。红利的多少完全取决于企业的效益，这使全体联想人都关心企业的发展，而不只是一味地关心个人的得失利益。同时，它为联想的新老交替提供了可靠的制度保障。由于认识到自己的创业已经通过红利权的形式得到了认可，联想的老同志非常愿意并支持将年轻人推到领导岗位上去，他们也希望联想的事业能有更快更好的发展。

但是分红权毕竟不是股权，获得分红权的联想员工持股会等到了盼望已久的时机。1998 年，联想更名为联想集团（控股）公司，并成为香港联想的最大股东。同时，有关把联想员工持股会拥有的分红权转变为股权的计划也开始实施，其指导思想是：让企业的创始人、管理者、业务骨干能成为企业真正的主人。联想这次股权改革涉及的只有员工持股会所持有的

---

① 案例参考资料：中国职工持股咨询网 http://www.esop.com.cn，期权学习网 http://eie0501.
student.gdcc.edu.cn

35%股份。这35%原来是以分红权的方式存在，这次股份改革就是要将这35%的分红权变为股权。按照1993年确定的比例，中科院和联想员工持股会正式确定中科院拥有联想65%的股权，管理层和员工自身占有其余35%的股权。

1999年，联想又在集团内部推行员工持股计划。这个员工持股计划是进一步明确员工持股会所持35%股份的分配。按照1994年就已经确定的方案，第一部分是创业员工，总共有15人，将获得其中的35%，这些人主要是1984年、1985年创业时的骨干；第二部分是核心员工，约160人，他们主要是1988年6月1日以前的老员工，将获得其中的20%；第三部分是未来的骨干员工，包括现在的联想员工，获得其余的45%。可以认为，联想的股权改革是将35%的股权切割分成两份：一份用于激励老员工，这部分占35%中的55%；另一份，是对联想未来的留成，这可以看成是联想的"未来激励"，它占其余股份的45%。这一方案的最大特点正是兼顾了企业的过去和未来，既妥善地解决了早期创业人员的历史贡献问题，又恰当地考虑了企业的发展前途，因而是一个富有创新意识，比较公平、合理的股权改革方案。

案例思考与讨论

（1）试比较股权与分红权的异同之处。

（2）试讨论对创业企业股权与分红权的适用条件。

（3）什么是期权？试讨论期权的适用对象。

（4）联想将分红权变为股权的实施方案有何启示？

一些网络创业公司，由于创业初期企业处于开发产品和开发市场的初级阶段，企业收入不稳定，现金流比较紧张，而网络公司的人力资源成本又比较高，为了留住人才，吸引人才，有些网络创业公司的创业者设计了将现金薪资和股票期权结合起来的激励机制，让员工自行进行选择。

图4-1列出了期权薪资的梯形分布图。这种方法的基本思想是：如果

将某一员工的薪资报酬看做100%的话，现金和期权在其中所占的比例可以由员工自行选择。实际上，这种现金薪资和股票期权结合起来的报酬和奖励措施对员工而言，意味着在创业企业未来的预期和现实利益中做出选择。

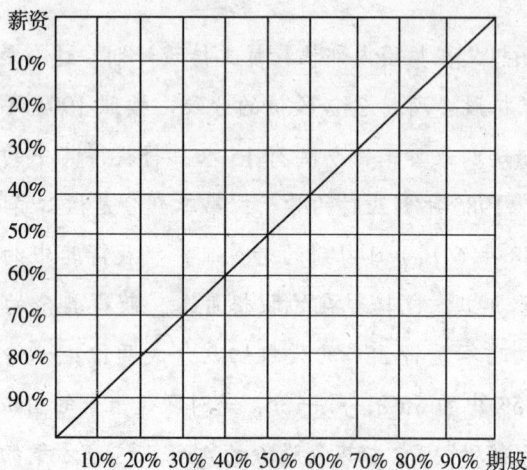

图4-1　期权与薪资结合的激励方式

二、筹措启动资金

很多人都渴望拥有一份自己的事业，自己创业当老板，但是往往又因为缺乏资金而斩断梦想。资金似乎成为创业路上的第一只拦路虎。其实，互联网被称为创业者的天堂，首先就是因为互联网不会"嫌贫爱富"，互联网也不会欺弱媚强。

（一）零资本创业

没有资金怎么办？有些创业者，苦于缺乏启动资金而无法实现创业的梦想。其实有些互联网创业完全可以从零资本启动。比如，在互联网上开店，目前可以到一些电子商务网站免费申请空间，建立自己的在线店铺，传统创业在营业场所上的开销，在互联网上就完全可以省去了。

据淘宝网介绍，一个在海南岛学习旅游专业的在校大学生在不到一年的时间内，创办了三家网店，月营业额平均在5万元左右，客户信誉度达到五星，成为目前海南高校中最大的交易网店，他本人也成了颇有影响的"学生白领"。而为了网上创业，他甚至申请休学一年。

2004年下半年，经过长时间的慎重考虑，他做出一个惊人的决定：休学一年，在网上开店，创办自己的"淘宝"网店。当年11月24日，他在著名交易网站"淘宝网"上注册会员，3天后，通过实名认证，正式创办了一个名叫"海南大学大学生通讯店"的网店，从此开始了网上售机业务（通过互联网向全国各地出售手机包括二手手机）。时至今日，他的网店越做越大，目前已更名为"星星源特价手机总店"，并又接连开了两家网上分店，顾客遍及全国的几乎每一个省份，月营业额平均在5万元左右，网上顾客评价诚信度已达5颗星；成为海南高校同类网店中，规模最大、诚信度最高的一个学生网店。

这位在校大学生是在读大三时开始对互联网电子商务感兴趣的，并渐渐萌发了在网上开店的念头。用他的话说，网上开店，成本低无须办理工商、税务等证照，只要通过身份认证就行了。同时，他还发现，手机越来越普及，无论大人小孩都有需求，而自己以前在校园里代理过各种品牌手机的推销活动，对供货商比较熟悉，货源广、价格低、质量有保证，如果在网上开个特价手机店，生意肯定错不了。他经过慎重考虑，做出一个让所有人都吃惊的大胆之举：休学一年，全身心投入网店的经营。

虽然网上创业不需要资金，但是却需要付出精力、时间和辛苦。在他创业的过程中，几乎每天晚上都要给天南地北的顾客谈业务，介绍自己的产品，常常要到凌晨两三点。凌晨六点，又得准时起床，上网浏览，看网店上有没有顾客要货的留言，如果有，双方就洽谈交易事宜。忙到中午，在匆匆扒几口饭后，坐公交车直奔手机市场拿货，由于太累，常常在车上睡着了，坐过了站，只好步行往回走。回来后，又继续上网和顾客谈业务。下午5点，他骑着自己的破单车，准时跑到邮局发货给顾客，回来后，再继续上网忙业务、介绍自己的网店。刚开始的那段时间，他几乎每天都累得筋疲力尽。但是就这样一点点建立起了网店的诚信度，生意也越做越大。

如果是选择销售型盈利模式，对于商品销售，创业者可以采取代理方式。代理方式下，供应商事先供货，商品卖出以后再结算货款。如果是提供服务，创业者以其自身的智力、知识、经验或技术先行提供服务，之后取得收入。

对于流量型盈利模式，创业者也可以在互联网上申请免费空间，通过精心策划营销策略，利用各种免费的网络营销手段，吸引用户的注意力，获得点击量的提升，有了点击量，就可以吸引广告主投放网络广告，从而取得收入。

在互联网上经商既不用设立公司也不用投资，甚至不用占用资金备货。一位在大学里任教的青年教师，他在互联网上经商的经历非常富有创意。

2004年的春天，他在上海坐地铁的时候看到了淘宝网的广告，之后就到淘宝网上进行了注册。后来他经常光顾淘宝网，但开始还只是个消费者。直到2004年夏天，他萌发了在淘宝网开店的念头，但是到哪里去找货源呢？经过一番冥思苦想，终于灵感出现：他是某个网上书店（中国资历很老的网上计算机书店）的高级会员，并且是金卡会员，可以享受买书7.5折，邮费2元的优惠。而普通会员购书8折，邮费5元。他想只要按照7.5折，邮费5元的价格在淘宝上销售图书，每笔订单收入3元。虽然单笔订单收入微薄，但是刚起步嘛，积累信用要紧！实践证明他设想的这个经营模式在互联网上的生存空间是实际存在的。接下来他把那家网上书店的图书信息都粘到淘宝上卖，成交了就去那家网上书店下单子，让他们按照他写的收货地址发货，这样他就不用操心进货和发货，需要做的就是坐在电脑旁边，上淘宝网销售而已。

而且他还不需要垫付资金。他用银行的信用卡在网上透支支付，就算平邮最迟20天资金即可收回，一点儿也不影响他的信用卡还款。不但不用手续费，还有信用卡积分。用买家的钱来为他的信用卡积分。

他做的尽管还只是小生意，但是却体现出互联网的诸多优势——零投资、零库存、零风险以及对供、销、存资源的整合利用。

从上面两个小案例中，我们可以看到，在互联网上的确可以实现零资本创业。但是零资本创业不等于零资源创业，互联网创业可以零资本，不能零资源。创业者可以没有资金，但是必须具有整合利用资源的能力。也就是说，可以没有资金，但是不能没有资源。既没有资金也没有资源是无法创业的。

当然并不是所有的互联网创业都不需要资金，本质上任何创业活动都是需要资金的。而且资金能够帮助创业者迅速占领市场，抢占先机。因此当缺少资金时，创业者还是应该积极筹措资金。许多人满怀创业的激情却苦于缺乏启动资金而坐失创业良机。实际上在开放的市场环境中，投资资本是最活跃也是最逐利的东西。只要创业者有好的创业点子和创业激情，创业启动资金应该是不难筹措的。

（二）自筹资金

对于所有创业者来说，用自有资金创业是最简单最有效的途径。但是往往创业者并没有足够的资金用于创业。因此，创业者需要了解各种资金的筹措渠道，选择最有利于创业的资金筹措方式。

1. 吸收亲朋好友成为投资者

当创业者资金有限难以满足启动需要时，自筹资金是一种简单可行的资金筹措方法。可以通过向亲朋好友借贷来筹措启动资金，也可以吸引亲朋好友成为投资者以现金入股的方式获得启动资金。当然要能够吸引投资者，首先要制订一份高质量的商业计划书，通过计划书能够让投资者看到创业前景，并愿意承担创业的风险。自筹资金的方式比较适合资金规模比较小的创业项目，资金规模较大，创业者的股权比例可能过低，因而失去对创业公司的控股权，这是应该极力避免的。

2. 吸引天使投资

天使投资（Angel Investment）是自由投资者或非正式风险投资机构对原创项目构思或对小型初创企业进行的一次性的前期投资。天使投资是风险投资的一种，是一种非组织化的创业投资形式，也就是以个人名义进行投资。当创业设想还停留在创业者的笔记本上或脑海中时，风险投资很难眷顾它们。此时，一些个体投资人如同双肩插上翅膀的天使，飞来飞去为这些企业"接生"，因此，这些投资人也被称为天使投资者。

在风险投资领域，天使投资者是创业者的第一批投资人，这些投资人在公司产品和业务成型之前就把资金投入进来，由于他们对该创业者的能力和创意深信不疑，因而愿意在业务远未开展起来之前就向该创业者投入资金，但是天使投资者的投资数额较风险投资机构往往小很多。通常天使投资对回报的期望值并不是很高，但 10 到 20 倍的回报才足够吸引他们，天使投资者一般不参与管理，他（她）们对所投资企业的审查也并不严格，更多的是基于投资人的主观判断或者是由投资人个人的好恶所决定的。

作为创业者在自筹资金的过程中，需要谨慎地选择投资者，即便是天使投资者。在今天，金钱已经成为一种商品，在任何地方都能得到这种商品，但是更重要的是金钱以外的东西。实际上有些投资人不仅仅能带来资金，他们还能带来像政府关系和技术这类服务。所以创业者在一开始就要想清楚希望投资者给你带来什么。

投资人一定要具有资金实力，但资金不是唯一的标准，创业者所要找的投资者应该是"情投意合"者，假如天使投资人本身是企业家，了解创业者面对的难处，熟悉企业运作的规律，给予创业者充分的信任，同时天使投资人具有一定的社会资源和人脉关系，这样的天使投资人对创业者就会给予更多的支持。

同时创业者应尽可能在公司股权结构中占有主导地位，以便在创业中能够放手一搏。如果因为资金所限而失去了对公司的控制，这有悖于创业初衷，也不利于公司的管理，当然投资者大都是眼光独到、经验丰富的社会精英，站在投资者的立场上，往往希望占有绝对控股权起码是相对控股权。因此创业者在吸纳投资人的过程中，既像找对象一样，需要双方一见钟情，情投意合，又像是一场博弈，看谁最后能够说服对方，实现自己设计的股权结构。当然，最终的结果，往往是双方求同存异，各做一点让步，取得某种平衡。

(三) 银行贷款

如果自筹资金不足的话,还可以争取向银行贷款。目前,为鼓励个人创业,商业银行大都推出了多种灵活的贷款方式,创业者可以根据自身情况选择适宜的贷款方式。

1. 创业贷款

创业贷款是指具有一定生产经营能力或已经从事生产经营活动的个人,因创业或再创业提出资金需求申请,经银行认可有效担保后而发放的一种专项贷款。符合条件的借款人,根据个人的资源状况和偿还能力,最高可获得单笔50万元的贷款支持;对创业达一定规模的创业企业还可提出更高额度的贷款申请。创业贷款的期限一般为1年,最长不超过3年;为了支持下岗职工创业,大学生创业,某些银行的创业贷款的利率可以按照人民银行规定的同档次利率下降一定比例,许多地区推出的下岗失业人员创业贷款还可以享受60%的政府贴息。

2. 抵押贷款

目前银行对外办理的许多个人贷款,只要抵押手续符合要求,只要借款人不违法,银行不问贷款用途。对于需要创业的人来说,可以灵活地将个人消费贷款用于创业。抵押贷款金额一般不超过抵押物评估价的70%,贷款最高限额为30万元。如果创业需要购置沿街商用房,可以以拟购房子做抵押,向银行申请商用房贷款,贷款金额一般不超过拟购商业用房评估价值的60%,贷款期限最长不超过10年。因创业需要购置轿车、卡车、客车、微型车等运输工具的借款人,还可以办理汽车消费贷款,此贷款一般不超过购车款的80%,贷款期限最长不超过5年。

3. 质押贷款

近年来,银行为了营销贷款,提高效益,在考虑贷款风险的同时,对贷款质押物的要求不断放宽,除了存单可以质押外,以国库券、保险公司保单等凭证也可以轻松得到个人贷款。存单质押贷款可以贷存单金额的80%;国债质押贷款可贷国债面额的90%;保险公司推出的保单质押贷款的金额不超过保单当时现金价值的60%。存单、国债质押贷款的期限最长不超过质押品到期日，银行办理的个人保单质押贷款期限最长不能超过质押保单的缴费期限。另外，用自有车辆、出租车经营权证、个体业主摊位权证等银行认可的质押品也可以办理中、短期质押贷款。

4. 保证贷款

如果个人没有存单、国债，也没有保单，但直系亲属，如配偶或父母有一份较好的工作，有稳定的收入，这也是绝好的信贷资源。当前银行对高收入阶层情有独钟，律师、医生、公务员、事业单位员工以及金融行业人员均被列为信用贷款的优待对象，这些行业的从业人员只需找一至两个同事担保就可以在工行、建行等金融机构获得 10 万元左右的保证贷款。而且这种贷款不用办理抵押、评估等手续，如果创业者有这样的亲属，可以以他（她）的名义办理贷款，在准备好各种材料的情况下，很快即能获得批准，从而较快地获取创业资金。

以上几种均是通过银行获取创业启动资金的方式，虽然政府鼓励个人创业，银行业也提供形式多样的贷款，但是银行为了防止坏账发生，对个人创业贷款的审查往往要比个人消费贷款的审查严格得多，因此要成功获得创业贷款需要具备相应的条件。

一是资格：贷款申请者必须有固定的住所或营业场所；

二是要有营业执照及经营许可证，有稳定的收入和还本付息的能力；

三也是最重要的一点，就是创业者所投资项目已有一定的自有资金。

满足以上条件之后，就要准备申请资料。

资料包括：

婚姻状况证明、个人或家庭收入及财产状况等还款能力证明文件；

贷款用途中的相关协议、合同；

担保材料，涉及抵押品或质押品的权属凭证和清单，银行认可的评估部门出具的抵（质）押物估价报告。

最后就是要有抵押物。抵押方式较多，可以是动产、不动产抵押，定期存单质押、有价证券质押、流通性较强的动产质押，符合要求的担保人担保。发放额度就根据具体担保方式决定。所有这些环节，特别是评估往往要花费一定的时间和精力。

(四) 寻求资助

我国各级政府在鼓励创新、鼓励创业方面相继出台了一些政策和相关举措，创业者应该了解国家相关的政策并争取得到政策的支持。

1. 创业孵化器

创业孵化器是培育和扶持中小型高新技术创业的服务机构，创业孵化器提供孵化器投资和孵化政策基金。孵化器投资即孵化器以投资的方式提供各种条件和服务，如办公场地、办公设备、咨询服务等，有时也以少量资金进行投入。创业孵化器为创业企业提供物理空间和基础设施及其一系列的服务支持，降低和减少了创业者的创业风险和创业成本，对提高创业的成功率，培养成功的创业者和企业家具有一定的辅助作用。目前各地区都有一些创业孵化器。互联网创业者在创业初期可以进入到创业孵化器，以较低的成本获得创业所需的物理空间或基础设施。

但是由于创业孵化器投资是一种辅助性种子资本，所以仅靠孵化投资很难使投资项目完全启动。

孵化政策基金是政府或孵化器为吸引投资项目而对某些特定项目或投资者给予的政策性资金支持，如留学归国人员到某些孵化器创业可以无偿获得10万元的资金支持。

2. 中国青年创业国际计划 YBC

YBC 是中国青年创业国际计划英文名称 YOUTH BUSINESS CHINA 的简称，由共青团中央、中华全国青年联合会、中华全国工商业联合会于2003 年 11 月共同倡导发起。该项目参考总部在英国的青年创业国际计划 (Youth Business International，YBI) 扶助青年创业的模式，动员社会各界特别是工商界的力量为青年创业提供咨询以及资金、技术、网络支持，以帮助青年人创业。

在 YBC 的 LOGO 最后一个字母 C 里，有一只五彩的雏鹰翅膀，它象征着 YBC 是孵化器，青年创业者将从这里孕育、成长、展翅飞翔。寓意 YBC 所扶持的创业青年，像雏鹰般有着一飞冲天的决心和勇气，"扶持一个青年，成就一个未来企业家"的预期将在他们中成为现实。

YBC 通过接受社会捐赠和资助，建立青年创业专项基金，为符合条件的青年创业者提供无息启动资金和导师辅导等公益服务。

凡符合以下条件者均可提出申请：

- 年龄介于 18~35 岁；
- 失业、半失业或者待业；
- 有一个很好的商业点子和创业激情；
- 筹措不到启动资金。

对于符合条件的青年创业者，YBC 将提供以下帮助：

创业导师——创业导师由企业家、企业中高级管理人员、咨询师、律师、专业人士志愿担任。他们既是青年创业者的经营和技术顾问，又是青年创业者的朋友。

专业咨询——由各行业协会、工商服务机构、专业公司为青年创业者提供咨询服务。

创业培训——为创业者提供创业培训。

信息和网络——为创业者提供工商、金融、法律等企业经营所需的信息，帮助青年创业者进入当地工商网络。

创业启动金——建立专项青年创业基金，为青年创业提供资金支持。通常 3 万～5 万元不等。

其他支持——如举办展览会、媒体宣传，利用合适渠道推荐青年创业者的服务和产品。

对于互联网创业者来说，在创业初期可以根据资金的需求情况，权衡以上各种资金筹措渠道的利弊，如资金的使用成本、使用期限、资金的数额以及获得资金的各种限制条件等，进行合理组合。

三、谋定而后动

创业激情就像是汽车的引擎。有了引擎，汽车可以获得行驶的动力。有了创业激情，创业者主动寻找商机，启动创业。但是，就像一部汽车光有引擎还不行，驾驶员还要时时监视路况，控制方向盘，保持正确的路线和方向。当创业者选择了创业项目之后，在真正启动创业之前需要对创业项目进行周密的调研，进行可行性分析和精心的策划，以保证创业沿着正确的方向发展。

（一）市场调研

一个好的创意是否能够成为创业的契机需要市场的检验，我们不可能百分之百地预见到未来的市场变化，但是我们可以通过各种切实可行的方法和手段来调查需求、了解市场，并在调查研究的基础上对创业项目的可行性进行分析。市场调研既可以相当宽泛，也可以具有针对性。对于互联网创业而言，市场调研的内容应该紧紧围绕客户、竞争对手和创业相关行业来进行。

1. 了解客户需求

任何有价值的创业项目必定能够为特定的客户群体提供价值——能够满足一定的客户需求。了解客户需求就是了解创业项目的市场需求。创业项目是否能够存活下来首先取决于创业项目是否存在市场需求，这种需求是短暂的还是持续的，是广泛的还是局部的。

诞生于2004年6月的"红孩子"是一个在互联网上开设的网上商城。红孩子的盈利模式并不神秘，经营的商品也是很普通的婴幼儿用品。其创业的设想来源于创始人的生活体验。红孩子的创始人中有三个是刚刚做了一年的爸爸，经常要奔波于店铺之间买纸尿布、玩具等各种用品，习惯到卓越网和当当网购物的他们突然敏锐地意识到，如果有一个类似的婴幼儿用品网上商城，那可以省多少事！于是就有了在互联网上开一家专门经营婴幼儿用品的网上商城的设想。这个想法是否真的是一个"金点子"，还是一相情愿的幻想？红孩子的创业合作伙伴们并没有冲动和盲目而是首先对市场进行了一番调研和分析。

对市场的调查和研究显示：婴幼用品的用户群集中，用户很容易被发现和锁定——年轻的父母或者是准妈妈们恰恰是互联网的拥趸。红孩子的创业者们为自己的创业项目确定了大致的方向：目录直销＋电子商务＋传统物流。并写出了四五十页的商业计划书。项目启动以后，他们开始在妇幼医院等地方设立广告牌，派发购买产品的代金券；有身孕或是要照顾孩子的妈妈们不方便外出，从网上或通过目录直销就可以订购，并且可以聚集在红孩子的网上社区交流育儿体会，分享育儿经验。通过口耳相传，红孩子的声誉迅速建立起来，并很快就吸引到风险投资。从 2005 年开始吸引到第一轮风险投资以后，红孩子已经先后吸引了三轮风险投资，总投资额达 3000 多万美金。

对于互联网创业项目的市场调研与一个传统的创业项目的市场调研内容并没有本质的区别，都需要了解客户的需求，竞争对手的情况，所不同的是互联网创业项目还要对市场的容量进行调研。一个传统的创业项目，比如开餐馆，可能只需要对餐馆所在的社区进行一些相关的调查，比如当地居民的收入状况、饮食消费需求，餐馆所处地理位置的人流量、同业竞争者的情况，等等。而互联网创业没有地理空间的局限，其调研的视角更为广泛。比如红孩子，其用户群是全国性的，甚至是全球性的，红孩子的第三轮融资就是为了向海外扩张。一个好的互联网创业项目其客户是不受地域限制的。

互联网创业项目的最大优势就是市场可以做到无限大。在互联网上没有地域的限制甚至没有国界的限制，唯一受限的就是语言。而当互联网创业项目真正实现全球化经营时，语言也将不再是屏障。创业者在了解客户需求时，需要具有全国性甚至全球性的眼光，具有全国性和全球化经营前景的创业项目将会受到风险投资者的格外关注。

2. 了解竞争对手

"知己知彼方能百战不殆"，这是中国最脍炙人口的商战法则。创业者不仅要知道自己的客户在哪里，他（她）们有怎样的需求，还要知道自己的竞争对手在哪里。与竞争对手相比较，自己的优势是什么，劣势是什么。对于互联网创业者来说，不可能没有竞争对手，有竞争并不可怕，可怕的是不知道谁是竞争对手，不知道自己与竞争对手的差异是什么。我们在第一章中讨论过互联网上只有第一没有第二。互联网没有地域的限制，只有商业模式的不同，创业者只要明确了自己的竞争对手，并能够让自己不同于竞争对手，即使面对最强大的竞争对手，也要找到自己的不同之处，只有在某一点上超越竞争对手，才能够成为另一个第一。

百度和 Google 是在中国网民中最常用的两个搜索引擎。但是百度与 Google 相比确实是弱小的。

Google 公司是一家美国的公开上市股份公司，于 1998 年 9 月 7 日以私有股份公司的形式创立，主要经营自主开发设计的互联网搜索引擎。除了搜寻网页外，Google 亦提供搜索图像、新闻组、新闻网页、影片的服务。2005 年 6 月，Google 已储存超过 80 亿的网页，1.3 亿张图片，以及超过 1 亿的新闻组信息——总计大概 10.4 亿个项目。它也援存了编入索引中的绝大多数网页的内容。短短的八九年间，Google 已经成为全世界拥有用户最多的英文搜索引擎，也是全世界最受欢迎的五大网站之一，2006 年 Google 的营业额达到 106.04 亿美元。

百度创立于 2000 年。2000 年 1 月，从美国回来的两个年轻人携 120 万风险资金从硅谷回到中关村，创建百度网络技术公司。百度成立的时候，Google 的创立者 Lawrence Page 已经取得了 Google 排名算法 Page Rank 的专利。而百度按照与 VC 投资商的协议，最初定位在 ASP（APPLICATION SERVICE PROVIDER），也就是为其他门户网站提供搜索引擎技术的服务商。在互联网陷入低谷的 2001 年，各大门户网站纷纷削减财务开支，付给百度的服务费用也被压得很低。依附于人的日子是不好过的，百度决定正式推出自己的搜索门户，直接与网民大众打交道。然而，百度在直接面向用户的同时，也把自己直接推到了竞争对手面前。显然面对强大的竞争对手，百度必须找到自己的位置——这就是中文搜索引擎。百度将中国文化作为企业的核心竞争力，选择了竞争者的"软肋"作为自己的优势加以弘扬、拓展。从百度的名称上就可见一斑。"百度"二字源于中国宋朝词人辛弃疾的《青玉案》诗句："众里寻他千百度"，象征着百度对中文信息检索技术的执著追求。2007年9月26日，中国互联网络信息中心（CNNIC）发布了《2007年中国搜索引擎市场调查报告》，其结果显示，百度的用户首选份额已从2006年的62.1%上升至74.5%。至2007年3月，百度在Alexa中网站排名第7。统计数据显示，中文搜索引擎为网站带来流量的比例百度为74.88%，Google为13.54%，而雅虎仅为3.94%。百度拥有全球最大的中文网页库，目前收录中文网页已超过20亿，这些网页的数量每天正以千万级的速度在增长；同时，百度在中国各地分布的服务器，能直接从最近的服务器上，把所搜索的信息返回给当地用户，使用户享受极快的搜索传输速度。

百度虽然起步晚于Google，没有Google那样大的规模，营业收入与Google相比也微不足道，但是百度定位于中文搜索引擎，用差异化形成自己的核心竞争能力，因此，百度同样可以创造第一——全球第一中文搜索引擎。

3. 了解和分析价值链

创业者不仅要了解客户，了解竞争对手，还要了解自己的价值链。了解价值链也就是了解创业者在为客户提供产品和服务的过程中，需要哪些资源以及如何获得这些资源。

对于大多数创业者来说，创业在起步阶段就像一颗初露孢芽的种子，它需要借助大地的滋养，去发育自己稚嫩的根系，当根茎深深扎入大地以后，它才能够抵御各种灾害而茁壮成长。互联网就是滋养创业的土壤，创业者可以借助互联网整合创业所需要的各种资源，低成本地、快速地形成提供产品或服务的价值链。

红孩子在创立两三年后，就一跃成为母婴用品行业中的佼佼者，它的价值链功不可没。创业初期，红孩子的创业者们确定了红孩子的客户是年轻的母亲和婴儿，红孩子为年轻的母亲和婴儿提供婴幼儿用品以及相关的服务。所销售的商品涵盖到母婴用品、化妆品、健康产品、自选礼品、家具产品五条产品线，仅母婴用品中就会涉及从食品、服装、百货等多种门类的商品。这些商品来自哪里呢？红孩子在创业初期定位于网络零售商，而不是制造商，红孩子希望年轻的母亲们足不出户就可以在网上买到所有孩子的用品，即一站式购物。因此它所需要的婴幼儿用品需要它的上游企业来供应。红孩子就需要根据其所提供的商品和服务一一选择和确定供应商。如果是进口产品，红孩子就从进口贸易商那里拿货，因为红孩子没有进出口权。而国内产品，红孩子则同厂家直接合作，再由厂家安排相应的供应商供货。红孩子在选择供应商时最看重的是产品的质量，根据其所提供的商品先后选择了雅培、雀巢、惠氏、贝因美、伊威、中科、劲得钙、好奇、帮宝适、强生、开米、贝亲、NUK、哈奇、米奇、内联升、婷美、玉兰油、康贝、英太等供应商进行合作。合作的过程中也曾经出现过摩擦，在红孩子的价值链的上游，最主要的问题是商品价格，红孩子希望提供最优质最便宜的商品，一些供应商曾一度拒绝给红孩子供货，但最终红孩子真诚的经营理念和执著的努力打动了供应商。红孩子的理念是帮助供货商降低成本以降低供货成本，将这部分价格让给顾客，以此吸引顾客，增加市场占有率。对供应商来说，红孩子不收进场费，账期也比较短，另外红孩子有全国物流支持，可以合理分配物流时间，让供货商的产品在渠道内的时间越来越短。这样一来供应商就愿意供货给红孩子，保证了红孩子的货源充足。

因为红孩子通过网络和邮购目录进行销售，不需要零售店铺。因此在红孩子价值链的下游就是物流。物流看似简单，其实是零售企业的核心。红孩子在对国内 B-C 物流现状进行调查后发现，目前国内一些大而全的 B2C 网站主要受累于物流成本。因为是第三方物流，所以在回款速度上也不太理想。于是红孩子建立了一支 700 多人的物流队伍，在全国建有 18 个仓库、3 万平方米的面积。所有的物流都分散在全国各地，离供应商最近。离得越近，成本越低。虽然管理难度大，但成本低于把物流外包出去。自营物流还保证了服务界面的友好和流程的可控。

红孩子的物流人员在送货之外，还附带收款，另外物流还具备了营销功能和信息收集功能。比如一名送货员送货之后，可以顺便拜访一下附近的潜在客户。因为是自己的物流队伍，回款速度远远高于外包物流代收。

由此可见，与其说红孩子是一家母婴用品的零售商，其实更像是利用互联网构建起的母婴用品的物流供应商。

4. 了解创业环境

创业者不仅要了解客户，了解竞争对手，了解可能的合作伙伴，还要了解创业的环境，包括国家对某些领域、地区的优惠政策，创业实体所在地以及市场所在地的人口资源、消费水准、文化氛围等。

以北京为例。北京是中华人民共和国的首都，拥有全国最多的高等学府、最高层次的科研机构和丰富的高层次人力资源。

由于北京雄厚的科研教育实力、完善的现代通信和网络设施、国际化都市的文化氛围以及北京市的发展规划，在北京创业可以选择在以下重点领域：

●**高新技术产业**：北京的高新技术产业发展基础良好，加上丰富的人才资源及中关村的品牌优势，是相当不错的创业领域。特别在生物工程和新医药、光电一体化、新材料等新兴高科技领域有很大的创业空间。

●**文化产业**：北京是中国的文化中心，在文化、传媒领域有着无可比拟的市场优势。北京现有的传媒产业结构中，网络媒体的份额相对薄弱，因此，发展空间相对较大。

●**电子信息产业**：是北京工业领域的第一支柱产业，电子产品相当丰富，其电子城科技园吸引了众多高新技术企业，其中不乏世界500强企业。在北京投资电子信息产业，有无可比拟的群聚优势。

●**软件和集成电路设计领域**：预计到2008年，北京软件产业和集成电路设计分别可实现700亿元和100亿元的产值，而2004年两者分别只有520亿元和50亿元的规模，发展空间可见一斑。

● 现代流通与物流领域：北京市的常住人口与流动人口数量居全国第二，平均工资水平居全国第二，庞大的消费群体和强大的购买力使北京成为现代流通业的首选之地。同时北京的首都地位以及对周边的辐射力使得现代物流成为极具发展潜力的行业。

● 现代服务业：从首都的环境保护出发，重工业以及其他污染行业逐渐从北京退出，而现代服务业作为北京市政府优先发展的产业成为北京的支柱产业之一，具有很好的创业前景。

从北京的整体创业环境来看，优势是：北京是中国的政治文化中心，同时也是经济中心之一。北京高新技术产业发达，拥有丰富的人力资源，特别适合发展创新性中小企业。而劣势是北京的房价、薪资水平、消费水平等都处于全国领先地位，导致创业成本居高不下。

实际上，每个城市或地区都会有一些独特的资源优势和优惠政策，互联网创业者完全可以根据创业的发展需要选择最佳的属地。

（二）可行性分析

对互联网创业项目的可行性分析与一般项目的可行性分析既有相同之处又有不同之处。相同之处是都需要从技术可行性和经济可行性方面进行分析；不同之处是对互联网创业项目还应该从商务模式可行性和盈利模式可行性方面进行分析。

1. 技术可行性分析

技术可行性是对创业项目采用的技术和技术路线进行分析。对于大多数互联网创业来说，技术是工具，是为商业服务的，因此应该采用成熟的技术。而对于已经进入商业化应用的成熟技术，技术可行性分析的重点是技术路线的分析，也就是实现创业所采用的技术方案，比如网站规模和网站结构是否合理、系统的硬件选型和配置是否满足需要、技术上是否具有一定的先进性和未来拓展的灵活性，创业所需要的技术资源是否具备，包括应用的基础条件、网络带宽、人力资源是否能够保证创业项目的实施和运行维护等。

对于互联网创业来说，网站建设和维护的技术方案可能有以下几种：

（1）网站建设方式：

●购买商品化软件。如果商品化的软件包能够满足互联网创业所需要的电子商务平台的功能要求，创业者可以首选购买成熟的商品化软件。与自行开发相比较，购买现成的软件包是一种低成本而且节省时间的选择。购买商品化软件时需要认真考虑和计划，以确保现在和将来需要的所有关键功能都包含在所选择的软件包里。否则，这种软件包很快就会过时。此外，一套软件包往往难以满足创业组织的所有需要。因此，有时需要购买多个软件包来满足不同的需求，然后可能要将这些软件包与现有的软件相整合。现在有许多适用于 B2B 和 B2C 应用的商业化软件包可供选择。

购买商品化软件的主要优点在于：有现成的各种软件；节约时间；成本一般比自建低；需要的专业人员少；在购买之前公司能确切地知道产品的情况；公司不是尝试者，只是使用者。

其主要缺点在于：软件包可能无法满足公司所有需求；一般商品化软件很难甚至不可能被修改；对软件的改进和新版本失去了控制权；可能难以与现有的系统整合；有些软件供应商可能会放弃产品或倒闭，从而失去后续的技术支持和技术服务。

如果软件供应商允许修改软件，那么购买商品化软件会很有吸引力。然而，如果软件的淘汰率或者成本很高，那么购买商品化软件就不那么理想了。在这种情况下，可以考虑租借。

●向 ASP 租借。与购买和自建相比，租借更加能节省时间和开支。虽然租借来的软件包并不完全满足应用系统的要求（这和购买法一样），但是大多数企业组织需要的常见功能通常都包括进去了。在需要经常维护或者购买成本很高的情况下，租借比购买更有优势。对于无力大量投资于电子商务的中小型企业来说，租借很有吸引力。大公司也倾向于租借软件包，以便在进行大规模的投资前检验一下电子商务方案。

而且，一些小型创业公司由于缺乏经验丰富的开发人员，也会选择租借而不是自己开发。即便公司具有自己开发的能力，可能也不会花大量时间去等待开发亟待使用的电子商务应用系统，因此会购买或租借应用系统以快速进入市场。

租借可以通过两种方式进行。第一种方式是从外包商那里租借应用系统并安装到公司中。供应商可以帮助安装，并经常提供运行建议和系统维护。许多传统应用就是通过这种方式租借的。第二种方式是使用 ASP（应用服务提供商）提供的平台，这种方式正越来越流行。由于互联网可以远程进行管理和维护，因此创业者选择 ASP 的范围就更大了。创业者可以从软件平台的功能、ASP 的服务质量以及价格等多方面进行综合考虑。

● 自行开发建设。第三种开发战略就是自己建立系统。虽然这种方法与前面两种方法相比可能更加费时，成本也可能更高，但是它通常能更好地满足企业组织的具体要求。对于拥有比较充裕的创业资金以及人力资源的创业企业，也可以采取自行开发建设的方式。采用这种方式还可以获得差异化的竞争优势。当然，对于技术背景出身的创业者，并且创业项目也是建立在技术基础上的，自行开发是必然的选择。

（2）网站维护方式。对于互联网创业来说，网站的维护是一项重要的工作，不仅直接关系到经营效果，而且还构成了一笔不小的成本支出。因此创业者要了解各种网站维护方式的优缺点，并且根据创业的具体情况选择适当的网站维护方式。

● 主机托管。这种方式是企业建设自己的网站，拥有自己独立的与国际互联网实时相连的服务器，只不过服务器托放在 ISP（互联网服务提供商）公司，由 ISP 代为日常运转管理。服务器可以租用 ISP 公司提供的服务器，也可以自行购买。企业维护服务器时，可以通过远程管理软件进行远程服务。采取这种方式建设好的服务器，企业可以拥有自己独立的域名，可以节省企业架设网络和租用昂贵的网络通信信道的费用。如何在众多的 ISP 中进行选择呢？一般来说，要考虑如下因素：

速度：ISP 服务器的速度决定了企业站点的访问速度。就托管主机的速度而言，取决于两个因素：①托管主机放置的位置。按托管主机放置位置的不同，可以分为国内和国外。托管主机放在国外，国外用户访问速度较快而国内用户访问速度较慢；反之，国内访问速度较快而国外访问速度较慢。企业要结合自己客户的地域分布来选择。当然，现在有的 ISP 提供国内国外多个镜像虚拟主机，可以同时使国内国外用户访问速度提高。②ISP 的网络连接速度。ISP 的网络连接速度当然是越快越好。

服务：这是最值得企业关心的问题，一般来说，ISP 应提供的服务主要包括：一定数量的免费 E-mail 邮箱；具备数据库开发能力；支持 CGI 程序；支持在线加密传输；支持使用流行的站点管理软件；提供页面访问统计，等等。当然，这些基本上成为 ISP 的服务标准，企业在选择主机托管服务商时，要进行比较。此外，一些大型的 ISP，还提供其他一条龙的服务，比如，提供从域名注册到服务器托管、内容策划、网站维护甚至电子商务系列服务。

价格：这可能是企业选择主机托管服务商时要首先考虑到的。然而实际上却并没有想象的那么重要。因为目前国内主机托管服务市场竞争激烈，租金较一开始下降很多。

●虚拟主机。这种方式是指：将一台 UNIX 或 NT 系统整机硬盘划分为若干硬盘空间，每个空间可以配置成具有独立域名和 IP 地址的 WWW、E-mail、FTP 服务器。这样的服务器在访问者进行浏览时与独立服务器并无不同。用户同样可以通过远程管理软件控制属于他的硬盘空间。这种方式，公司的网页将具有独立的域名。ISP 服务商负责域名服务器的建立和域名的解析。域名可以由 ISP 代理申请，也可由用户自己向 CNNIC 申请国内域名或向 INTERNIC 申请国际域名。虚拟主机的数据上载、更新等日常维护工作由用户来完成，用户可以通过 FTP 的方式来自主维护网页。目前，国内有很多的 ISP 提供虚拟主机托管服务。

●租用网页空间。和虚拟主机类似而更为简单的方法是租用网页空间，甚至不需要申请正式域名，向网络服务商申请一个虚拟域名，将自己的网页存放在 ISP 的主机上，用户可自行上载、维护网页内容，自行发布网页信息。一般来说，租用网页空间的费用较虚拟主机更为低廉。虽然租用网页空间价格低廉甚至可以免费，但是对于创业企业的市场形象以及未来发展并不太有利，因此，除非启动资金非常紧缺，否则还是应该用具有独立域名的虚拟主机更为有利。

以上各种方式需要创业者根据创业项目的情况以及资金情况进行决策。

在技术可行性的分析中，要本着适度先进、规模可扩、实用可靠的原则，对互联网电子商务平台的建设、网站的维护方式等进行科学的评价和比较。

2. 经济可行性分析

经济可行性分析是对创业项目的财务指标进行定量分析，即利用各种财务模型对创业项目进行投入产出的量化分析。

一个创业项目就是一个企业存在和发展的理由，它会影响企业的整个生命周期。因为创业项目是一种长期的资本投资项目。有以下六种资本预算模型可以用来评估资本型的项目。

（1）回收期法。回收期是用创业投资项目所得的净现金流来回收项目初始投资所需的年限，回收期法是用项目投资回收年限来评价信息系统项目的方法。

收回投资的年限 = 项目投资额 / 年净现金流

如果回收期小于标准回收期，创业项目可以接受，如果回收期大于标准回收期则应拒绝项目。

该方法简单明了，但是这种方法忽略了货币的时间价值、回收期以后的现金流和固定资产的清理价值等。

（2）投资回报率（ROI）。计算由于创业投资所产生的回报，该回报要扣除成本和折旧，即仅考虑年净利润。

净利润 = （总利润 − 总成本 − 折旧） / 使用寿命

投资回报率（ROI） = 净利润 / 总投资额

可以在不同的创业投资项目之间进行比较，投资回报率高的项目就是可以选择的项目。

投资回报率的不足之处也是忽略了货币的时间价值。

（3）成本利润率。成本利润率是一种计算创业项目所产生的利润与成本之比的简单方法。

成本利润率 = 总利润 / 总成本

成本与利润也都可以用现值来计算。成本利润率可以在不同项目之间进行比较，选择成本利润率高的项目。

（4）净现值。净现值是创业项目寿命期内逐年净现金流量按资本成本折现的现值之和。净现值法考虑到了创业项目的投资成本、收入和货币的时间价值。

净现值 = 预期现金流的现值 – 投资成本

如果一个创业投资项目的净现值为零，意味着这个项目的现金流量刚好足够偿还投资并提供相应的资本必要收益率。如果一个项目有正的净现金值，说明它获得了超额收益。

净现值法的局限性是不能反映出利润情况。

（5）获利能力指数。获利能力指数是通过创业投资项目获得的净现金流的现值与初始投资之比来衡量一个创业投资项目的获利能力。

获利能力指数（利润指数） = 现金流的现值 / 总投资

获利能力指数≥1，项目可以接受；获利能力指数 <1，项目应拒绝。

（6）内部收益率（IRR）。内部收益率是使创业投资项目在寿命期内，净现值为零的折现率。被定义为一项投资所期望的利润率。

内部收益率的判断法则是：内部收益率 > 资本成本，项目可以接受；内部收益率 < 资本成本，项目不可接受。

以上几种方法都是基于对创业项目所产生的现金流的分析计算基础上的。

任何资本预算模型的应用都是建立在真实与准确的数据基础上。因此，创业者必须正确地估计创业初期的各项开支以及未来可能的收入情况，脱离了这些数据，经济分析的结果不可能正确。

3. 运行可行性分析

一个互联网创业的设想是否能够成长为一棵事业之树，最根本的是具有可以实际运作的商业模式和可以持续发展的盈利模式。商业计划书要把商业模式和盈利模式都讲清楚。

商业模式是如何生产商品，如何提供服务和营销策划等；盈利模式是如何赚钱，如何把产品和服务转化为利润。一个好的互联网创业项目必须同时具备商业模式的可行性和盈利模式的可行性。

商业模式可以借助价值链分析方法，围绕产品或服务从企业的最上游至最终消费者所构成的价值链进行分析。

首先是构成商品价值转换的所有环节是什么？不同的创业项目其内容肯定是不同的。但是一定要将整个过程形成一个完整的价值链，有些甚至是闭环的（比如涉及售后服务和维护）。然后分析每一个环节所需要的投入和产出是什么？是否拥有所需要的各种资源？每一个环节是否能够实现增值？如果每一个环节都对客户的价值具有增值作用，整个的商务模式就应该是可行的。

盈利模式则围绕商品或服务价值的转换，从最终消费者的购买行为逐级向上直至创业企业，如果能够形成持续不断地流入企业的现金流则盈利模式就是可行的。

通过从技术、经济和运行三个方面的可行性分析，最后应该明确提出分析的结论——创业项目可行、不可行或部分可行。

如果创业项目是可行的，可以在分析的基础上编制商业计划书，假如不可行，当然只有放弃该创业项目，另行寻找新的创业项目。如果部分可行，就需要在原来的基础上进一步修改，对不可行的部分进行调整使之变为可行。

（三）制订商业计划书

商业计划书是全面阐述创业项目和创业计划的书面文件。有人认为，商业计划书是给风险投资商看的，如果创业企业不需要风险投资就不必撰写商业计划书了。还有人认为商业计划书是给专家看的，其实这些观点都是片面的。商业计划书不是学术论文，它可能面对的是非技术背景但对计划有兴趣的人，比如创业者和创业团队成员、可能的投资人和合作伙伴、供应商、顾客、政府机构等。

虽然一份好的商业计划书并不能保证创业的成功，但是一份好的商业计划书却能够起到三个方面的作用：

第一，它能够帮助创业者理清思路，看清现在并预计未来，减少盲目性，避免走弯路；创业的投资究竟是否能够产生足够的回报？所创立的事业是否具有可持续的发展前景？创业者需要从商业计划书中找到可信的数据。

第二，它能够使创业合作伙伴统一思想和认识，增加合作伙伴之间的协同性，避免出现创业者之间的分歧和摩擦，以利于创业者为共同的事业同心协力。商业计划书是凝聚创业团队成员的创业宣言。

第三，一份好的商业计划书能够吸引风险投资者的关注，使风险投资者能够了解创业项目的商业价值以及创业者的商业策划思路和策略，了解财务预测的可靠程度，以及实现收益的时间，从而使他们有信心投入风险资金并帮助创业者去实现愿景。

商业计划书并没有统一固定的格式要求，但是一般来说只有内容经过深思熟虑，外观包装精美的商业计划书才能够引人关注。商业计划书不必很华丽，但是一定要精致，厚度要适中，一般不要超过 40 页。详细的背景资料可以包括在附件中，比如一些市场调查的材料等。

商业计划书的封面应该印有公司的名称、地址、电话和计划书的编制年月。在计划书的正文前应该用摘要的形式简明扼要地说明公司的现状、所提供的产品和服务、对客户的价值和商业模式、盈利目标、融资额度以及如何使投资者获益等。

一份好的商业计划书应该能够同时站在顾客的角度、生产者的角度和投资者的角度来思考和回答问题。通常要涵盖下述内容：

1. 创业项目概况

在商业计划书中应该对创业项目做一个概述，即要回答和阐述这样一些问题：互联网创业内容是什么？你要解决什么问题？你服务或销售的对象是谁？他们为什么会需要你的产品或服务？电子商务模式介绍，包括业务模式和盈利模式等，选择该创业项目的初衷和依据是什么？以及与项目有关的其他背景情况。

2. 市场分析

市场分析，包括目标顾客情况、市场容量和发展趋势。你的市场机会是什么？市场有多大？未来市场发展速度如何？市场的生命周期如何？目前市场处于什么阶段？成长期还是成熟期？

对于互联网创业来说，市场定位是非常重要的一环。因为互联网作为一个还在发展中的领域，它的用户群直接影响着互联网创业的市场定位。

8848 是中国网络零售的先驱之一，但却是轰轰烈烈的开幕，惨惨淡淡的闭幕。今天反观 8848 所采用的市场营销举措，我们在其他成功的网络零售创业中似乎也都可以看到。但是为什么彼时是败笔，而今日却成就了辉煌呢？可以说，在当时的情况下，中国网民区区几百万，而 8848 却不惜重金要打造一个网络零售的航空母舰，想包罗万象，却资金有限，同时顾客稀少，能够产生的现金流也很有限。尽管有人认为，8848 没有遇到有实力的投资商。但是在当时的国情下，又有哪个风险投资会斥巨资去营造一个互联网销售环境呢？而同时起步的卓越网却能够准确的定位在图书和 CD 等少数商品类别上，紧紧守住自己的一方阵地，在度过互联网的冬天之后，开始了它的规模扩张。

互联网创业的市场定位可以从顾客的分布来定位，也可以按照商品类别来定位。按照顾客的分布定位，市场是大众化的，还是窄众化的？是个人消费者还是企业？按照商品类别定位，市场是水平的，还是垂直的？这些决定了创业者应该采取什么样的市场营销策略。比如，要不要做广告？在哪里做广告？与哪些供应商合作？是打人民战争，还是在一块田里深耕细作？

通过市场分析，创业者能够明确自己所在的市场和未来的市场潜力以及创业面临的市场风险。如果创业者所选择的行业市场本身效益不佳，就需要重新研究确定想进入的行业。在前景不妙的行业内，创业者很难成功。即使是创业者所熟悉的行业，是否有创新之处？是否发现了别人尚未看到的商机？这些对创业者的成功十分重要。

对于创业者来说，无论是进入一个已经十分成熟的市场还是正处于成长期的市场，风险虽然同样存在，但却是不同的风险。一个已经成熟的市场，可能市场的蛋糕已经做好并切分好了，创业者要想挤进来分一块蛋糕，面临的风险可想而知，同时成熟的市场还可能面临替代产品和服务的威胁，除非创业者具有创新之处。而对于尚处于成长期的市场，创业者既存在着与市场共同发展的潜力，也存在着为竞争者创造市场的风险。创业者只有在对市场进行了深入分析之后才能够准确地进行市场定位，并做好市场开拓的计划和控制风险的准备。

3. 竞争分析

在竞争分析中，可以用 SWOT 分析方法对创业者的优势、劣势、市场机会和面临的威胁进行全面分析。

创业者要清楚自己的竞争对手是谁？竞争对手的优势是什么？谁是潜在的竞争对手？与竞争对手相比较，创业者的优势和劣势是什么？创业者是否能够进入到市场的前 3 位？如果不行，是否存在与竞争者"分域而治"的可能？如果"分域而治"，是否能够保持自己与竞争者的差异化？是否存在被竞争者"吃掉"的风险？

创业者的核心竞争力是什么？创业者进行创业，最重要的是要有具有市场前景的产品或者服务，因为这是公司利润的根源。这一部分是向战略合伙人或者风险投资人介绍创业者公司的基本情况和价值所在。

在竞争分析的基础上，针对各种不同的竞争态势，创业者应明确地制定出自己的竞争策略，并做好竞争的资源准备。

在市场分析、竞争分析的基础上，创业者需要明确创业企业未来的发展方向以及为实现未来中长期目标所采取的发展策略。为了实现未来的发展目标需要，在技术、人力资源、资金等方面的保障如何？

4. 营销计划

营销计划包括已有的市场用户情况、新产品或者服务的市场前景预测。市场营销的好坏决定了一个企业的生存命运，在商业计划书中，创业者应建立明确的市场营销策略。

营销计划要回答创业者给顾客提供什么样的产品或服务？这些产品或

服务是否能够给顾客提供价值，顾客从中得到了什么？定价是否合理？顾客是否愿意花钱来购买你的产品或服务？如何将产品提供给顾客？谁是你的销售或技术合作伙伴？通过怎样的销售渠道？如何建立合作伙伴联盟？对合作伙伴的吸引力是什么？采取哪些促销手段？销售的流程和周期如何等。

5. 财务计划

创业者要花费时间和精力细心编写财务管理的计划。因为战略合伙人与风险投资人十分关心企业经营的财务损益状况。

在财务计划中要列明各种固定成本与变动成本、直接成本与间接成本、销售数量与价格、营运成绩与利润、股东权益与盈余分配办法等。

企业财务计划包括固定资产、变动成本、销售利润预测、盈亏平衡分析、现金流量分析。你需要多少资金？你在什么时候需要这些资金？投资者希望你能逐渐投入这些资金，而不是刚建立公司时就大量投进去。在财务计划中，要将企业的资金来源一一列出，同时将企业的资金支出计划也一一列出。特别要重点对公司的现金流进行预测。企业如何获得收入？资金用在什么地方？资金可以支持多久？在不同的发展阶段需要使用的资金是多少？可以达到的发展目标是什么？盈利多少？是否需要融资，还打算吸引多少资金？一般应该提供5年期的财务预测数据。

在编写商业计划书时，要尽可能多地分析出企业可能面临的风险、风险程度的大小以及创业者将来采取何种措施来避免风险或者在风险降临时以何种行动方案来减轻损失。必须预测你的风险有多大？风险来自各个方面，有市场风险，有执行计划中的风险。在计划书中你不仅要一一列出这些风险，还要告诉阅读者面对这些风险你会做出哪些反应，要根据不同风险制订出不同方案。

6. 创业团队

如果企业需要融资，提交给风险投资商的商业计划书还应该对创业团队的组成和成员情况进行详细的介绍和分析。

创业管理团队有谁？他们有什么经验？具备什么样的技能？

他们过去的经验是否与现在的创业相关？他们具备创业所需的哪些资源？

他们具备怎样的个性特点？是否具有团队协作的能力？

创业团队里还欠缺哪些方面的人？有什么计划去弥补？

他们投入创业的动机是什么？他们对企业的忠诚度如何？

如果创业团队中某个成员离开会出现什么样的后果？

如果新企业从一开始就不注意市场，那么它很可能在为竞争对手创造市场。

——彼得·德鲁克《创新和企业家精神》

第5章

夯实互联网创业基础

互联网所提供的商机对所有人都是均等的。但有的人在互联网上发掘出了宝贝，而有的人却在互联网上烧掉了大笔大笔的金钱。由此可见，机会虽然是均等的，但是对机会的把握和利用却大相径庭。

那么究竟如何才能够让一个创业的种子不仅在互联网上萌芽，而且能够生根发芽，直到成为一棵百年常青树？

一、互联网创业更需要营销

有人把互联网称为虚拟世界，有人把互联网称为第四代媒体，还有人把互联网称为"没有疆域的市场"。也许每一种称谓都自有它的道理，每一种称谓似乎都表明互联网创业可以不"销"自长。但是如果因此而认为互联网创业可以忽视营销，那么创业就势必走进一个封闭的"胡同"。实际上，互联网创业更需要营销，甚至更需要创新的营销！

（一）互联网创业"酒好也怕巷子深"

中国有句商人皆知的老话："酒好不怕巷子深。"意思是说，只要产品好，即使不搞营销，不做广告，也自会有客户登门。也许在传统的商务活动中的确存在这种现象，但是在电子商务中，"酒好也怕巷子深"。互联网就像浩渺的海洋，任何一个网站都不过是"沧海之一粟"。如果没有适当的营销策略和营销手段，再好的商务模式也很难被客户关注。今天的阿里巴巴、搜狐、当当网上书店等成功的互联网创业无一例外地都经历过创业初期的集中化的市场营销阶段，只有通过营销牢牢地吸引住客户的眼球，才会带来今天规模化的网络经济。因此互联网创业不仅仅是能够创立一种新的盈利模式，而且还要能够利用各种营销手段，在较短的时间内吸引客户并长久地锁住客户的注意力。

传统的商务活动可能会囿于空间限制或地域之别，而无法或无须做到尽人皆知。但是互联网的全球性使得电子商务可以跨越疆界，如果不充分利用网络营销的方法和手段，互联网的全球性优势就无法得到充分发挥。

因此在互联网创业之初，就要制定相应的网络营销策略，并根据互联网创业的发展进程不断完善和深化。

互联网创业依托于互联网从事商务活动。互联网是网络与网络联结而成的网，是当今世界上联结计算机最多、联网方式最便捷、信息资源最丰富的网络。互联网将分布在世界各地素不相识的人们联结到一起，人们通过互联网进行信息交流和资源共享。创业者如果能够利用各种网络沟通交流方式，如许可 E-mail 营销、网络社区、即时通信工具、搜索引擎优化、网络广告、在互联网上开设"虚拟店铺"、举办网上"展示会"等，就能使世界各地的客户如同身临其境，真正做到"酒好岂会巷子深"。

互联网创业"酒好也怕巷子深"。一是因为互联网像是浩渺的海洋，任何一个网站在互联网上就像是"沧海之一粟"。如果没有恰当的营销，就会淹没在茫茫的互联网的海洋中，再好的产品和服务也可能"藏在深闺无人识"。二是因为在互联网上信息可以被快速传播，一个具有潜在市场需求的互联网创业项目如果不能尽快占领市场，吸引用户的关注，很可能会引来竞争对手的关注，被竞争对手所效仿，最后创业者很可能辛辛苦苦却为他人做了"嫁衣裳"。因此创业者必须在创业计划中做好市场营销计划，并在创业过程中，根据市场的变化及时调整和采用恰当的营销方法和手段。

(二) 互联网创业营销策略

一个互联网创业的好点子，如果创业者没有进行精心的营销策划和实施，那么正像彼得·德鲁克所说的，很可能是在为竞争对手创造市场。所以只有创业的好点子加上正确的营销才能让创业的种子破土而出，茁壮成长。我们对营销策略并不陌生。从 4P 到 4C 反映出市场环境的变化。4P 营销策略组合是企业从自身资源和利益出发围绕开发出具有核心价值和附加价值的产品 (Product)，制定出相适应的价格体系 (Price)，建立起产品从企业销往用户的渠道 (Place)，并采取相应的促销手段 (Promotion)等一系列的营销策略的组合。

而 4C 强调了顾客的感受，以让顾客满意为核心。如何使顾客获得高度满意？当然首先是提供让顾客高度满意的产品和服务，或者说是核心产品和服务——这是企业存在的价值所在。能够让顾客满意的产品和服务应该具备顾客所需要的使用价值，但仅此还不够，因为越来越多的产品在使用价值方面已经雷同，以至于顾客需要在产品的质量、环保、特色、服务以及品牌美誉度等方面进行多方位的比较，以寻求更满意的产品和服务。企业要让消费者满意必须站在消费者的角度思考问题，这就是新的营销策略 4C 的核心思想。4C 即顾客（Consumer）、成本（Cost）、便利（Convenience）和沟通（Communication）。顾客是谁？需要什么？顾客愿意以什么样的价格获得？顾客为获得商品所付出的成本是什么？是否能够方便购买，方便获取信息等。这些都是 4C 营销策略所要回答的问题。

　　4C 组合是在网络经济环境下，对企业传统营销策略的挑战。其含义是企业要从顾客出发，设计生产顾客所需要的产品；企业的营销过程要考虑顾客获得产品所付出的成本，包括金钱、时间和精力等；要从方便顾客出发，设计营销渠道，要方便顾客取得和使用产品；还要从顾客出发，设计顾客与企业的沟通渠道，能够便利顾客获得企业的信息、便于顾客信息向企业的反馈，包括顾客投诉等。总之，4C 是以顾客利益最大化为目标。

　　对于互联网初创企业，仅仅 4C 还不够。互联网初创企业的营销策略应采取 6C 组合。即在 4C 的基础上强调对用户的吸引（Concentrate）和黏合（Cementing）。在互联网创业初期对用户的吸引和黏合同样应该成为互联网创业的营销策略组合。

　　对于互联网创业来说，有了对用户的吸引力，才能了解用户的需求，进而去满足用户。因此互联网初创期要采取对用户极具吸引力的营销手段。互联网具有"先入为主"的特性。在初创期如果能够先声夺人，吸引用户的关注并让用户对企业的产品或服务产生"依赖"，那么就有了一个好的开端，以后的营销就是水到渠成。否则，"鸡还没下蛋就先引来了黄鼠狼"。用户还没有被吸引，倒先吸引了竞争对手的注意，那么在初创期夭折的风险就会大大增加。因此互联网初创企业应该把吸引力作为营销策略组合之一。

互联网创业要基业常青，持久发展，就要培养忠诚的客户。因此，黏合是互联网初创企业应采取的又一项营销策略。互联网初创期要吸引的不仅是用户的"第一眼"关注，而且是用户持续的和永久的关注。在营销策略的制定中就要考虑如何让用户对企业提供的产品和服务产生依赖，如何让现在的用户成为忠诚的用户。

总之，对于互联网初创企业，6C（顾客、成本、便利、沟通、吸引、黏合）是需要统筹规划的营销策略组合。

（三）互联网创业营销方法与营销工具

互联网创业与传统创业的不同之处就在于互联网能够将注意力转化为销售力。但是注意力向销售力的转化并不是必然的结果，而是营销的结果。互联网营销的过程可以概括为提高吸引力、强化黏合力与提高转化率三个步骤。

互联网在创造出许多新的商机的同时也创造出许多新的营销方法和营销工具。创业者应根据互联网创业的发展采用相适应的营销方法和营销工具。

1. 提高吸引力

提高吸引力就是提高用户对互联网创业的正向的关注力。开展公共关系（制造新闻）、进行在线促销、发布媒体广告等都是提高吸引力的互联网在线营销的方法。

企业可以通过策划具有新闻效应的事件开展公共关系，引起公众的关注和好感。有时这种公共关系并不需要太多的投入，只要能够抓住社会关注的焦点问题并体现出企业对社会的责任感就足以产生不错的轰动效果。

比较典型的案例是老板喝涂料一事。2000年10月8日，《北京晚报》上刊登了一则通栏广告，内容是两天后即10月10日上午，北京富亚涂料有限公司将在北京市建筑展览馆门前，开展"真猫真狗喝涂料"活动，以证明该公司生产的涂料无毒无害。结果一石激起千层浪。众多热爱小动物的民众愤然而起，当日上午的猫狗喝涂料活动也因为动物保护协会的阻挠而迫于流产。骑虎难下之际，这家涂料公司的总经理摆出一副豁出去的架势，大义凛然地当众喝下了一杯涂料。当时，新华社播发了一篇700字的通讯稿《为做无毒广告，经理竟喝涂料》。此后，媒体纷纷跟风，"老板喝涂料"的离奇新闻开始像野火一样蔓延。北京市各大媒体《北京日报》、《北京晨报》、《北京晚报》、《北京青年报》、北京电视台竞相报道。最后有人做了一下统计，全国竟然有200多家媒体报道或转载了这则消息。无论媒体对此事的报道是正话反说，还是反话正说，一个名不见经传的小企业一下子进入了公众的视野。

互联网既为公共关系提供了许多鲜活的话题，又为新闻的传播提供了便捷的渠道，只要创业者善于发现，精心策划，互联网在公共关系中的传播作用会更加广泛。

互联网的普及不仅为创业企业开展公共关系提供了高效便捷的传播渠道，而且其多种多样的网络营销方式和营销工具都可以帮助创业企业来提高对用户的吸引力，如搜索引擎、网站链接以及网络广告等。

（1）搜索引擎。搜索引擎是一种通过Internet接受用户的查询命令，并向用户提供符合其查询要求的信息资源所在网址的系统。创业者可以利用搜索引擎的搜索原理和搜索功能向互联网用户推广创业者网站，吸引更多的用户访问创业者网站。

按照搜索引擎的搜索范围来划分，我们常见的搜索引擎有两种：一是站内搜索，它们只能搜索其所在网站的内容；二是Internet搜索，它们能够在其他网站中主动搜索信息（网页上的内容和特定的描述内容）并将其自动索引，索引内容存储在自己的可供检索的大型数据库中，并建立索引和目录服务，以供信息搜索者检索。

从互联网搜索引擎的工作原理来区分，搜索引擎有两种基本类型：

一类是纯技术型的检索搜索引擎，如Google、AltaVista等，其原理是通过网络机器人（Spider或Robot）自动在网页上按照某种搜索策略进行远程数据搜索与获取，并建立索引数据库供用户查询。Spider或Robot是一种软件，它能够沿着Internet文件的链接在网上漫游，记录网址、文件的简明摘要、关键字或索引，形成一个很大的数据库，这种数据库包括标题、摘要、关键词和网址、文件的大小、类型、语种以及关键词出现的频率。如上所述，这些信息并不是搜索引擎即时从互联网上检索得到的。搜索引擎其实是一个收集了大量网站或网页资料并按照一定规则建立索引的在线数据库，例如，2005 年 6 月，Google 已储存超过 80 亿的网页，1.3 亿张图片，以及超过 1 亿的新闻组信息——总计大概 10.4 亿个项目。这样，当用户检索时才可以在很短的时间内得到大量结果。一些搜索引擎搜索网页中的每一个单词，而另一些搜索引擎只搜索网页的前二百至五百个单词。当用户输入关键词（Keyword）查询时，搜索引擎会告诉用户包含该关键词信息页面的所有网址，并提供通向该网络的链接。

另一类是分类目录搜索引擎，这类"搜索引擎"并不搜索网站的任何信息，而是利用各网站向该"搜索引擎"提交网站信息时所填写的关键词和网站描述等资料，经过人工审核、编辑，如果符合网站登录条件，则输入搜索数据库以供查询。分类目录的典型代表是 Yahoo，而搜狐、新浪等搜索引擎也是从分类目录发展起来的。分类目录的优点是，用户可以根据目录有针对性地逐级查询所需的信息，而不是像纯技术型搜索引擎那样同时反馈大量的信息，而这些信息之间的关联性并不一定符合用户的期望。

在创业企业的网站推广中，利用搜索引擎的具体方式有：

●付费录入：网站付费才能被搜索引擎收录。某些搜索引擎可以允许用户修改网站介绍、关键词等。

●竞价排名：网站付费向搜索引擎购买相应的搜索结果排名，付费越高，排名越靠前。

●购买关键词广告：在搜索结果页面上显示广告，实现高级定位投放，用户可以根据需要更换关键词，相当于在不同页面轮换投放广告。在相同关键词页面，一般来说，付费高者排名靠前。由于采用竞价排名的搜索引擎，先展示付费高的网站，然后才是自然搜索排名，因此，竞价排名也可视为购买关键词广告。

搜索引擎是网站推广和吸引用户关注的重要途径。网络经济是"注意力经济"，网站不被人所知，是不可能开展电子商务的。据 CNNIC 最新统计，截止到 2007 年年底，仅我国互联网的网页数已超过 84 亿，要在如此浩渺的网络海洋中脱颖而出，没有足够的吸引力是无法做到的。因此，网站推广是创业者在创业初期的主要任务之一，而搜索引擎注册是最经典、最常用，也是最经济的网站推广方式。

中国互联网络信息中心（CNNIC）最近几次发布的统计报告表明，搜索引擎应用率为 72.4%，即已有 1.52 亿人从搜索引擎获益。在用户得知新网站的主要途径中搜索引擎占首位，用户使用搜索引擎搜索的内容比例主要是信息内容查询、商业信息查询、娱乐内容查询，比例分别是 65%、15%、20%。由此可见，在主要的搜索引擎上注册并能排名靠前（一般是前 10），可以获得可观的推广效果。而且，对于注册搜索引擎的网站来说，由于浏览者是在搜索引擎查询自己所需的信息后，才由搜索结果页面转到该网站上来的，这意味着该网站一定有浏览者所需的信息，因此，通过搜索引擎给网站带来的都是高质量的潜在客户。

利用搜索引擎的检索功能，使创业者的网站能够在检索结果中出现好的排名，从而获得更多的点击率。这就需要在网站设计时根据主要的搜索引擎进行优化，这类技术被称为搜索引擎优化，有兴趣者可以阅读相关的资料。

（2）友情链接。友情链接也叫互惠链接或交换链接。实际上友情链接就是网站之间互相进行链接。一个网站通常所链接的网站可能是业务合作伙伴或具有信息互补功能的其他网站。如果一个互联网创业企业能够把自己的网站链接到其他具有影响力的网站上，对提高网站自身的信誉度和点击率将大有助益，同时也有助于提高在搜索引擎中的排名。不过友情链接也不是越多越好，如果所链接的网站本身的浏览量就不高，不但不能为创业者的网站贡献浏览量，而且还会被自动搜索引擎判定为恶意链接，反而会降低在搜索引擎中的排名次序。

（3）网络广告。在各种媒体上播放广告是花钱买点击率的方法。当然对于资金比较充裕的企业也不失为一种营销方法。网络广告是花钱买吸引力的营销手段。虽然是花钱，但是钱花得是否值得，是否能够获得预期效果，这就需要创业者在广告的投放时机、投放位置以及广告内容和形式上进行相应的策划。

为了使网络广告能够获得理想的效果，可以采取先试投广告，然后进行广告效果的评估，根据评估效果进行广告投放的进一步策划和改进。

常用的网络广告评价方法有点击率、转化率等。

广告点击率是一个比较笼统的概念。通常是指一段时间内（一天、一周、一月、一年、创建以来）广告被点击的次数与网页的显示次数之比。如果细分的话，还可以分为对某个网络广告、某个页面、某个栏目的点击率。

有时广告投放效果并不能简单地用点击率进行评价。因为对于销售型盈利模式来说，点击率并不能说明销售的状况如何。此时可以用对比的方法和转化率方法来更加客观地反映出广告的投放效果。

对比的方法是一种直接的衡量方法，即将广告投放前后的销售量进行对比。例如，广告投放以前日销售量为 100 件（当然也可以用销售额或销售次数），广告投放以后，销售量上升为 110 件，那么广告投放效果就直接体现在销售的增加上。

转化率是在一定的广告点击数量下所产生的销售次数。例如，经过一段时间的统计发现，某个网络广告平均 100 次点击中有 5 次能够转化为销售，即转化率为 5/100 = 5%。在投放广告以后，网络广告的点击次数由原来每天 100 次，提高到 200 次，那么投放广告后每天产生的销售机会就是：

5% × 200 = 10 次

为了吸引用户的注意力，企业还可以采用各种促销手段。如免费体验、累积积分、电子抽奖等。

2. 强化黏合力

由美国 Bain & Company 公司经理 Frederick F. Reichheld 通过对软件、广告代理等行业的研究发现，顾客保持率每增加 5%，这些行业的利润可以增长至少 35%，最多达 95%。这主要是因为：第一，节约成本。

吸引一位新顾客的成本是保留一位老顾客成本的5倍，吸引新顾客需要更多的广告费用、推销费用、销售人员佣金等。而与老顾客交易可降低交易成本。甚至一些老顾客可以向企业提出一些节约成本的建议。第二，增加销售收入。忠诚的顾客重复购买、消费公司的一种或数种产品，随着时间的推移，其购买数量也不断增加，即老顾客对企业具有较大的生命期价值。第三，企业可以从忠诚顾客那里获得较好的口碑优势，满意忠诚的用户经常会向其亲朋好友推荐企业的产品或服务，这是一种低成本的广告。第四，企业可以获得价格优惠。因为根据营销学研究结果，与新顾客相比，老顾客对公司产品的价格并不敏感，用不太好听的话说是"杀熟"。从心理学的角度分析，实际上是老顾客已经产生了依赖心理，因此很多老顾客愿意支付较高价格从而获得较好的产品与服务。

由此可见，对企业而言，培养忠诚的顾客尤显重要。忠诚的顾客是对企业高度满意的顾客。什么是满意？菲利普·科特勒认为，满意是指一个人通过对一个产品的可感知的效果（或结果）与他的期望值相比较后，所形成的愉悦或失望的感觉状态。高度满意不是一般的满意而是百分之百的满意。因为一般满意并不能形成客户对企业的忠诚。美国施乐公司曾经对顾客满意度进行过测评，主要测评顾客对施乐公司的满意程度。每一个问题设定5个等级，顾客可以标出自己满意的分值，最高分为5分。施乐公司对给出4分与给出5分的顾客的再购买意愿进行了比较，结果发现，给出5分的顾客再购买施乐产品的可能性比给出4分的顾客多6倍。这项试验揭示了顾客满意度和顾客忠诚度之间的关系是非线性的。也就是说顾客的一般满意对顾客忠诚度几乎是毫无意义的，企业只有让顾客高度满意才能赢得顾客忠诚。

互联网商业模式虽然具有"网络效应"的特性。但是如果要想使网络效应出现，也必须要利用各种营销手段来"黏合"用户，使用户产生依赖心理，提高用户的转换成本。

在互联网创业中对用户最强大的黏合力就是企业所提供的产品和服务。没有好的产品和服务，仅靠概念可能会红火一阵子，但不能红火一辈子；靠概念可能会吸引媒体的短时间的关注，但是不可能长期吸引用户的关注。因此为用户提供具有价值的产品和服务是吸引用户和保持用户的基础，在此基础上，还可以采取许可 E-mail 营销、电子读物等网络营销工具来强化对用户的粘合力。

（1）许可 E-mail 营销。许可 E-mail 营销是利用电子邮件向用户传送营销信息的方法。有的人简单地认为，E-mail 营销就是利用电子邮件传递广告。这是对 E-mail 营销的误解，许可 E-mail 营销虽然是利用 E-mail，但是冠以"许可"二字，实际上就揭示出了 E-mail 营销与垃圾邮件的本质区别。

冯英建在《网络营销》一书中对 E-mail 营销的定义是：E-mail 营销是在用户事先许可的前提下，通过电子邮件的方式向目标用户传递有价值信息的一种网络营销手段。E-mail 营销有三个基本因素：基于用户许可、通过电子邮件传递信息、信息对用户是有价值的。三个因素缺少一个，都不能称为有效的 E-mail 营销。因此真正的电子邮件营销也就是许可 E-mail 营销。

互联网创业企业如何利用 E-mail 营销来培养用户的忠诚度呢？

E-mail 只是一种工具，要用好这种营销工具需要把握好以下原则：

●E-mail 的发送对象最好是来自于企业网站的用户订阅或会员注册。这样的用户最有可能成为企业的忠诚的用户，E-mail 营销的效果也最好。

●E-mail 内容的设计要对用户有价值。虽然 E-mail 作为一种营销工具，企业在 E-mail 营销中起着主导的作用。但是企业不能强制用户接受他（她）们并不感兴趣的信息。因此只有 E-mail 的内容真正对用户有用，才能达到 E-mail 营销的效果。

●E-mail 发送的频度要适当。虽然 E-mail 的发送成本很低，但是要让用户既不反感，又不觉得突兀，E-mail 发送的时间间隔既不能过短，也不能过长。时间间隔最好在一个月至二个月。

（2）电子读物。电子读物实际上就是企业以数字化的方式发行的以内容吸引用户的数字化产品。电子读物的发行可以利用 E-mail 也可以利用企业网站下载电子书或者通过给用户赠送光盘的方式等。在电子读物中，可以用插入广告的方式宣传企业的产品或服务，或者可以在网站的论坛上开展有关电子书内容方面的讨论。

（3）网上会员社区。根据 CNNIC 2008 年 1 月发布的最新统计数据表明，在搜索引擎、即时通信和电子邮件三大互联网的基础应用中，即时通信使用率已经达到 81.4%，居三大应用之首。因此利用 BBS、QQ 或 MSN 等即时通信工具在企业网站上建立会员社区也是吸引和"粘住"用户的一种不错的选择。要使得社区能够吸引和粘住用户需要做到以下几点：

●社区的主题能够吸引用户的积极参与。这就需要主持人具有广博的知识、丰富的经验和良好的组织能力。

●社区的主题内容要与企业的营销策略相呼应。如果单纯为了提升社区的人气，社区的主题与企业营销风马牛不相及，那么虽然社区热闹了，但是对企业的发展并无积极的贡献。

3. 提高转化率

对于大多数互联网创业企业来说，吸引用户和"粘"住用户不是最终目的，因为除了纯粹的流量型电子商务是靠眼球赚取利润以外，销售型电子商务还是要靠销售获取利润，因此就需要把点击率转化为销售机会。这种转化并不是自然而然的事情，而是需要创业者的精心设计和策划。

曾在美国通用电气公司任 CEO 达 20 年之久的杰克·韦尔奇在《杰克·韦尔奇自传》中谈到了美国通用电气公司的一个失败的教训："在网络热的高峰时期，我们做的另一件蠢事是急于建立网站——任何网站。它体现了我们的热情和精力，但到了 2000 年年初，局面开始失控了。我们的电器业务开发了一个娱乐性新网站，叫做'搅拌汤勺'（MixingSpoon.com）。网站搞得很好：有食谱、讨论栏、优惠券下载、购物忠告——也就是说，厨师所需要的应有尽有。问题是，它们根本不卖电器。它成了我们称之为'网络尘埃'的样板——那些看上去十分漂亮但在经济上从来没有理由存在的网站。我们得到的教训是，如果你不能将荧屏——无论是直接的商品，还是间接的更优质的服务——变成钱，那么当初就不应当建立。"

这是美国通用电气的教训。一个和主营业务毫不相关的网站虽然吸引了大量眼球，拥有很高的点击率，可是对企业的收入没有任何贡献。从投资收益的角度来看，这个网站毫无经济价值。但是如果经过精心的设计和策划，一个看上去可能和主营业务不相关的网站，也会转化为企业的产品销售机会。比如，如果通用电气设计和生产出新颖实用的厨房家电，那么"搅拌汤勺"就可能会成为家庭主妇们了解厨房家电、交流和展示厨房家电使用技巧，以及下载家用电器设备购买优惠券的绝好的营销渠道。

红孩子网络社区就是一个妈妈们交流育儿经验，展示和比较婴儿用品的网上社区。红孩子的创业者不仅能够通过社区了解到用户对各种品牌产品的反馈意见，还可以从中掌握用户的消费需求倾向，以便更好地改进产品和服务。

互联网的创新空间很大，更多的营销方式和营销手段方面的创新还有待于创业者的发现和创造。我们在讨论了各种互联网营销方式和手段后，同时还要强调：传统的营销手段仍然是互联网创业可资利用的"武器"，实际上，在未来电子商务和传统商务浑然一体的融合中，传统营销手段和互联网营销手段是相辅相成，相助相长的。

二、互联网创业的风险及规避

截止到 2007 年 12 月 31 日，中国的网站数量已经达到 150 万个，中国域名总数达到 1193 万个。2007 年在淘宝网上开店的大大小小的店老板已经超过 600 万个。虽然我们无法确切地统计究竟有多少人在利用互联网经营着自己的事业，但是以上数据仍然能够说明，互联网确实已经成为创业者们最青睐的地方。尽管如此，我们仍不能够盲目地认为互联网就是创业者的天堂。互联网上同样也是暗流涌动，风雨无常，互联网创业同样存在着失败的风险。互联网创业的风险可能来自于创业组织内部，也可能来自于创业组织外部。

（一）来自内部的风险

互联网创业最大的风险是什么？是资金短缺，是人才匮乏，还是管理不到位？虽然这些风险可能是存在的，但是这些都是可以规避的风险。而无法规避的风险也是互联网创业的最大的风险是没有明确的盈利模式。

1. 盈利模式风险

互联网创业无法规避的风险是没有明确的盈利模式，也就是不知道企业的利润来源是什么，来自哪里，如何取得。有人可能会问：谁愿意做赔本的买卖呢？是的，没有人愿意做赔本的买卖。但是，实际上在整个商业发展史上，不是有人已经做过或正在做着赔本的买卖吗？在传统的商业中尚且如此，在互联网创业中就更有可能了。在2000年前后，我国许多互联网创业者在创业之初并不知道如何去盈利，而是被互联网的神话所打动，带着像150多年前美国西部淘金热般的梦想来到互联网上，以为真的是"只要上网，黄金万两"。结果是英勇出征却折戟而归。因此作为一个互联网的创业者在启动互联网创业之前，必须有明确的盈利模式。如果互联网创业者无法清晰地说明创业的利润来源，创业的第一步就不应该迈出去。

没有盈利模式岂会选择创业？理论上这个问题似乎不应该是问题。但是实际上恰恰是问题。因为互联网的商业应用是从无到有，所以当人们自认为某种技术可能会成为一种新的商业模式的时候就会选择创业，而实践的结果可能是无法实现盈利。许多互联网的商业应用模式又很容易效仿，当一些人看到了别人的成功以后，可能就会模仿成功者而选择创业。但是互联网上的许多商业应用，只有第一，没有第二。简单地克隆别人已经成功的模式，其结果可能是创业的失败。

盈利模式的风险可以是创新的风险，而不应该是没有盈利模式的风险。没有盈利模式的风险是无法规避的风险，唯一可以做的就是没有想清楚盈利模式就不启动创业。

假如没有明确的盈利模式，创业者就不会迈出创业的第一步，那么我们下面要讨论的所谓盈利模式风险实际上就是盈利模式创新的风险。因为互联网提供的许多"商机"是前所未有的，无论是商务模式上的创新，或是技术上的创新，甚至是市场需求上的创新，都存在失败的风险。创新必然存在风险。第一个吃螃蟹的人虽然是冒着风险，但是也第一个尝到了螃蟹的美味。不能因为创新存在风险就不去创新，也不能因为互联网创业存在风险就不去创业了。关键是如何去较少或规避盈利模式创新的风险。

盈利模式创新的风险是有可能规避的风险。如何规避在盈利模式创新上的风险呢？我们在第三章介绍过头脑风暴法和价值链分析法，这些都可以用来在创业前期从理论上对盈利模式进行分析。通过头脑风暴、思维碰撞、集思广益和价值分析以后，从理论上能够阐明的盈利模式剩下的就是实践的检验了。虽然我们不能肯定理论上的盈利模式实践中必定成功，但是失败的风险已经大大地降低了。

2. 股权结构风险

来自于创业者内部的另外一个风险就是股权结构的风险。中国有句话是：可以共患难，不能同富贵。人在困境中往往不太计较个人得失，当有了财富的时候却往往会更加计较个人的得失。所谓"不患寡患不均"就是对这种现象的解释。许多创业团队，在条件艰苦的创业初期，创业者们同心同德，一同打拼，不分彼此。但是当创业取得一定的成功，财富有了一定积累的时候，却因为分配不公或权利不等而产生矛盾，甚至创业者们分道扬镳，各立门户，合作伙伴成了竞争对手。

为了避免出现这种情况，在创业初期应该合理设计股权结构，并且在公司章程中明确股东的责权利。

在股权机构的设计中，常常可以看到两种不同的结构。一种是"一股独大"的不对称结构，另一种是股权相当的对称结构。究竟采用对称结构还是不对称结构，要区别具体情况来定。

如果在创业团队中，有一个"船长"式的创业者，从有利于公司快速稳定发展的角度出发，公司的股权应该设计为不对称的结构。"船长式"的创业者应该掌握相对多的股份，并享有足够的表决权。能够成为"船长"的创业者通常都具有较强的领导能力，并掌握着创业的关键资源。如果创业团队成员优势互补，资源互补，采取对称的股权结构更有利于创业者同心同德，发挥团队的作用。但是这种等分股权的结构，在创业者们出现严重分歧的时候，可能更容易造成公司的解体。

3. 企业内部管理风险

盈利模式风险和股权结构风险主要是在创业启动之前潜在的风险。当创业者意识到这些风险的存在并在创业启动前经过认真的准备和科学的设计以后，这些风险是可以化解或降低的。而企业内部的管理风险是伴随着整个创业过程的。尤其是在创业初期，创业者把更多的精力放在企业外部，放在市场上，企业内部管理往往比较薄弱甚至根本就无暇顾及管理。管理的缺失所带来的风险是潜移默化的，一旦爆发往往难以控制。企业在创业初期的管理风险究竟涉及哪些方面，可能的风险损失是什么呢？管理风险可能会波及企业的方方面面。比如，财务风险、决策风险、人力资源风险等。

（1）财务风险。财务风险是一个比较复杂的问题。在企业发展的不同阶段，面临的主要财务风险不同。对于初创企业可能面临的财务风险有：

●资金结构不合理，负债资金比例过高。资金结构主要是指企业全部资金来源中权益资金与负债资金的比例关系。初创企业由于筹资决策失误等原因，可能会造成资金结构不合理，具体表现在负债资金占全部资金的比例过高。如果负债过高，比如超过50%以上就会导致企业财务负担沉重，偿付能力严重不足，由此产生财务风险。

●固定资产投资缺乏科学性。有些创业者缺乏对资金的合理运用，在创业初期盲目购置固定资产，结果占用了大量资金，短期内也无法产生投资回报。结果使投资项目不能获得预期的收益，投资无法按期收回，为企业带来巨大的财务风险。

●企业赊销比重大，应收账款缺乏控制。由于我国市场已成为买方市场，企业普遍存在产品滞销现象。一些企业为了增加销量，扩大市场占有率，大量采用赊销方式销售产品，导致企业应收账款大量增加。同时，由于企业在赊销过程中，对客户的信用等级了解不够，盲目赊销，造成应收账款失控，相当比例的应收账款长期无法收回，直至成为坏账。资产长期被债务人无偿占用，严重影响企业资产的流动性及安全性，由此产生财务风险。

● 企业存货库存结构不合理，存货周转率不高。目前我国企业流动资产中，存货所占比重相对较大，且很多表现为超储积压存货。存货流动性差，一方面占用了企业大量资金，另一方面企业必须为保管这些存货支付大量的保管费用，导致企业费用上升，利润下降。长期库存存货，企业还要承担市场价格下跌所产生的存货跌价损失及保管不善造成的损失，由此产生财务风险。

为了防范可控制财务风险，互联网创业企业应建立和不断完善财务管理系统，以适应不断变化的财务管理环境。面对不断变化的财务管理环境，企业应设置高效的财务管理机构，配备高素质的财务管理人员，健全财务管理规章制度，强化财务管理的各项基础工作，使企业财务管理系统有效运行，以防范因财务管理系统不适应环境变化而产生的财务风险。

（2）人力资源风险。人力资源风险主要表现在初创企业在人才结构设计上存在缺陷，在人才的招聘和使用中出现失误，结果导致企业的劳资矛盾、企业的商业机密或资产被剽窃，甚至企业员工集体跳槽等。发生这种情况，对企业而言相当于发生一次地震。有时给企业造成的损失是无法挽回的。为了避免人力资源风险的发生，创业者应该把握以下几点：

首先，在人才结构设计上要合理。企业的人才结构应该是金字塔式结构，少量的高端人才，稍多的中间层次的人才，更多的底层操作人员。初创企业的高层管理人员应本着少而精的原则。对少数的高端人才应该以薪金和期权的方式进行激励，中间层次的人才主要以薪金和业绩奖金（比如分红权或期权）的方式，而底层的操作人员按岗位设计工资并加以绩效考核。

尽管人才结构是金字塔式的，而沟通渠道应该扁平化。在创业企业的管理中，东方的"以人为本"的儒家思想有时可能更有利于创业企业的初期发展。因此，"老板"要尊重员工，要有社会责任感，对员工负责实际上就是对自己负责。

其次，对于处于关键岗位的员工或管理者，要用法律文本的方式明确保密责任和义务。

（3）决策风险。所谓决策风险，是指在决策活动中，由于主、客体等多种不确定因素的存在，而导致决策活动不能达到预期目的的可能性及其后果。创业企业的决策风险主要来源于创业者的决策失误。创业初期的决策风险主要是对市场预期的错误、对资金运用上的错误以及在人才使用上的失误等。创业发展过程中除了上述决策风险，还会出现盲目扩张的风险等。

如何降低决策风险，减少决策失误呢？决策过程是一个同时受到主客观因素影响的不确定的过程。导致决策风险的客观因素有：信息不充分，不可预知的因素发生，决策机制不健全等；主观因素可能是决策者的能力不足，受情绪、成见影响导致判断失误等。

企业建立良好有效的决策机制是防范决策风险的重要保证。良好有效的决策机制主要表现在：适当的分权，有效的监督，管理层级的减少。适当的分权，可以使企业决策者集中精力于企业的重大决策事项，避免因为决策事项过于集中于企业高级决策机构，而导致的决策失效；建立有效的决策监督机制，可以防止企业决策者滥用决策权，或者由于道德风险而产生的决策风险；减少管理层级，可以减少决策信息的损耗和延迟，增加决策的及时性和准确性。

（二）来自外部的风险

互联网创业企业所面临的风险除了来自于创业组织内部的风险，还会面临来自于创业组织外部的风险。例如，技术发展风险、市场变化风险以及其他不确定性风险。

1. 技术发展风险

对于互联网创业来说，虽然盈利模式是最关键的问题，但是也并不是说有了明确的盈利模式，技术就不再重要了。事实上，许多盈利模式与互联网技术的发展和应用是密不可分的。美国的雅虎（http：//www.yahoo.

com）曾经被人们认为是提供互联网搜索服务的典范，其人工加注目录式搜索引擎也被中国的创业者们所效仿，于是有了中国的搜狐（http：//www.sohu.com）。

搜狐早期的盈利模式就是想通过搜索引擎产生流量，有了可观的流量就会吸引广告主投放广告。在自动搜索引擎还尚未成为主流的时候，也许这种盈利模式是可行的。但是随着自动搜索技术的研究和应用，美国的Google成了全球最大的英文搜索引擎，而中国的百度也成了全球最大的中文搜索引擎。对于自动搜索引擎来说，搜索的结果更加丰富，自然能够吸引更多的人来使用；对于企业来说，只要把自己的网站针对搜索引擎进行优化，就可能免费获得好的排名，因此雅虎和搜狐的收费搜索引擎必然面临着客户的丢失，如果不改变原来靠搜索引擎产生流量来吸引广告的盈利模式，其前景可想而知。面对搜索引擎技术的发展搜狐也只好增加新的功能或服务，重新调整盈利模式。

2007年，搜狐推出了将移动网、固话网与互联网三网合一的电子营销商务平台——搜狐全网通。根据搜狐的宣传介绍，搜狐全网通是一种新媒体，融合了移动网寻址技术、即时通信技术、电话转接技术，业务范围横跨固话网、移动网和通信网，利用先进的技术手段，全面整合终端用户、企业客户、运营商、电信增值业务服务提供商、销售商，通过搜狐全网通，只要输入"通词"就可以方便查询商业企业、事业单位、政府机构和个人信息，用户使用起来也是非常的方便，只要通过现有的通信载体，如固话、手机或小灵通、互联网，将要查询机构相对应的通词（中文词）发送到一个固定号码——958876，即可以得到对应机构的响应并实时通话，并同时接收短信回复和自动生成企业WAP。

据搜狐介绍，搜狐全网通有两个盈利点：一方面吸纳企业购买"通词"，为企业提供更多的增值服务，为企业带来经济效益；另一方面，对消费者的通话费进行分成，这是获取利润中非常庞大的一部分。搜狐的新技术是否能够成为搜狐的新的盈利模式呢？时间将会给出答案。

当技术发展了，技术的商业化应用会导致市场需求的变化，创业者如果漠视这种变化可能就会由此产生风险。

对于互联网创业者来说也还存在着另外一种风险——盲目迷信技术的风险。再先进的技术也是被人来利用的。如果技术虽然先进，但是却不能方便地解决人们的实际问题，那么这种技术就是"空中楼阁"。技术不是因为它的复杂高深而产生价值，而是由于其解决实际问题而产生价值。迷信技术的人往往会事倍功半——用复杂的技术解决简单的问题，也就是杀鸡用牛刀。从经济的角度，恰恰是简单的技术解决复杂的问题最经济。所以在互联网创业中，既要关注技术，关注技术发展对市场需求的推动作用，同时又不能迷信技术，不能陷入单纯追求技术的自我陶醉中。

2. 市场变化风险

前所述及的技术发展风险是由于新技术的出现，改变了人们的生产生活的方式，市场需求必然随之发生变化，由此带来市场变化的风险。还有一种市场变化的风险是在技术并没有发生变化的情况下，人们的需求发生了变化，从而导致市场的变化。如果企业对这种变化毫无知觉，可能在某一天突然发问：我的客户呢？他们为什么离开了我？

我们对互联网的发展已经不再陌生。互联网从一个为美国军方服务的项目演变为一个全球化的网络，从纯粹的信息传输通道，演变成数字化的商业世界，虽然有许多是新技术应用的结果，但是更有许多是市场需求变化的结果。

今天许多人把博客作为WEB2.0的典型代表，认为互联网已经从第一代进入到第二代。然而当我们仔细考量互联网的发展历史会发现，所谓WEB2.0并没有什么独门秘器，博客也不是什么新技术。博客一词来自于Blog——网络日志的音译。博客的历史与万维网（WWW或Web）的历史一样"悠久"。最早的博客应该就是万维网的发明人蒂姆·贝纳斯－李（Tim Berners-Lee），他开设的第一个网站实际上就是第一个博客网站，因为里面的内容就是列出所有出现在网上的各类网站。而后的1993到1996年间，NCSA和网景的"What's New"栏目，也有着博客网站的雏形。但是多年以来，博客并没有被人们另眼相看。今天，博客这一互联网的"古老"技术突然焕发了青春，成为互联网的"新宠"，这完全是由于人们的需求变化所致。当人们对以信息检索为主要方式的所谓第一代互联网已经习以为常以后，当人们在满足了检索信息的需求以后，更渴望被发现，更渴望在互联网上实现自己在传统方式下无法实现的自我价值。于是博客成为人们自主发布各种信息的"场所"。虽然关于博客未来的商业化应用还充满了争议，但是可以看到已经有商家开始利用博客从事各种各样的商业活动。广告主利用博客投放广告，企业利用博客写手为企业的产品进行宣传。

在人们被禁锢了数十年的消费需求被释放的今天，在基本上实现小康后的今天，在人们主张自我、个性张扬的今天，市场的变化更多来自于消费需求的变化。能够预见甚至引导这些变化就意味着抓住了未来的商机。而漠视消费需求的变化可能就会遭遇被市场淘汰的风险。

3. 其他不确定性风险

所谓不确定性风险是事先无法预知的风险。在创业过程中，并不是所有风险都是可以事先确知的。因为，企业运行的外部环境是动态的，无论是政策的变化、供应链的变化以及其他因素导致的外部变化，或者是偶然事件引发的变化，对创业实体都会产生影响，有时这种影响会酿成风险。对于不可预知的风险，创业者所能够做到的就是对风险的控制与管理，当风险来临时，要能够将风险化解，或者尽可能减少风险损失。

首先在企业内部建立起风险控制与管理的机制，企业内部对供应商、客户、政府等外部群体形成一套统一的风险监测和评估机制，互联网创业企业尤其要重视网络媒体在信息传播中的作用，并建立对网络信息传播的监测和反馈机制。这样往往能让企业看到一些无法预知的风险苗头，促使管理者寻求适用于企业整体的解决方案。如果执行良好，企业风险控制与管理机制就能在危机来临前释放企业的资源和能量，使其有助于风险的规避和化解。

其次应该在企业建立风险管理文化。把风险管理融入日常运营，而不是让员工在出现风险时消极应对。风险管理不仅仅是管理者的事情，而且是企业全体员工的事情。这样，当风险即将来临时，第一线人员（他们能够发现潜在问题的警告信号）就能更快地把情况告知决策者，以采取行动规避风险。

三、互联网创业——做大还是做强

一个创业者，尤其是互联网创业者在创业的路上永远没有尽头。因为互联网创业不但是在一个完全市场化的环境中，而且是在一个国际化的环境中，是在一个技术应用、商业模式还在不断发展和变化的动态的环境中。互联网创业与传统创业种种不同之处使得互联网创业者在创业成长过程中常常面临两难抉择。

(一) 成长的烦恼

互联网创业的历程不过才短短十余年的历史。但是从互联网创业的发展速度和规模来看，却堪比经历了上百年历史的传统企业。在短短的十余年间，互联网创业经历了互联网起起伏伏的曲折发展，创业者们也在面临着成长的烦恼。

1. 重管理还是重市场

对于创业者，创业的第一步肯定都是落在市场上。因为有了市场，创业企业才有生存的空间，所以许多创业者往往身先士卒地奋战在市场一线上。成功的创业者首先就是一个优秀的销售经理。不知不觉中一些创业者就形成了重市场轻管理的惯性。但是随着创业企业的发展，市场规模大了，客户多了、员工多了，轻视管理的创业者会感到力不从心。市场固然重要，但是对于发展到一定阶段的创业企业，管理必须要跟上。随着创业的发展，创业者要学会运用适当的管理方式和手段。

在创业的初期，创业者不仅需要决策、分析，还要身先士卒去做市场，处理业务。此时管理者往往采取任务管理方式，将业务分解成不同的任务，交给不同的人去完成，重要的任务往往亲力亲为。当市场大了，客户多了，创业者不可能面面俱到，此时创业者需要采取岗位管理方式，正确地设计企业组织的岗位以及岗位职责，将工作业务分解到不同的岗位，并委派适当的人员负责适当的岗位。创业者逐渐从事务性的工作中解脱出来，而把更多的时间和精力用于制定规则、进行分析和决策。当创业发展到一定规模时，创业者就要采取流程管理的方式，打破按部门分工的方式，站在全公司的角度上，对业务流程进行整体优化设计，以实现企业的良性运转。

重市场还是重管理取决于创业企业的发展。初期重市场是必要的，随着市场的扩大，管理的权重要逐渐加大。

2. 要流量还是要利润

互联网创业者在创业初期可能遇到的两难抉择之一就是要流量还是要利润。要流量需要投入大量的资金去做推广，打广告。短期内可能不会产生利润。要利润则要降低成本，适度营销。要流量还是要利润实际上并没有一个唯一的答案。每个创业企业的内外部条件不尽相同，所选择的营销策略也不会相同。要流量还是要利润是由企业的经营发展战略所决定的。具体来说一是要看市场的情况；二是要看资金的情况；三是要看企业的投资者的情况。

一个行业的市场总是有一定的容量，而且互联网创业项目具有"先入为主"的特点和网络效应，如果创业者不能够抢先机占领市场，未来被挤出市场的风险就会大大增加。特别是当创业项目的学习成本比较低，所在行业的进入门槛也较低时，创业者在创业初期加大市场营销的力度，利用各种营销手段吸引用户，将市场份额收入囊中，是一种优先的策略选择。

当创业者在创业初期将营销目标确定为扩大流量的时候，必须有足够的资金做保障。如果没有足够的资金来保证营销策略的实施，结果可能会因为现金流枯竭，半途而废，结果"为他人做了嫁衣"——为竞争对手创造了市场。

创业者选择扩大流量为目标，还必须征得投资者的战略认同。毕竟投资者的投资是需要回报的。有些投资者是喜欢冒险的，而有些投资者可能是风险厌恶型的。如果投资者对战略不认同，当短期内无法获得回报时，可能会出现撤资的风险。

如果创业项目具有较高的学习成本，或者创业项目属于一个细分的市场而创业者掌握进入该市场的独特的资源。这种情况下创业者只需适度营销，利润应该作为创业企业追逐的目标，因为对于某些细分的市场，市场容量是有限的，此时采用大刀阔斧的广告策略就好比"杀鸡用牛刀"，而精准的目标营销则会起到事半功倍的作用。

3. 做强还是做大

一些创业者把企业上市看做是创业成功的标志，将创业的目标确定在证券市场上市，而另一些创业者认为自己经营得很好，既然不缺钱，干吗要花钱找罪受（上市筹备期必然要付出一定的资金成本和大量的时间精力）。

创业者究竟应该有一个怎样的愿景？上市是为了什么？

（1）创业者选择上市的理由。一个具有成长潜力的创业企业，一个愿意承担一定社会责任并且愿意接受公众监督的创业者，可以在适当的时机选择上市。企业上市融资的好处是：

●企业上市，能广泛吸收社会资金，迅速扩大企业规模，提升企业知名度，增强企业竞争力。世界知名大企业，几乎都是通过上市融资，进行资本运作，实现规模的裂变，迅速跨入大型企业的行列。产品运营只是资本原始积累的初级阶段。美国500强企业中95%都是上市公司。企业上市使企业获得了直接融资渠道，企业可以通过资本市场获得更多的低成本资金，可以促进企业的更快发展。

●随着企业上市，企业变成了受社会关注的公众公司，使创业者成长为具有社会责任的企业家，使企业有了更好的发展机遇，并且由于接受监管当局严格的监管，使公司在治理方面更加规范。

●上市公司股票有一个流通的市场，股东可以自由买卖股票，收回创业投资与回报，对不满公司的股东或急需资金的股东，上市为公司股东的套现提供了极好的机会，也为风险资本的退出建立了顺畅的渠道。从而更容易吸引风险投资者进入。

●上市能够为公司和股东创造财富。上市后，公司价值通过市场来确定。投资大众对上市公司的估值通常在利润的5~30倍。而私人公司一般由税务部门或投资人估值，通常是利润的1~2倍。上市后，公司价值将得到极大的提升。

●员工股份有了价值，工作更积极。一个上市公司的期权、股票认购权或配送，对员工具有极大的吸引力。可以吸纳和留住优秀人才，可以激发员工的工作热情。

●上市有利于企业融资。上市公司可以较容易地获得配发新股融资，筹集更多发展资金。上市后增加了金融机构对公司的信任，降低融资成本。上市公司的信用度较高，容易获取信贷，并降低融资成本。

●增强公司知名度。上市可以使公司形象大为改善、知名度大为提升、信誉与竞争力增强，扩大公司的影响力，容易获得社会对企业的信任。

●可以用股份收购其他公司。有利于公司用股票而非现金进行收购与兼并，增加公司与市场合作的机会，使进行资本运营拥有了有利工具。

●上市降低控股权比例，控股股东的减持，可以使原股东向其他投资者转移企业经营风险。

（2）企业上市所付出的代价。当然创业企业要成为上市公司也需要花费一定的成本和付出一定的代价。

●由于变成公众公司，上市后就需要对股民负责，要具有承受市场监督和公众舆论的自觉性和自律性。

●股民对利润和增长率有一定的要求，给管理层带来短期业绩压力。

●公司上市以后，被收购的风险性增加。

●需遵守上市有关的法律法规并接受监管，并受社会公众和新闻传媒注视。

●法定披露使公司需要公开有关资料，增加企业透明度，并增加各种成本如公关费用、律师费用等。

●管理者可能因管理不当而引起刑事或民事责任。

●大股东股权转让引起社会与投资者的关注。

　　虽然创业企业在发展的过程中，可以将上市作为一个阶段性的目标，但是上市并不是唯一的目的。有些创业企业也并非一定要选择上市。比如，规模比较小的创业企业，市场比较稳定但发展空间潜力有限的创业企业，完全可以选择在自己的"一亩三分地"里深耕细作，获取收成，而不一定非走上市一条路。

（二）做自己的家长

　　如果把创业的过程比作一颗种子的萌芽和成长，创业者也要伴随着创业的发展而长大成为自己的家长——企业家。创业者和创业企业的发展是相辅相成的。创业者要在创业发展中，获得自身的发展，成长为企业家，创业企业才能够茁壮成长为一棵能够栉风沐雨的参天大树。

　　创业者不是天生的企业家，即便创业者有了自己的创业实体，也未必就是一个企业家，只有真正长大的创业者才能够称为企业家。

　　就像彼得·德鲁克在《创新与企业家精神》一书中所说的那样："诚然，所有小的新工商企业都有许多共同之处。但是若要是企业家的，一个企业除了小和新之外还要有其他特殊个性。事实上，在新企业中，企业家仅仅是少数人。他们创造了新颖而与众不同的事物；他们改变了价值观。"

　　彼得·德鲁克所说的他们改变了价值观，正是从一个创业者成长为企业家的最大的变化。创业者只是一个企业的创立者，是属于企业自己的。而长大以后的创业者应该是一个企业家，是属于社会的。如果说创业者的第一桶金是为自己或者为股东所"淘"，那么，当创业者真正成为企业家以后，他的目标就已经超越了个人或者小团体。

　　开办一个企业非常容易，是任何人都可以做到的事情，换句话说，做一个创业者是每一个常人都能够做到的。但是经营一个企业，把一个企业打造成常青基业则不是每一个创业者都能够做到的，这就是企业家与常人的区别所在。

　　据不完全统计，如今全球每天都有 2200 多家新企业开张，但这些创业企业的失败率竟高达 70%以上。从国内的情况看也是如此，民营企业占国内企业总数的 97%，而平均寿命只有 7.02 岁，其中约有 70%的企业

"存活"时间不超过5年。2006年浙江省首份中小企业发展报告出炉，这份由浙江中小企业局发布的报告显示：浙江省的中小企业存活率仅为45.83%。另据《都市快报》2006年1月17日报道，在我国中小企业创业活跃的浙江省，2004年，全省每天约有240家民营企业注册登记，但同时，每天也有130家企业注销关闭。虽然浙江的中小企业数量庞大，但这些企业特别是小企业的成活率和平均生命周期指标都不高。

创业者要把自己创立的事业打造成常青基业，就要经历一个化蛹为蝶的蜕变。创业者首先要让自己成长为一个企业家。

究竟什么是企业家？虽然许多著名企业家的企业财富是显赫的，但是企业家的标志并不是以拥有企业的资产多少来衡量，而是具有企业家精神。2005年5月18日，《财富》全球论坛在北京举行"企业家精神"主题大会。会上邀请了国内一些著名的企业家。如TCL控股有限公司董事长李东升、远大空调有限公司董事长兼首席执行官张跃、搜狐网首席执行官张朝阳、阿里巴巴公司首席执行官马云、摩根士丹利执行董事玛丽·米克尔女士等。

这些成功的企业家谈到了他们对企业家精神的各自的理解。

张跃：社会真正缺乏的主要不是财富，当然更不缺乏创业家，中国想创业的人远远多于现在创业成功的那些人，企业家要把创造财富为中心转移到创造价值，不论是对自己的员工，对股东，还是对客户，还是对社会，也就是说，如果时时刻刻把创造价值放在首位的话，企业也可以有更大的、更长久的盈利。

马云：企业家有一个管理团队，要为梦想付出努力。在中国不缺少创业的思想和想法，我们缺乏的是一个团队的建设，建立起良好的团队，就像硅谷一样，你要有很好的想法，你招到人可以把企业做起来，但是在中国不一样，你要招人把他们留住，这是最关键的。

张朝阳：我想用不同的方法引出这个话题，对中国的企业家来说，或者整个其他的企业家精神来说，我生长于中国，在美国呆了十年，我很自然地把两个国家进行对比，这是我的思维习惯，我觉得中国的文化，或者说中国的人，他们可以说创业的精神在世界上是独一无二、首屈一指的，企业家精神包含两个因素，一个是强烈的取胜的愿望。那么这个是他们一个非常强烈的动力。第二，要独辟蹊径，这是他们思想上的独创性。有了这两个文化的特质，中国人就有非常强的实力，这也是保证他们成功的重要因素。

李东升：当年在1981年创立公司的时候，当时想的是比较短，如何能赚到"第一桶金"。我们是从非常小的项目做起的，第一个是做录音时代，我当时想得最多的是：把产品做出来，能够把产品卖出去，把钱收回来，当时看到长远的并不是很多。随着企业的发展，随着竞争对手的变化，你看到的东西会越来越多，你必须要从更加长远发展的远景来考虑你的行动方案。

玛丽·米克尔：我想我们这一代人，戴尔，他们这些人都是有名的创业家，他们发现了市场的需求，他们的眼光独到，他们观察世界的方法也不一样，他们引导了世界的发展，有人说他们到底是怎么成功的呢？非常重要的是，他们不断地创造，不断地提高，能够专注于他们主营的业务。

创业者如何才能长大成为企业家？也许从他们上面的论述中能够找到答案。

企业家是社会价值的创造者；企业家是企业管理团队的领袖；企业家是不断寻求创新，带领企业发展的开路者；企业家是深谋远虑的智者，企业家是在创业路上百折不回、逢山开路、遇水架桥的斗士。

俗话说：打江山易，守江山难。在企业的发展中又何尝不是如此。创业容易，守业难。难就难在创业者是否能够从一个创业者成长为一个企业家，企业要获得发展，创业者先要自身长大。创业者只有长大成为自己的家长，成为一个企业家，才能够带领企业获得更加长远的发展。

"任何人有勇气面对决策都能够逐渐学会当一名企业家，而且行动上富有企业家精神。因此企业家精神是一种行动，而不是个性特征。"

——彼得·德鲁克

　　企业家不是天生的，企业家是在创业实践中逐渐长成的。

　　对个人来说，创业是一种难得的人生体验，创业是生命中最重要的精神财富；对社会而言，创业是对经济发展的贡献，创业是对人类的价值创造。如果昨天，创业还是一种渴望，一种企盼，那么今天，互联网将圆你的创业之梦，互联网将带你走向通向成功的创业之路。有了互联网，创业不再只是梦想，创业不再只是企盼。一番事业，一批企业家正在互联网上涌现……

参考资料

（1）彼得·德鲁克：《创新与企业家精神》。

（2）宋玉贤：《电子商务概论》，北京大学出版社 2005 年。

（3）http：//zhidao.baidu.com/question/39407255.html

（4）http：//tech.sina.com.cn/news/internet-china/2000-04-09/22296.shtml

（5）http：//www.pcpop.com

（6）http：//www.redbaby.com.cn

（7）《第一财经日报》。

（8）http：//www.dangdang.com

（9）http：//down.iresearch.cn

（10）创业中国（www.chuangyezg.com）。

（11）云网 http：//www.cncard.com/

（12）世界营销评论 http：//mkt.icxo.com/

（13）黄婷：《婚恋网站遭遇盈利模式困境之分析与对策》，人民网 http：//media.people.com.cn，2007 年 8 月 21 日。

（14）《中国十大热门创业城市优惠政策和创业环境分析》，中国创业网 http：//www.radit.net，2007 年 12 月 12 日。

（15）《财富》全球论坛实录：《企业家精神》，人民网 http：//finance.people.com.cn，2005 年 5 月 18 日。